モノカキ

日弁連副会長の日刊メルマガ

激動する司法のなかで

永尾廣久
NAGAO Hirohisa

花伝社

モノカキ日弁連副会長の日刊メルマガ◆目次

本部の夏合宿

否／警察官の懲戒件数／公安委員の高給優遇／大原美術館／『エミリーへの手紙』／『ジャッキー、エセル、ジョーン』／『働きすぎのあなたへ』／明窓浄几／『炎のゴブレット』／ナスとオクラのオロシ蕎麦／環境省で記者会見／皇居のお濠／労働法制委員会／文士とは自分のことかと…

11月……185

アメリカ大使館による日本の人権状況調査／チューリップの球根／簡裁判事の選考／アメリカの軍拡路線／江戸時代の相続と離婚／『権力必腐』／顔の見える会議／『まちづくりの法と政策パートII』／『太陽の雫』／阿波踊り／四国弁連も理事長を分離／ビクトル・ユゴー生誕200年／パンジー・ビオラ・金魚草／アメリカでは刑務所がビジネスに／現代の死体泥棒／ただ今、最高裁大法廷に係属事件ゼロ／新しい首相官邸／朝日新聞の記者と懇談／秋の叙勲祝賀会／丸1日、事務所で仕事／司法書士制度推進議員連盟／司法シンポジウム／オランダにおける弁護士任官／蕎麦とラーメン／弁護士報酬の目安づくり／これから30年、弁護士はおいしい／31期なら年収2100万円／免許の更新／『触法精神障害者の処遇と精神医療の改善』／『官僚転落』／『アフガン戦争の真実』／日経新聞記者との懇談会／『たそがれ清兵衛』／日弁連副会長への出席補助／朝9時から夜10時まで会議／国会議員への要請行動／90度の挨拶／AGATSUMA／初霜／仏検1級を受験／『読書について』／『定年ゴジラ』／『二〇〇万都市が有機野菜で自給できるわけ』／『極限に生きる植物』／『エルヴィスが社会を動かした』／日本経団連との懇談会／刑事法制委員会／自民党代議士を囲む会／京のお茶屋／琴と尺八／夜の京都／グローバル・コンパクト／法律相談事業に関する九州ブロック協議会／九弁連の都市型公設事務所の構想／難民認定／サラ金の広告菜畑（なばたけ）遺跡／『ザ・フィフティーズ』／裁判迅速化法案についてのプレゼンテーション／精密司法を見直す（?）／さとうゴーダン議員を励ます会／うまいもの屋／弁護士報酬の目安づくり／日本司法書士連合会との協議会／執行部は寝ていた方がいい（?）／日弁連臨時総会／15分間マッサージ／久留米部会の忘年会／法律事務所の共同化の実情／ゼロワン地域／『リーガル・コミュニケーション』／『非行少年と弁護士たちの挑戦』／『立花隆先生、かなりヘンですよ』／職員を6人採用／顧問会議／首相官邸の雪ダルマ／首相官邸／東京の残り雪／ウォーキングラリー／条約の生成過程／切りむすびか、取りこまれか（?）／刑事司法改革についての意見交換会／九弁連理事会／外国法事務弁護士／パブコメ／受刑者の作業賞与金／『ハリーポッター』／『健康な住まいを手に入れる』／『ヘスースとフランシスコ』／『商道』／フイトアップ議事堂／外務省へ拷問禁止条約に賛成を求める／内部告発者の保護と労働法制／「都市再生・経済フォーラム」／喜多方ラーメン／リーガルサービスセンターの全国展開／寒ブリを食べる会／会長声明／仏検1級の不合格／今期最大にもめた理事会／検察官の国際比較／検察官の全国配置／プロテストレター／夕暮れに百古鳥が鳴く／朝刊シンドローム／『知らないと危ない有事法制』／『遅読のすすめ』／中国の学者に応対／共同通信社との懇談会／クリスマスの日に1万4000歩あるく／恐れ入り谷の鬼子母神／正副会長会45回／無期懲役受刑者の仮釈放／検討会と顧問会議と司法制度調査会／『K‐19』／『司法における性差別』／アメリカの世界司法戦略／まずは撃て、あとで問え／百万本のろうそく／お鐘餅（おかねもち）

はじめに

有楽町から歩いて2分。都心にあるオアシス、日比谷公園に弁護士会館は面している。裏側には裁判所、お隣りには検察庁もあり、霞ケ関には法曹三者も集中している。この弁護士会館の16階にある日弁連副会長室に1年間ほとんど常駐に近い状況で通った。

メインテーマは何といっても司法改革。司法制度改革審議会が01年6月に意見書を発表し、政府が同年12月に司法制度改革推進本部を設置した。政府の司法制度改革推進計画は3年間で検討を終えて立法化されることになっている。ところが、司法改革といっても、司法に関連するあらゆる分野での改革がすすめられているため、議論すべきテーマは非常に広範だ。推進本部には10（あとで1つ追加されて、今は11）の検討会がおかれて議論が進行している。弁護士会内部は決して一枚岩ではない。日弁連は全国の弁護士が強制的に加入させられる団体だから自民党から共産党まで、さまざまな思想・信条の弁護士がいて、しかも一言居士が多いので容易に意見が一致するはずもない。

司法改革は戦争への道につながるとして危険視する弁護士が全国にいる。逆に、司法改革なんかそっちのけで、ビジネスに専念どころか、事件屋と提携して悪に手を染める弁護士がいる。さらに司法改革で何が具体的に問題になっているのか知らないまま、無関心になっている弁護士も少なくない。そのなかで多くの真面目な弁護士が日弁連執行部とともに、市民に開かれた司法を実現すべく、連日のように会議を開いて対策をねりながら粘り強い活動をすすめている。

司法改革とあわせて行政改革と称する規制緩和の動きがすすんでいる。こちらは何が何でも自由化だとして、弁護士という資格自体までなくして、自由化しようとする。弱肉強食、自由放任で何が悪いとうそぶく。大企業エゴを地でいく、とんでもない主張だ。日弁連執行部は日夜、その対応に追われている。

日弁連会長（任期2年）は全国2万人の弁護士による直接選挙で選ばれる。本林会長は目下、2年目を遂行中。大川事務総長（任期2年）は本林会長の指名で選任（日弁連理事会の承認が必要）された。13人の日弁連副会長は全国8ブロックから弁護士の人口比などをふまえて選出される（任期1年）。

これから紹介するのは九州ブロック選出の日弁連副会長が1年間どのような活動をしていたかをレポートしたもの。したがって、日弁連副会長の活動を全面的に紹介したものではない。必ずしも副会長全員が登場するわけでもない。だから、司法改革をめぐっても紹介すべき重要なテーマの多くが抜けている。その点はご容赦願いたい。

それでは、日弁連の奥の院ともいうべき日弁連副会長室へ、ご一緒にどうぞ。

郵 便 は が き

料金受取人払

神田局承認

4603

差出有効期間
平成17年 8 月
1 日まで

101-8791

007

東京都千代田区西神田
2-7-6川合ビル

㈱花 伝 社 行

お名前《ふりがな》	電 話
ご住所（〒　　　） (送り先)	

●新しい読者をご紹介ください。

お名前	電 話
ご住所（〒　　　）	

愛読者カード

このたびは小社の本をお買上げ頂き、ありがとうございます。今後の企画の参考とさせて頂きますのでお手数ですが、ご記入の上お送り下さい。

書　名

本書についてのご感想をお聞かせ下さい。また、今後の出版物についてのご意見などを、お寄せください。

●購読注文書

ご注文日　　年　　月　　日

書　名	冊　数

代金は本の発送の際、振替用紙を同封いたしますのでお支払い下さい。（3冊以上送料無料）

なお、御注文はＦＡＸ（03－3239－8272）でも受付けております。

4月

4月1日（月）

弁護士の報酬規定の行方

副会長としての初仕事は弁護士の報酬規定についての研究会と事務局会議への出席。報酬規定は独禁法に違反するという公正取引委員会の見解が示されている。弁護士法に報酬規定を会則で決めることになっているが、法改正ではずすことが既に閣議決定されている。報酬規定はなくなってしまいそうなのだ。早稲田大学の須網・土田の両教授がヨーロッパとアメリカにおける弁護士報酬規定の扱いと判例をふまえて問題点を指摘した。

最近まで弁護士広告を一切禁止してきたヨーロッパに日本は似ている。隣接他士業の報酬規定が自由化されたとしても、三権分立の司法の一角を担う弁護士報酬は公益性の面からも異なる点がある。弁護士法上の会則規定からはずれることが閣議決定されているとしても、何らの規定も不要だということにはならないはずだ。

いろいろ示唆に富む内容だったが、ともかく検討会のテンポが急ピッチなので、それに間にあうよう準備をすすめていかなければならない。まったく報酬規定がなくなった弁理士や税理士業界では、外部の業者が報酬ハンドブックのようなものを販売しはじめ、それを各自で購入して報酬表として使っているという。実質的にはこれまでと異ならないわけで、なんだかおかしい。完全な自由化は市民にとって必ずしも良いこととは思われない。弁護士会内部での十分な議論が遅れている。

4月2日（火）

石の棺

朝から本林会長を先頭に挨拶まわりに出かけた。最高裁判所では15人の判事の全員に挨拶する。それぞれ広い個室に2人の専属秘書がついている。迷路のような廊下を上がったり、降りたりした。軽い運動になったのはいいが、ごつごつした岩石の館で、いかにもとっつきにくい建物。ただし、皇居に面して見晴らしだけは抜群。部屋のなかに足こぎ自転車を置いている判事もいた。15人の判事の名前を私たち副会長はほとんど知らなかった。いかに日本の最高裁判事が弁護士と国民から縁遠い存在かということを如実に示している。最高裁判所に入るたびにチェルノブイリの石の棺を思い出す。忌まわしき原発事故でコンクリート詰めされ、石の棺と呼ばれるようになった例の建物。ここが日本国民に親しまれる存在となるのは、いつのことだろうか。

私は、これまで2度、小法廷で口頭弁論した。いずれも普通の民事事件（交通事故と境界争い）。高裁で勝っていた（1つは即日結審だったので、勝つのはいいけど後味が悪かった）が、口頭弁論の期日指定があったので（これは慣行によって逆転敗訴を意味する）、私は当方の主張の要点を述べた。東京で大学生をしている長男・長女に傍聴させ、親の雄姿（！）を見せてやった。もちろん、1ケ月ほどして敗訴判決書が送られてきた。

森山法務大臣の部屋は19階にあり、ここもまた角の2面張りで、見晴らし抜群。検事総長・東京高検の検事長まで挨拶して午前中の大名行列は終った。

4月3日（水）

フロンティア精神

本林会長がうち出した「フロンティア精神にみちた、たくましい弁護士会」というスローガンについて、正副会長会で議論が沸騰した。消極説は関西方面から出た。アメリカの西部開拓の歴史は無人の荒野を切り拓いたというのではなく、先住民のインディアンの虐殺の歴史でもある。司法書士など他士業を押しのけて弁護士業務を開拓していこうとするものという誤解を受ける恐れがある、という意見。

私は積極説に立って意見を述べた。フロンティア精神というのは弁護士にも市民にも語感がいい。弁護士法72条問題など、なんとなく弁護士会が攻めこまれているというイメージがあるなかで、弁護士の業務開拓のために社会に広くうって出るという積極的なイメージがある。誰からも文句の出ない無難なスローガンより、それをきっかけに議論になり、本林会長以下の新しい日弁連執行部が何をしようとしているのか、会員に広く理解してもらえるという利点もある。そんな意見。司会の大川総長がフロンティア精神を使う方向で議論をまとめた。

4月4日（木）

マンスリーマンション

副会長室は日弁連会館の16階。エレベーターをおりて右手奥の方にひっそりとある。中に入ると広い部屋となっていて、中央に楕円形の大きなテーブルがある。ここで円卓会議をするかというと、それはない。弁当を食べるため（みたいな）のテーブル。副会長の机は壁に面しており、木製の小さな机がひとつずつ宛がわれている。ノートパソコンが一台ずつ置いてあり、メールアドレスもそれぞれもっている。

ここに横浜の副会長は毎日出勤してくる。東京3会の副会長は下の階からそれぞれ上がってくる。京都の副会長はホテル住まいよりはいいということで、マンスリーマンションを借りた。月16万円の家賃という。月20泊するなら一泊8000円として同じだということ。大川総長も年間契約でマンションを借りている。私は、気分を変えるためにも、いくつかのホテルを泊まり歩いている。

4月5日（金）

ナイン・ファイブの会議

正副会長会は日弁連会館16階にある来賓室で開かれる。朝10時から始まり、夕方5時すぎまで、50本ほどの議題を次々に議論していく。毎回、膨大な資料の山。とくに各検討会の議事録（要旨と速報そして本文）が部厚い。正副会長のほか、5人の次長、司法改革調査室、調査室、広報室の各室長が参加し、企画課の職員が6人傍聴している。三羽前事務総長も嘱託として出席する。

司会は大川総長。時間配分も記入された討議事項も配られるが、実に見事な采配。議論すべきところを適確につかみ、議論のあと、いくつかのポイントを要領よくまとめて、次への課題を明らかにしていく司会ぶりには本当に敬服させられる。前年度より、はるかにスムースに進行しているという。そうであっても実に7時間かけても、まだまだ積み残しがたくさんある。頭がボーッとしてくる。福岡の吉野元会長が、そのうち手抜きの仕方も身についてくると慰めてくれた。

4月6日（土）

バックアップチーム会議

10コの検討会について、日弁連はそれぞれ支援チームをつくっている。私は労働裁判のほか、裁判員・刑事司法について担当している。会議は午後1時に始まり、4時に終った。正直言って前半は議論についていけず、ほとんど居眠りしていた。そこで、後半の議論だけを少し紹介する。福岡の上田弁護士は今期の日弁連刑弁センター委員長。裁判所は調書の朗読を考えているが、果たして裁判員が長時間の朗読に耐えられるか、また、理解できるのか、本物の記録をもとにして調書の朗読をやってみたらいいという提案をした。同じように大出・九大教授からも、本当に無作為抽出の方法でなってもらった裁判員による審理・評決をぜひ試行してほしいという提案がなされた。福岡で1月26日に成功した模擬裁判員劇は、裁判員による評議風景を劇化したものだったが、今度はキャンペーンでなく、実験としてやってほしいという提案。なるほどと思った。

裁判員が本当に職業裁判官と対等に議論できるためには何人必要かという点について、心理学者による調査が始まる。その結果を大いに期待したい。

司法書士に家事・民事執行事件にも代理権（？）

司法書士法の改正が4月9日、衆議院で可決された。簡裁での代理権を認めるための改正。ところが付帯決議において、「家事事件および民事執行事件の代理権付与については、簡裁における代理権行使での実績をふまえて早急に検討すること」が明記された。司法書士会の政治工作の成果と思われる。なしくずしに司法書士の代理権が拡大していくのは問題だ。

全国の司法書士は1万7000人だが、簡裁での訴訟代理権の前提としての特別研修を6割（検討中をふくめると8割以上）が希望している。希望しない回答とした人は17％にすぎない。

ソリシターに5段階評価

イギリスのソリシター（事務弁護士）は8万人いる。ソリシターについての苦情があまりにも多いので、できの悪いソリシターを事前に公表し、国民がそのようなソリシターに間違って事件を依頼しないようにするため、ソリシターを5段階評価し、公表するという計画があるという。判例タイムズ1077号（2月15日号）に紹介されている。ソリシターに問題があったときには、ソリシターの自治団体であるロー・ソサエティーの常設委員会である綱紀委員会が審判に付すかどうか決定する。審判に付すときには、ロー・ソサエティーから独立した外部機関である「ソリシター懲戒審判所」が除名・業務停止・制裁金などの最終処分を決める。ソリシターについての苦情申立は年間1万9000件。除名が73人、業務停止は38人、制裁金が7人いたとのこと。こんな5段階評価なんて、とんでもない。

4月7日（日）

人体のなかの宇宙

たった1つの細胞が分裂・増殖して、今や60兆個の細胞からなるのが私たちの身体。細胞の1つ1つに、引き伸ばすと1メートルになる遺伝子があり、全部つなぎあわせると60兆メートル、つまり600億キロメートルにもなる。私たちの太陽系で1番外側にある冥王星と太陽は60億キロメートル離れている。その10倍もの長さのものが私たちの体内にあるというわけ。しかも、遺伝子（DNA）には、A、T、C、Gという4つの核酸塩基が1億分の3センチの間隔で配列されている。私たちの身体は、壮大な宇宙規模からなっている。『生命にとって酸素とは何か』（講談社）を読んで知った。

『考える力、やり抜く力、私の方法』

青色発光ダイオードを開発した中村修二教授の本（三笠書房）を読んで、さすがに非凡な人は違う、と感心した。独創的なアイデアを生むためには、それが「非常識はアイデアである」とわきまえるところから出発する。大きな成功を勝ちとる秘訣は、とにかく楽天的であること。陽性であることと言った方がいいかもしれない。一時的に判断をカッコに入れておくと、心に思いつくままの、そのままの姿の物事が見えてくる。理屈や常識の判断に左右されない、物事の本質が見えてくる。研究に熱中するあまり不規則な生活を送っても、結果は出てこない。人一倍の努力はしたが、規則正しい生活を心がけた。コツコツと努力を続けると何かができる。私も、そう信じて、これからも書き続けていく。

4月11日（木）

人権擁護法案

夕方5時から、日弁連会館2階クレオで緊急シンポジウムが開かれた。急な呼びかけで参加者が少ないのでは、と心配されていたが、なんとか130人以上の参加があった。当日は、日本テレビが生中継していた。自民・公明は欠席したが、民主・共産・自由・社民の4党が出席して意見を表明した。なんとか一致・協力して対決法案と位置づけ、廃案をめざしてほしい。

この法案によると、人権委員会は地方法務局の人権擁護部局が衣替えするだけ。日弁連は独自のスタッフをもつ独立した委員会を提唱しているが、予算をつけないという制約もあって、安易なものがつくられようとしている。しかし、これでは刑務所などでの人権侵害にきちんと対応できるとはとても思えない。また、メディアの人権侵害を扱うことについては、朝日新聞の藤森・論説委員と日本テレビの石井・報道局長が厳しく批判した。果たしてメディアの自主規制にまかせるだけでよいのかは、議論のあるところ。とはいっても、政府がメディアの取材を一方的に規制できるというのは、もっと困ったことになる。夜8時までの3時間のロングランだったが、ワイドショーで鍛えた小池・田中両弁護士の名司会で、充実した議論が続いて、飽きさせなかった。

閉会の挨拶を急に頼まれた。テレビカメラのライトがとてもまぶしくて、うまくはできなかった。あとで、市民集会での初デビューだっただろうと、先輩の弁護士たちに冷やかされてしまった。

4月12日（金）

窓口会議

政府の司法制度改革推進本部の下の検討会での審議に加わっているメンバーと日弁連との意思疎通のために毎週1回、朝9時から1時間ほど開かれている会議を窓口会議と呼んでいる。

検討会によっては、ADRや仲裁とか国際化のように、日弁連の方針がとくに定まっておらず、たいした対決点もなさそうなところもある。しかし、他方で法曹養成、刑事司法、裁判員など、明確な対決点をかかえているところもある。日々刻々と情勢が推移していくので、議論についていくだけでも大変。しかも、単についていけばいいというものではない。日弁連としては議論をリードしていかなければいけない。なかなか難しいところ。日弁連を代表するといっても、たとえば刑事司法の分野のように、日弁連内の意見が鋭く対立しているときには、どうしたらよいのか。日弁連の意見がまとまっていないからといって黙っていてよいはずもない。結局のところ、出席委員が自分の良心に従って発言していくしかない。

日弁連理事会を待たずに国会審議がすすみ、参考人としての発言を求められることがある。そのときには、日弁連の執行部で責任をもって対応していくしかない。実に頭を悩ませる難問続出。

運動不足の解消

朝9時から夜8時まで、ずっと日弁連会館にいた。それも16階の副会長室と来賓室（正副会長会が開かれる場所）にほとんどいて、17階の会議室に2度ほど行ったくらい。珍しく地階の書店にも顔を出さなかった。まったくの運動不足。横浜から通っている須須木副会長は毎朝16階まで歩いて昇っている。私は、2度に分けて昇ることにしているが、この日は6階まで昇っただけで終った。これでは肥満がさらに進んでしまう。そこで、翌日早朝、プールでひと泳ぎした。

4月13日（土）

１２００人体制下での実務修習の人数

司法修習生が１２００人となったときの配属について最高裁で検討がすすんでいる。福岡40人、熊本20人、那覇12人、佐賀・長崎・大分・鹿児島・宮崎は各6人。よそは、東京２２４人、大阪１８０人、名古屋64人、横浜・神戸は各56人、千葉・京都・札幌は各48人、さいたま・広島は福岡と同じで各40人。福岡は、全国と比べて、いかにも少ない。

検察審査会

これまで46万人が検察審査会のメンバーないし補充員となり、13万２０００人の被疑者に対する不起訴処分を審査し、２２８７人（１・８％）について「起訴相当」、1万３７３８人（10・５％）について「不起訴不当」の議決をした。そして、そのうち1048人（6・77%）について起訴され、起訴されたものは実刑（9・4%）、執行猶予（26・4%）のほか92・4%が有罪となっている。

起訴相当の議決をするには8人以上の賛成が必要。ちなみに、検察審査会は11人全員の出席がなければ会議を開いて議決することができない。任期は6ケ月で、3ケ月ごとに半数（5人か6人）が交代していく。私にも1度だけハガキが来た覚えがある。弁護士なので、辞退が認められた。

裁判所予算と貼用印紙収入

裁判所予算は2000年度で3186億円ほど。10年前の1990年度は2574億円だったから、10年間で600億円の伸び（23%）しかない。地裁の事件数は1990年度に11万2518件だったが、2000年度は16万4072件に増えた（45%増）。貼用印紙収入は、2000年度には111億4226万円だったが、2001年度は214億2577万円に増えた（92%増）。事件数や印紙収入の増加傾向と対比しても、裁判所予算の伸びは明らかに少ない。

4月14日（日）

陪審員の心をとらえる弁論

『最終弁論』（朝日新聞社）に陪審員の心をとらえたアメリカの法律家たちの最終弁論が紹介されている。シカゴ・セブンとして知られるイッピーたちの弁護人の弁論、ベトナムで村民を大量虐殺したカリー中尉を弾劾して有罪に追いこんだ検察官役の大尉の論告など、さすがという内容。

ハーバード・ロースクールに合格した19歳の少年が14歳の少年を殺した事件で絞首刑を避けるための情状弁論も紹介されている。犯人の少年は裕福な家庭に育ち、2歳から家庭教師がついて勉強に駆りたてられ、犯罪小説しか読まなかった。人間としての情操教育に恵まれないまま育てられた悲劇があますところなく語られている。日本でも裁判員制度を控えて一読の価値がある。

ミサワの核

テロ対策ということで有事立法が具体化しつつある。周辺事態法で中東まで自衛隊が進出するなど、平和憲法をなしくずしにしようという動きに不安を感じる。三沢基地にエシュロンがあるというのは有名だが、「ミサワの核」については公然たる秘密となっていた。地元紙（東奥日報）の記者がその実態をアメリカまで渡って明らかにした本を出した。『米軍秘密基地』（同時代社）を読み、冷戦時代に核戦争が今にも始まりそうだったことが何度もあったことを知り、背筋に冷たい水が流れた。

4月15日（月）

アメリカ・ハナミズキ

お昼は、日比谷公園で、花壇のパンジーを眺めながら、弁当を食べた。初夏を思わせるほどで、Yシャツ姿が目立った。公園内にはアメリカ・ハナミズキが濃いピンクのあでやかな花を咲かせていた。夕方から、公園内にある松本楼で法相センター委員会10周年のレセプションが開かれた。これは春山・前日弁連副会長の提唱によるもの。全国各地に津々浦々まで法相センターや公設事務所が展開中。本当にすばらしいこと。でも、東京に各区ごとに法相センターをつくる動きがないのが残念。東京で被疑者弁護を担うことができない現実と根は共通している。

4月16日（火）

労働検討会

労働検討会を担当している斉藤参事官に挨拶をするため、藤村次長と2人で出かけた。政府の司法制度改革推進本部の入っているビルは最高裁のすぐ近くにあり、ビルの3階の1フロアーを占めている。

斉藤参事官は東京一弁出身で、日弁連の次長をしていた。あとで、もう1人の担当である近藤参事官も顔を出した。近藤参事官の方は最高裁事務総局出身のエリート。私が民事再生法・個人版の立法過程で最高裁と日弁連の協議の場に出ていたとき、彼も最高裁のメンバーの一人だったから、お互い顔見知り。『裁判官のかたち』という本（現代人文社）で、大きな顔写真とともに紹介されている。近藤参事官は私が本のことにふれると苦笑いしていた。うれしい話ではなかったようだ。

労働検討会では、労使の激しい対立があるというより、大量の個別労使紛争について司法としてどう関与するか熱い議論が展開されようとしている。労働調停のほか、労働参審制をめざすべきだという展望がある。日弁連のなかに労働法制委員会をつくり、弁護士のスキル・アップを図りたい。

イタリアの刑事裁判・参審制

夜、日弁連会館17階で「イタリアにおける市民参加の刑事裁判」と題する勉強会があった。松田講師は大阪大学の先生。イタリアでは被疑者にも国選弁護人制度があるという。また、悪名高いマフィアがいるせいか、「改悛者」という証人免責の手続もある。刑事裁判では20％もの無罪率だというから驚く。もっと驚いたのは、被告・弁護側が裁判のひき延ばしに成功すると時効が完成して無罪になることがあること。なんだか複雑な気持ちになった。重罪院では控訴審を含めて、職業裁判官2人と参審員６人で、多数決によることになっている（同数のときは、被告人の利益に扱われる）。しかし、参審員は、期待されたほどの効果をあげてはいないとみられている。教科書には出てこないし、研究書も見つからないという松田講師の話。裁判官の説示は法廷ではなく評議室でなされ、判決書も裁判官が起案する、参審員には法廷での質問権もないという。

参審員の要件は、①イタリア国籍を有する市民であること、②善良かつ道徳的であること、③30～65歳、④中卒（控訴院では高卒）というもの。面白い要件だ。また、男女の比率は同数になるようになっていて、リストから無作為抽選で任命される。手当ては1日につき5万リラ（4000円にあたる）。ただし、自営業者などは倍以上にもなる。日弁連は、イタリアに裁判員の関係で調査団を派遣する。そのための予備的な勉強会。イタリアは面白い国だとつくづく思った。

4月18日（木）

難問続出。即決を求められる

正副会長会は朝9時からの窓口会議のあと、10時半に始まり、夕方5時半まで続いた。前日までに大型ファイル1冊分の資料が渡される。そのうえ、当日も次々に資料が配布される。各議題にはもちろん資料がついているが、その資料を山のなかから探すだけでも一苦労。そのうえで、ほとんど難問ばかり。たとえば、綱紀委員会と綱紀審査会の位置づけをどうするか、反テロ対策法案をどうするか、司法書士法の改正にどう対処するか・・・。重大案件でありながら、時間がなくて即決を求められる。それにしても、大川総長の見事な司会・進行には感心する。

4月19日（金）

日比谷公園のハナミズキ

初めての日弁連理事会が開かれた。午前11時から夕方の4時半すぎまで、山のような資料を前に、報告と議論が続いた。当日配布の資料に素早く目を通して、適確な発言をする理事もいて、さすがと唸る。理事会が終って、少し時間があったので日比谷公園を散策した。ハナミズキの白い花が新緑に映えている。有事立法に反対する市民集会が開かれているのを横目にしながら会館に戻る。

夕方5時半から、正副会長の披露パーティー。出席した最高裁長官、検事総長、法務大臣、国会議員の前で、本林会長は裁判員を陪審制に近づけるものとしたいなど、格調高く挨拶。ほかには挨拶はなし。乾杯の挨拶すらない。日弁連らしく、すっきりして気持ちのいいパーティー。

4月20日（土）

有事法制に反対

日弁連理事会で有事法制に反対する決議が採択された。

「武力攻撃事態」というのは、「武力攻撃のおそれのある事態」や「事態が緊迫し武力攻撃が予測されるに至った事態」も含んでいる。きわめてあいまいな概念。しかも、政府は国会の事前の承認なしに「おそれ」を認定できる。そして政府が認定したら、私有財産を収用し、自衛隊は武力の行使ができ、ＮＨＫなどのマスコミを政府が直接統制下におく。地方自治体の独立性も政府は無視できる。本当にひどい法案だ。

理事会では、横浜の理事から「有事」のそなえは必要だけど憲法に照らして法案に反対すると記者発表してほしいという意見が出た。しかし、「有事」のそなえが必要なのかどうかというのは、まさに政策論争。日弁連としては、法律家団体として、あいまいな概念によって憲法の原則や基本的人権をふみにじることは許せないという視点で意見を述べるべきだという反対意見が出た。結局、圧倒的多数の賛成で決議された。さすがは日弁連の理事会だと感心しながら議論を聞いていた。

それにしても、これだけ重要な法案なのに、マスコミの取りあげ方はいかにも弱い。

大手法律事務所への就職状況

長島・大野・常松法律事務所（弁護士143人）、西村総合（110人）、アンダーソン・毛利（93人）、森綜合（92人）、あさひ（76人）、三井安田（69人）の6大事務所で合計583人の弁護士がいる（4月6日現在）。

この大手事務所に、52期は50人、53期は65人、54期は83人が入所している。年々、入所者が増えている。この3期のみで、合計して198人もの入所者がいる。ちなみに、1996年6月時点では、30人以上の弁護士がいる法律事務所は全国に9事務所しかなく、その合計は454人だった。

日本における国際弁護士

日弁連　全国に1500人。大手の渉外事務所の3分の1は、この3年間の入所者。留学経験者は333人。

法務省　外国の法律家が日本で仕事をしたいという圧力は強くある。年に数人は外国人で弁護士登録する人もあるが、圧倒的多数は韓国人。英米人が日本で弁護士資格を取ることはきわめてまれ。言語的問題もあって、困難と認識されている。

長島弁護士　特定共同事業は多くても20人なので、マンパワーの点で、大型案件ができない。また、専門知識の点でも従来は不足していた。大型案件については、特定共同事業はビッグ4の競争相手ではない。フランス・ドイツ・イタリアの大きな法律事務所は、例外なくイギリス系の法律事務所の傘下に入ってしまった。日本でもそのようなことが起きない保障はない。イギリス系の大規模事務所には、システムに対する巨大な資本投下ができるという利点がある。主要各国に展開しているため、どこの国でも情報がとれる。また、どこの国の専門家でも集められる。国際的なM&Aでは圧倒的なシェアをもっている。しかし、利用企業からすると、あまりにも高価だという不満がある。次々と事務所を買収する資金がいるためだ。また、同一の事務所なので、低い国の弁護士報酬は高いアメリカにあわせて引き上げる。

公設事務所の状況

紋別ひまわり基金法律事務所は、月20件の相談を受けている。電話での問い合わせは2～3倍あって、断わっている。債務整理事件を月に7～11件受けていて、一般民事事件を月に3～4件受任し、さらに国選弁護事件を月15件受けている。債務整理の件数が多くて、月に10件の受任が限界であり、相談までに1ケ月近く待ってもらう状況。2001年4月から12月までの売上は1560万円（月173万円）。そのためか、旭川地裁紋別支部の書記官が一人増員された。

特任検事

3年以上、副検事として仕事をして、試験に合格した特任検事は、現在、全国に41人いる。1951年から1999年までの49年間で、合格者は213人（受験した人は1950人）だった。毎年の合格者は平均43人、2桁合格は1991年の11人と1992年の10人だけ。この特任検事は、在職8

年以上で検事正以上にもなれる。
検事に1級と2級があるというのを知らなかった。検事総長、次長検事と高検の検事長は1級で、内閣が任命し、天皇が認証する。ほかの検事は2級で、副検事も2級。特任検事が1級の検事になることには何ら問題はないが、そのまま弁護士資格を認めるべきかは別の問題。

予備校の授業料

LECの反町学院長によると、司法試験予備校の授業料は高額ではないという。2年で全課程を終了したら、合計99万円。入門講座6科目・全92回、答練6科目・全52回、論文基礎力完成講座6科目・全115回、択一基礎力完成講座3科目・全41回の一括パックで合計すると86万円。これにファイナル論文答練6科目・全30回、択一ハイレベル答練3科目・全15回で合計すると13万円という内訳。合格までの平均受験期間は5年で、その人は3年目、4年目、5年目について各20万円程度、計60万円かかる。つまり、2年で合格すると100万円はかからず、5年で合格したら150万円ですむ。

4月21日（日）

アメリカ社会における調停

飢えたイナゴのような弁護士の群れと、未曾有の数の判事たちの手によってアメリカ社会の荒廃は既に始まっている。これは1906年のラスコー・ポンドの演説。裁判があまりにも多いと言われるアメリカで、実は調停による解決が完全に根づいており、多くの弁護士が調停者としてのスキルをみがいている。九州大学のレビン久子助教授の『ブルックリンの調停者』（信山社）を読むと、ADRの意義や調停者として必要な視点がよく分かる。

4月23日（火）

裁判員検討会バックアップ会議

福岡の美奈川弁護士が、裁判員が量刑を扱うのは疑問だ、検討会ではその点についても議論してほしいと言いだして、大議論になった。つまり、検討会は、司法制度改革審議会の意見書を前提として制度設計について検討するのだから、意見書で量刑を扱う、被告人には選択権を認めないと決まっている以上、検討会では議論できないし、また無駄な議論はすべきでないということ。

しかし、それでは、現在、日弁連が全国の単位会に意見照会して日弁連としての意見をまとめようとしているのはどうなるのか、という反問がなされた。意見照会は被告人の選択権や量刑を扱わないとする点もテーマのひとつとなっている。結局のところ、検討会で意見がまとまったら、それが政府案となって国会に提出されることになるわけだが、日弁連の意見と異なることも大いにありえる。単に意見が異なるというのか、結果として日弁連は反対することになるのか、どの点が日弁連として譲れないことになるのか、その点を早く確認しておく必要がある。

4月24日（水）

メール・チェック

週のうち大半は東京の日弁連会館にいる。これは東京以外の副会長10人全員も同じような状況だ。それぞれ検討会を受けもっているので、常勤みたいに出てこないとついていけない。

朝、副会長室の自分の机に向かうと、まずメールのチェックをする。自分の書いた『Eたより』も大牟田の事務所から転送してもらって読んでいる。『Eたより』にメールアドレスをのせたところ、早速、福岡の牟田弁護士と佐賀の牟田弁護士から激励のメールが届いた。福岡の幸田弁護士からは、この3月で『Eニュース』が終って、やれやれと思っていたのに、4月からまた『Eたより』が来はじめて呆れていると言われてしまった。まあ、そんなこと言わずに、読んでほしい。日弁連副会長のもとに集中してくる大量の情報の一端を厳選して届けるつもりなので・・・。

4月26日（木）
ケータイ電波の人体実験

高2の娘の枕元に目覚まし代わりに携帯電話がおいてあった。携帯電話が発する電磁波が脳を直撃するかもしれない。親バカの私はケータイを遠ざけた。ケータイを胸ポケットに差しこんで歩いていたら、某先輩から、心臓に良くないのでやめた方がいいと忠告された。たしかに、心臓にペースメーカーを取りつけている人に悪影響を及ぼすことは間違いない。飛行機にのると、ケータイの電源を切るように何度もアナウンスがなされる。ケータイの電（磁）波は人体に害を及ぼさないものなのか。大量の人体実験が全世界で進行しているように思われて仕方がない。

4月27日（日）
常勤副会長

事務次長から本年度の副会長は「これまでと違って東京以外の出身の副会長も皆さん、ほとんど常勤体制になっている」という話が出た。京都と横浜の副会長は毎日、出勤している。岡山の副会長は東京に20泊した。山梨の副会長も似たような状況だ。私は、東京に16泊、日弁連会館に21日いた。このような状況がずっと続くのか分からないが、ともかく検討会を分担しているし、司法改革の差し迫った問題に取り組むためには東京「常駐」が避けられない状況。

日弁連の特別会計

日弁連には一般会計とは別に、委員会活動などを支えるための特別会計（基金）がある。本年度はIT関係で1億5000万円の特別会計を新しくつくった。一番額が大きいのは、やはり会館に関するもの。総額38億円。現在の会館は27億円の評価になっている。当番弁護士5億円、ひまわり基金2億4000万円、人権1億2000万円、消費者6000万円、司法改革4000万円、公害2000万円、弁護士業務妨害2000万円、国際人権1000万円など。

副検事の定員

この50年間で、検察庁の人的体制のなかでの副検事の占める割合は大きくなっている。1994年（昭和22年。私の生まれる前年）に検事が859人、副検事が430人だった。20年後の1967年（昭和42年、私が大学に入った年）に検事は1087人、副検事は784人。副検事の比率が7割に上がっている。さらに20年後の1987年（昭和62年、私が大牟田に戻って10年後）に検事1173人、副検事919人。副検事の比率が8割を超えた。その後、少し検事がふえて、1999年には検事1304人、副検事919人。やはり、これは異常。検事をふやすべき。

ドイツの裁判官制度

ドイツの裁判官制度には3つの特徴がある。

①　連邦制

ドイツでは国家の中心は州であり、州が国の仕事をしている。法曹になるための2回試験についても、国家試験ではあるが、試験科目および方法は州によりさまざまで、いずれかの州で法曹資格を取得すれば、ドイツ全土のどこの州でも裁判官に採用される資格を得る。裁判官の採用については基本的に公募制が採られており、資格を有する者が各州の公募に応じて志願することになっている。

② **2大政党制**

ドイツでは2大政党制で、裁判官もいずれかの政党に属しているか、いずれかの政党を支持していることが多い。そして、ポストが上に行けば行くほど、その選任に政治的な考慮が働いているのではないかと言われることも多くなる。

③ **ナチス時代の反省**

現在のドイツの制度の多くは、ナチス時代の反省にもとづいている。一点に権力が集中しないように連邦制を採用し、政党政治を重視しているのもその反省にもとづくものであろう。現在では本人が志願しない限り転勤をさせないし、人事評価においては判決内容については一切判断をしてはならないとされ、仮に判決に形式的なミスが重なっても、それを評価書の中に書けば、その評価は取り消されるといわれている。

〈4 月〉

日本と異なるドイツの裁判官制度として、次の2つがあげられる。

① **試用裁判官制度**

試用裁判官時代に必ず検察官を経験しなければならないという州も少なくない。試用裁判官の期間は3年から5年まで、人によって異なり、早く終身裁判官になった人は優秀という評価が後々までついてまわる。

② 3回試験

地方裁判所の裁判長になるのはかなり難しく、多くの裁判官にとっては、裁判長になることが夢と言われている。多くの州では、「3回試験」と呼ばれている試験に受からないと裁判長になれない。

イギリスの裁判官

イギリスの裁判官は地位が高いことで有名。高等法院裁判官は地位も高く、エリート。巡回裁判官はそれに次ぐ地位。巡回裁判官と地方判事の差は、職責がまったく異なるところにある。巡回裁判官はトライアルの主宰、判決書の作成が主な仕事で、地方判事は、トライアル前の段階が主な仕事である。地方判事は巡回裁判官の次に位置する。

非常勤の無給治安判事を選任する委員会が地域ごとに設けられているが、その委員会の構成員の中から選任される。この民間人は、司法制度に関する十分な知識と理解があることを要件として選ばれており、裁判のことをまったく知らない人や当事者サイドの人が選ばれるということはない。

イギリスでは、非常勤裁判官の職務は、基本的には、一日で完結するようなシステムになっている。朝、登庁して、記録を読み、審理し、即日、口頭で判決を言い渡すといったイメージの仕事となっている。イギリスの非常勤裁判官は、自分の本職の合間に裁判官としての仕事をしており、全身全霊を裁判に注ぐということはない。

4月28日（日）

1人だけでボウリングをする。アメリカの衰退する社会資本

1980年から93年にかけて、ボウリングをする人数は10％も増加したのに、ボウリングのリーグ数は40％減少した。ＰＴＡの参加者数は１９６４年に１２００万人だったのが、１９８２年に５００万人まで落ち、90年代初めに７００万人にやっと回復した。数の増えている非営利団体にしても、メンバー同士の結びつきは弱くなっている。

ロバート・パットナムは、アメリカが国際的にみても人間関係資本を減少させてきた理由を４つあげている。① 女性の職場進出 ② 引越しなど移動が多いこと ③ 家族形態の変化 ④ レジャーの技術的変化。とりわけテレビを見る時間が長くなり、コミュニティーのなかの結びつきを底の浅いものにしている。『覇権国アメリカの再編』（東大出版会）を読むと、超大国から覇権国になったアメリカの政治について改めて考えさせられる。アメリカは、むき出しの狂暴性と草の根民主主義とが共存している不思議な帝国だ。

カラオケ　　**4月20日（月）**

品川のプリンスホテルで合宿した。司法改革問題などについて、じっくり腰を落ち着けて意見交換しようというもの。食事のあと、ホテル内のカラオケルームでカラオケ大会が始まった。風邪でノドを痛めた１人を除いて全員うたうことになり、音痴の私も「泳げたいやきくん」をうたってごまかした。本林会長をはじめとして副会長も事務総次長も皆さんなかなかの芸達者ぞろい。須須木副会長は踊りつきの歌を披露したが、さすが横浜の芸能人。大川総長と山本副会長（一弁）の声のよさが印象的。それでも、カラオケ苦手の私には、演歌オンパレードの３時間は苦痛だった。

4月30日（火）

日弁連副会長の旅費

日弁連からもらった4月分の旅費は合計65万8520円。

日弁連の会議に出席すると1回5万7940円の飛行機代が出る。次の日に委員会などがあって宿泊するときには1万5000円が支給される。私は4月には16泊し、13回、福岡と東京を往復した。飛行機は6回の回数券を使っている。ホテルは公務員共済組合の施設を主として利用している。九弁連からも出席補助をいただいている。合計28万円。飲食費も多く、1回1万円ですめばいい方。なんといっても1年間だけなので、自己負担があるのも仕方がない。

5 月

5月1日（水）

労働検討会

午後2時から5時半まで開かれ、担当副会長として初めて傍聴した。

検討会は司法改革推進本部の入っているビルの2階の会議室で開かれる。傍聴者は制限されている。日弁連からは3人。ほかに社会保険労務士会も3人傍聴している。菅野座長のほか委員10人と、事務局から山崎潮局長など5人も列席するなかで議論がなされる。

裁判所から労働裁判などの実情についてプレゼンテーションがあった。最高裁事務総局の定塚行政一課長（37期）と東京地裁労働部の三代川部長（31期）の2人。

労働事件はこの10年間で3倍となり（現在2100件）、平均審理期間は1年強に短縮された。労働事件の6割は賃金・手当をめぐるもので、解雇をあわせると85％になる。判決になるのは4割、和解が44％、取下げも12％ある。地労委の救済命令は裁判所で取消される率は最高57％だったが、最近は2～3割程度。それでも、どうしてこんなに取消率が高いのかに関心が集まった。労働専門部のある裁判所は全国に7庁で、裁判官は合計して35人。東京（3部）13人、大阪4人、横浜4人、名古屋3人、京都3人、神戸3人、福岡5人。この7庁で全国の労働事件の7割を担当している。東京地裁で3割。

労働事件の専門性が話題となったが、三代川判事は「自然にカンドコロは身についてくるもの」と述べた。その自信たっぷりの話を聞きながら、こんな自信がどこから出てくるか不思議だった。

5月3日（金）

『エトワール』

福岡の映画館で、パリのオペラ座のバレエ団を紹介するドキュメント映画を見る。ダンサーの社会は実力差による厳しい階級社会。トップのエトワールになっても永遠ということはない。しなやかに動くダンサーの優雅な身のこなしを見ながら、あまりの壮絶さに身を固くしてしまった。1時間40分の映画で、少しばかりフランス語が聞きとれたのも嬉しかった。

6月から事務次長になる酒井弁護士は、弁護士になってから3年間フランスにいた。私もフランス留学を夢にえがいている。

5月5日（日）

レッド・バイオリン

1週間のうち東京に4泊しても、日曜日だけは自宅に戻っている。春うららかの陽ざしをあびながら、花ざかりの庭を手入れして過ごす。日曜日の朝は、このところ目覚ましのCDとして、川井郁子のレッド・バイオリンを聴いている。軽快な調べで、心が浮きたつ思いがする。

庭におりて、野鳥にエサをやる。といっても、このごろはキジバトとスズメしかエサ場に現れない。メジロもジョウビタキも姿を見せなくなった。そのうち巣箱をかけてみよう。

『焼き鳥・門扇・一代限り』

この本（講談社）を読んで、いろんなことを教えられた。たかが焼き鳥の味がこんなにも奥深いものだったとは・・・。ほとほと感心する。完全予約制。カウンターの13席だけで、1日1回転。メニューは8本コースと10本コースだけ。従業員なし。主人一人で切り盛りする。前菜は、食べた瞬間に美味しく感じ、食欲がむらむらっと湧いてくるようなものでなければならない。また、次に出てくる料理を、わくわくしながら待つという気分にさせるものでなければならない。美味しい大根おろしにするには、何といってもゆっくりおろすこと。気持ちを静め、ゆったりとした気分で、大根を円を描くようにまわしながらおろす。いらいらしていると、つい速くなり、それが大根の組織を破壊して辛いのができあがってしまう。大根おろしは「怒っておろすと辛くなる」とよく言われるのも道理。美味しい食事のあとに、美味しいほうじ茶を飲む。これが和食の醍醐味。料理屋で最後に出すお茶は、口の中をさっぱりさせる目的があるから、一流の店では決して煎茶は出さない。煎茶は、甘いお菓子などと相性がよいもので、食後に飲むものではない。

食事とは、ただ単に料理を口に運ぶことだけをいうのではない。料理にこめられた思いをじっくり味わい、飲み物との調和を愛で、そして仲間との語らいを存分に楽しみながら、生きている喜びを実感する場だ。一品食べ終わったあとの間が保てないようでは、どんな高級料理を口にしても、貧しい食事でしかない。すぐれた日本酒は、たいてい冷や（つまり常温）かぬる燗で飲んだほうが、その持ち味がよく分かるようになっている。客から「ぬる燗にしてください」と言われると、緊張する。一方、「熱燗にしてください」と言われると、がっかりしてしまう。

これは慶応大学法学部出身の店主の言葉。残念ながら、今やこの店はない。店主は54歳で引退した。

『警視庁裏ガネ担当』

この本（講談社）は、元警視庁警備部で会計を担当していた大内顕氏が本名を名乗って年間12億円もの裏ガネづくりを具体的に明らかにしたもの。警視庁がどのように反論しているのかは知らないが、なるほど警察の裏ガネはこのようにしてつくられるんだなと理解できる。

刑事部などは捜査費で裏ガネをがっぽり稼いでいるから、旅費なんて問題にしていない。警備部は捜査費がほとんどないから、機動隊員3000人分の旅費で裏ガネづくりを警察庁を巻きこんでしてきた。機動隊員であるというだけで現実に出張しなくても支給される旅費がある。これを日額旅費という。大阪高検の公安部長は「調活費」（調査活動費）の不正使用を内部告発しようとした矢先に逮捕されたという。官庁の裏ガネについて、もっと光をあてるべきではないか・・・。

5月6日（月）

弁護士報酬の消滅時効が2年の理由

法曹としては、医者の報酬債権が、どうして短期消滅時効にかかるかという理由も知っておきたい。法律がそうだからということで安心するのは悪しき法実証主義。これは習慣上、迅速に決済される債権だからというのが立法理由。「社会生活上の医師」である弁護士の報酬債権はどうか。これは2年。どうして医者が3年で、弁護士は2年なのか。やはり法律家として説明できてしかるべき。口の悪い人は飲み屋の1年と弁護士報酬は近いと言う。これは民法典制定当時の弁護士のステータスを考えると、説得的かとも思われる。しかし、実は違う。そうではなく、弁護士報酬は前払いするのが慣行だから2年。全然知なかった。「前払い」の慣行って、いつごろあったのだろうか？

外国法制への支援活動

カンボジア弁護士会への支援事業は、ＪＩＣＡから今年度1000万円、来年度3000万円。日弁連からは数百万円程度。現地に派遣されている弁護士へは年間1000万円程度が支払われている。

報酬規定違反の懲戒処分

弁護士の懲戒処分は『自由と正義』に処分の理由とともに公表されている。これによると、報酬規定の基準を大幅に超えることが懲戒処分の理由となったものは少なくとも12件ある。そこでは、取得額の30％、回収額の7割、代金の4割を報酬と定めたことが弁護士の懲戒処分の理由となっている。

日弁連の予算

日弁連会長の報酬は年1000万円と決まっている。このほか、事務総長と4人の事務次長（ほかに職員出身の次長が1人）、さらに嘱託など弁護士である職員に対して年に総額で4億1364万円が支払われる。これは前年より1億4000万円ほど増えている。しかし、司法改革への官僚の取り組みに比較すると、日弁連の体制は明らかに弱体。労働検討会を担当する嘱託（弁護士）はまだいない。

自民党司法制度調査会の提言

政府は、中央省庁等改革基本法で、国の行政機関の職員の定数について、10年間で少なくとも10分の1の削減を行なうための新たな計画の策定を行なうと定められたことにもとづき、2001年から10年間で10％の削減を行なう方針を示し、昨年7月に閣議決定された新たな定員削減計画で、そのうち前半部分の5年間で約5％の削減分を決定した。この計画は、司法関連分野においても一律に適用され、たとえば、法務省では5年間で合計2413人を削減することとされている。司法を支える人的基盤については、10年間で10％の定員削減計画の枠外とする法改正を行なったうえで、大幅な増員を実現できるような特別な措置を設けるべきだ。

わが国の司法関係予算は、きわめて少額だ。司法関係予算は、1997年に制定されたいわゆる財革法（現在は執行停止中）においても、それを抑制するものと位置づけられており、2001年度予算においても、裁判所予算は3200億円、法務省予算は6100億円で、国家全体の予算のわずか0・39％と、0・74％で、合計しても1・13％にすぎない。

5月7日（火）

弁護士費用の敗訴者負担

午後4時から、推進本部事務局の小林久起参事官（裁判官）ほかと意見交換会が開かれた。

「敗訴者負担」は、裁判所へのアクセスの拡充のため、利用者の費用負担の軽減策として司法審の意見書が導入することを提起している。ところで、「勝訴しても弁護士報酬を相手方から回収できないため訴訟を回避せざるを得なかった当事者」がいる。これが意見書の提案の立法事実となっている。果たしてそのような事実はあるのか、それはどのような裁判類型なのか、という点を日弁連側は再三しつこく質問した。小林参事官の答えは、「あると思う」という一般論に終始していた。また、訴訟費用額の確定を求める申立がほとんどない実情についてどう考えるか、という質問に対して、それは別の問題だという回答だった。

ドイツなど諸外国の例もあげて、敗訴した方が弁護士費用を負担するのは世界的な流れだという小林参事官の説明については、ドイツは弁護士報酬が法定されているうえに、訴訟保険が発達している点が日本とは違うという反論がなされた。また、「敗訴者に負担させる金額は、勝訴者が実際に弁護士に支払った報酬額と同額ではなく、そのうち訴訟に必要と認められる一部に該当し、かつ当事者に予測可能な合理的な金額とすべきである」とされている。これについて小林参事官は訴額と連動させた最低額の弁護士報酬とすることになるだろうと説明した。弁護士会の報酬規定が風前の灯火となっている今日、それとの整合性をどう考えているのか、疑問に思った。

5月0日（水）

報酬規定

弁護士会の報酬規定は今や風前の灯火。公正取引委員会から独禁法に違反すると指摘され、政府の推進計画において弁護士法上の会則条項から削除されることが閣議決定となっている。これから法曹制度検討会で検討の対象となるが、検討会の事務局では、当然に「法から削除する」としている。しかし、本当に報酬規定を削除することが市民のためになるのか、疑問だ。司法制度改革審議会の意見書でも無条件削除とはせず、「何らかの規定」を弁護士会がつくることを予定している。

日弁連の正副会長会では対処方針を検討中だ。「断乎として闘う」と言うと、検討会で玉砕戦法に出たと受けとめられ、日弁連の主張は信用をなくして、あとがやりにくくなるという意見がある。しかし、今の報酬規定が万全のものだとは思わないけれど、独禁法違反だという公取委の見解も閣議決定も、そのまま素直に受け入れるわけにはいかない。

げんこつラーメン

日弁連で朝9時から会議があるときは、前の晩に東京に入って泊まるようにしている。福岡の津田元会長は早朝7時の飛行機で上京していたというが、とても真似できない。

夜遅く浜松町のホテルに入る。そのホテルの近くに美味しいラーメン屋がある。香油ラーメン（900円）は、豚骨スープで、キレのあるコクがあって、ひと味違う。最近は東京にも有名なラーメン店がいくつもある。岩本副会長は、札幌の有名なラーメン店は全部制覇したので、この1年間に、東京の有名ラーメン店を全部食べあるくのを楽しみにしている。

5月9日（木）

国際刑事裁判所

戦争犯罪や大量虐殺があったときに常設の国際刑事裁判所を開設して法的に裁いていこうという動きがある。このためにローマ条約は、アメリカをはじめとして139ケ国が署名している（日本も）。そして発効に必要な60ケ国の批准がこの4月に達成された。ところが、日本は自衛隊員がこの裁判所で裁かれることを恐れて批准を拒否しようとしている。最近の報道（5月8日の朝日新聞）によると、アメリカは米軍兵士が戦犯として起訴される恐れがあるとして、署名を一方的に撤回することにした。

日弁連会館にホンコン・カナダ・タイの弁護士たちが国際刑事裁判所の設立に向けての協力要請にやってきた。国際人権委員会の担当副会長として、挨拶した（もちろん日本語で）。

5月10日（金）

民主党との朝食会

朝8時から、ホテル・ニューオータニ（楓の間）で民主党の議員12人と日弁連正副会長そして総次長の合計18人との朝食会があった。司会の話では15回目だったという。鳩山代表も出席し、国会情勢など20分ほどスピーチした。有事法制についてもとりあげ、有事とは何かがきわめてあいまいなことは問題だと述べた。火事とは何かと訊くと、消防車が出動するものと答える。それでは、消防車はどういうときに出動するのかと訊くと火事のときだと答える。これと同じで、まったく答えになっていない。すべて政府の裁量でやられるのは怖い。こんなたとえ話で、なるほどと思った。

鳩山代表は顔色がよくなく、覇気が感じられなかった。九弁連の理事の朝会に参加しようとしたら、雨が降り出していてタクシーがつかまらず、20分ほど遅刻した。

5月11日（土）

検討会ひきあげ論

午後から、福岡県弁護士会館で、日弁連と九弁連会員との司法改革問題に関するブロック懇談会が開かれた。東京から司法改革実現本部の杉井事務局長が来て、小一時間ほど情勢の特徴などを話した。司法改革をめぐる情勢は急テンポですすんでいるが、会員に対する情報伝達がうまくいっていない。いろいろ日弁連執行部への注文や苦言も寄せられた。福岡の某有力会員から、「裁判員制度は刑訴法の抜本的改正が前提。それができないようなら、日弁連は検討会から委員を引きあげるべきだ」という意見も出された。しかし、今まさに最高裁・法務省と精一杯の綱引きをやっているわけで、たたかわずして最悪の制度を押しつけられたと泣き言をいうのではまずい。刑訴法の抜本的改正をふくめて前向きに取り組みたい。

ハンセン病判決1周年祝賀会

夕方から熊本でハンセン病判決の1周年を祝うパーティーがあり、本林会長の代理として参加した。この日は午後からシンポジウムもあって、パーティーの方は勝利判決を祝うお祭りとなっていた。ハンセン弁護団の弁護士たちが晴れやかな顔で参加していた。東京の豊田弁護士の顔もみかけた。大変なにぎわいようで、人間性の回復をめざす大きな前進を勝ちとったことを心から喜んでいる元患者の喜びがひしひしと伝わってきた。

5月12日（日）

『ドリームチーム弁護団』

面白い本（講談社文庫）だ。アメリカ（サンフランシスコ）の弁護士（シェルドン・シーゲル）による法廷推理小説。「グリシャムをしのぐ」と本の帯にあったが、それはともかくとして、法廷場面はたしかに読ませる。カリフォルニア州では1991年に法改正され、陪審員候補に対して判事が直接質問する権利がある。これによって選考期間は非常に短縮された。弁護士も陪審員になれる。

陪審コンサルタントは、陪審員は女性ばかりにした方がいいと言う。女性たちは偏見がないから。陪審法廷はギャンブルだ。陪審員選考の法廷にいったん入ってしまったら、あらゆる研究も経験上の知識も何の役に立たない。依頼者の生命は見知らぬ12人の手の内にある。発言やしぐさは一つ残らず、陪審員に吟味されている。自然に、しかし慎重にふるまうように。

私の知っている弁護士は全員、小説を執筆中さ。こんな言葉が出てくる。実は、私も、その一人。

5月13日（月）

窓口会議

窓口会議に出席して驚いた。午前9時ジャストに17階の会議室に足をふみ入れたとき、そこにいたのは、本林会長以下の執行部のみだった。副会長は13人のうち、私をふくめて10人が顔をそろえていて、正副会長会がすぐにでも開けるような状況だった。

結局、10分ほど遅れたが、なんとかいつものメンバーがそろって会議はきちんと行われた。本林会長による小泉首相への直接要請行動の報告もあった。15分間のうちに、3つの川柳を引用・紹介して司法改革への十分な予算措置を訴えて首相の関心をひいたという。

本林会長が小泉首相の前で披露した川柳は、次の3つ。

○　思い出の事件を裁く最高裁

○　官邸の指導で進む諸改革

○　無駄なくし血税注ぐ米百俵

あとの2つは、伊藤次長がつくった。相手を魅きつける話を展開するための工夫として感心する。

検察審査会の改組

夕方から、「裁判員・公的弁護」検討会バックアップ会議が開かれ、参加した。この日は検察審査会の改組がテーマ。検察官出身の高井弁護士は、検察審査会に対して強烈な不信感をもっている。おじさん、おばさんが記録もよく読まずに検察官の決めた処分を簡単にひっくり返すなんて、とんでもないということ。

2000年度の実績でみると、1576件扱ったうち、起訴相当としたのが3件、不起訴不当としたのが105件。不起訴相当の大半（751件）は「嫌疑不十分」で不起訴になっていたもの。

起訴相当の議決に拘束力をもたせるか、その起訴状は誰が起案するか、公訴維持は検察官にやらせるのか弁護士が担うのか、任命するのは裁判所か検察審査会なのか。意見はまとまらない。

5月14日（火）　警視庁のヘリポート

運動不足の解消のため、朝、ホテルから日弁連会館まで30分近くかけて歩く。早くも初夏を思わせる気候のなか、皇居前広場を観光客がゾロゾロ歩いている。東南アジア系の顔つきの人々が多い。警視庁の屋上にヘリコプターが舞い降り、やがてまた飛び立っていく。都内を空から巡回監視しているのだろう。日比谷公園に足をふみ入れたとき、一瞬むせかえるほどの強い香りを感じた。いつのまにか真紅のバラが花盛り。弁護士会館にとじこもっているのが残念な五月晴れの日だった。

5月15日（水）　ほろ酔いセット

夜7時すぎ、副会長室でこの『Eたより』の原稿を書いていると、本林会長が大川総長とともに「蕎麦でも食べにいこう」と声をかけながら入ってきた。弁護士会館の地下に蕎麦屋があり、そこで私もよく昼食をとるが、なかなか美味しい。下へおりていくと、次の仕事があるということで、会長・総長は本当に蕎麦だけ注文していたが、私たち副会長はみんな「ほろ酔いセット」（1000円）を注文。生ビールを飲み、おつまみを食べながら、ついつい話が盛りあがった。結局、あとでおろし蕎麦を追加注文して今日の夕食をすませた。

5月16日（木）

活発な日弁連理事会

4月、5月の理事会に参加して、今期の理事会の審議レベルの高さに驚いている。私も2期これまで理事として出席したが、今期がもっとも活発だ。多くの理事がよく発言するし、地域的にも片寄りがない。配布された資料をよく読んだうえでの発言はやはり違う。上関原発の新設に反対する意見書に対して、元「動燃」につとめていたという滋賀県の理事から、政策論で日弁連は安易に発言すべきでないという強い口調の反対論がぶちあげられた。日弁連は、原発問題については古くから取り組んでおり、人権大会でも新増設反対を決議しているという立場もあり、なんとか賛成多数で可決された。理事会は「シャンシャン大会」では決してない。正副会長会の討議も、理事会におけるハイレベルの審議に耐えうるかどうかという視点ですすめられている。

5月17日（金）

法曹センター委員会

弁護士過疎対策は東京の弁護士をいかに送り出すかにかかっている。本林会長の所属する事務所が1人も地方公設事務所に送り出すという姿勢をとっていないのはおかしいと、福岡の幸田弁護士が鋭く問題提起をした。まったく同感。東京3会は司法修習生への就職情報を6月中に流すという。それでは地方は不利になる。せめて9月まで遅らせるよう東京3会に申し入れをしよう。このような決議が委員会で採択された。司法研修所に入所する前から早々と就職先を決めようとする最近の傾向はたしかに問題。とは言っても、東京しか希望しない司法修習生が多いのも現実だ。

5月18日（土）

死刑廃止

ヨーロッパでは、ドイツで50年、イギリスは35年、フランスでも20年前に死刑を廃止している。死刑廃止を定めたヨーロッパ人権条約が批准されているので、死刑復活の可能性はない。

イギリスでは死刑廃止の当時に比べて、今は、謀殺が2倍ほど増えている。１９６０年に２８０件だったのが１９８９年には７５０件となっている。しかし、実は全体としての重大犯罪が7倍、８倍に増えているのと比べると、たいしたことではないともいえる。イギリスでは、１９９８年に反逆罪や海賊行為についても死刑が廃止され、軍事法廷でも死刑はない。国連加盟国１８２ケ国のうち、過半数の１０８ケ国で死刑を廃止している。

１９９４年から１９９８年までの5年間で死刑執行した国のうち、一番多いのは中国で1万２３３８人。ただし、中国は人口が多いので、１年間の人口１００万人あたりでみると、２・01となり、シンガポール13・73（実数で２０６人）に比べるとぐっと少ない。アメリカは２７４人（０・20）で、ロシア連邦が１６１人（０・22）、韓国57人（０・25）、日本24人（０・04）となっている。『死刑廃止国（ヨーロッパ）調査報告書』（日弁連人権擁護委員会）による。

司法修習生の人数の推移

１９４８年（私の生まれた年）に２４８人。その後、10年間ずっと２００人台だった。それから４年間は３００人台で、１９６３年から４００人台となった。私が司法研修所に入所した１９７２年

（26期）は５１０人だったが、その後４３８人（１９８２年、36期）ということもあり、結局、１９９１年まで、やっと５００人台に乗るか乗らないかで推移した。この間の最多人数は、１９７３年（27期）の５４３人。それが、１９９２年に５９６人、１９９４年に７０３人、１９９９年に７９７人、２０００年に９８２人となって、２００２年４月には１００７人となった。

訴訟救助

訴訟費用の支払いを裁判所が猶予する訴訟救助が、この10年間で2倍になっている。なぜ、この２年で急増して2倍になったのか。簡裁の方は、１９９６年に２８１件でピークとなり、その後は減少傾向にあり、２００１年には79件。

特別案件受任者名簿

刑事（国選）事件のうち、いろんな意味で大変な事件を引き受けてもいいという弁護士の名簿。福岡には１１３人いるが、これは、全国3位（東京二弁１２９人、広島１１７人）。実際に裁判所に推薦（出動）した弁護士の人数でいうと、福岡は4位（大阪25人、東京二弁８人、岡山７人）。

5月19日（日）

『裁判官フーズ・フー』

東京地裁と高裁の裁判長（部総括）１１５人が似顔絵、経歴つきで紹介されている（現代人文社）。たとえば、私の同期（26期）で、福岡高裁の事務局長を5年も勤め、現在、労働部の部長をしている山口判事については、「基本的には企業寄り」、「そつがない」とされつつ、「進歩的というわけではないけれど、話せば分かる人」とあり、「審理をていねいに進めた」と好意的なコメントもなされている。福岡地裁にもいた29期の井上判事に至っては、「今、もっとも良質な裁判官の一人だとの評価がある」とか「優秀さと公正さで際立っている」、「訴訟指揮は適切・公平でバランス感覚がある」とベタほめ。反対に、山室判事（26期）については、「かなりクセのある人、自己主張が強い。強権的」「学生時代に全共闘運動の活動歴があったとのことで、公安事件にはかなりの自信をもっているらしい」とか、安部判事（オウムの裁判長）についても「態度が横柄」「法律的素養や哲学が感じられない」と酷評している。

『世界資源戦争』

どうして世界中でこんなに戦争が絶え間なく起きるのか。この本（廣済堂出版）を読んで、おおいに目を開かされた。石油と水という死活的に重要な国益をめぐって戦争が繰り返されてきた。たとえば、アメリカは現在、年間28億バレルのペースで原油を生産しているが、新たな油が発見されない限り2010年には資源が枯渇する。世界最大の石油・ガス消費国であるアメリカは、国外の資源へのアクセスを維持しなければ、経済全体が崩壊の危険に直面することになる。「砂漠の嵐」作戦のあと、単独介入の意思と「決定的勝利」を目的とする戦闘方針が現在のペルシャ湾におけるアメリカの軍事戦略のもっとも大きな特徴。重要資源を軍事力で守る戦略は、きわめて高くつく。たとえば、「砂漠の嵐」作戦でアメリカと多国籍軍は、一日あたり1900万ガロンもの石油を使った。これはアルゼンチンの一日の石油消費量と同じ。

5月20日（月）

弁護士業務改革委員会

日弁連会館で青山委員長（名古屋）の最後の全体委員会があり、佐伯副会長と3人で出席した。司法書士が簡裁での訴訟代理権を獲得し、ADRなどの分野で社会保険労務士が進出しようとしたり、とかく弁護士界は他士業に攻めこまれている感が強いわけだが、本林会長としてはなんとか弁護士の業務開拓の方向をうち出してほしいところだ。弁護士の業務広告についても、ネガティブに受けとめるのではなく、積極的に前向きに、こんな広告をして効果があったという経験交流もしてほしいという希望が出された。外部監査について弁護士がもっともっと進出すべきだという声も出た。研修会には700人の申し込みがあり、500人ほどの弁護士が出席した。

5月21日（火）

裁判員・刑事弁護検討会

夜のバックアップ会議に少し遅れて参加した。

裁判員は、司法制度改革審議会の意見書によると、有罪か無罪かを決めるだけでなく、刑の量定も行なうこととされている。ところで、たとえば違法に収集された証拠を排除するのかどうかについて、裁判員も関与して判断することになるのか。この日の会議では意見が分かれた。訴訟手続上の法律問題についてまで裁判員に関与させるべきではないという意見がある。たとえば、令状によらず強制的に排尿させたり採血して覚せい剤反応が出たというケースで、そのような手続違背を理由として証拠からはずすかどうかの判断を裁判員に求めるのかどうか。つまり、真犯人みたいだけど、違法な捜査がなされた、というときに無罪判決を下すことになるのか（できるのか）。純然たる法律問題については、やはり裁判員には判断を求めない。それは準備手続において裁判官が判断するという考え方も有力。しかし、公訴権の濫用という主張が出たとき、また、たとえば戸別訪問事件で、それを禁止した公選法は違憲だという主張が出たら裁判員は判断できなくなるのか。それも少しおかしい。

5月22日（水）

論説委員との懇談会

午後、ＮＨＫや朝日・読売新聞などの論説・解説委員と日弁連執行部との懇談会が開かれた。

日弁連が司法改革をすすめるためにも司法予算を抜本的に拡充する必要があるとして、たとえば3000億円程度で足りるとした点について、ＮＨＫの若林解説員は、「戦略的に誤っている」と厳しく批判した。なぜ司法改革が必要なのか。もっと志を高くもって国民と政治家に訴えかけていくべきだという。日弁連も、そのつもりなのだと釈明したが、納得は得られなかった。

法律扶助予算の緊急拡充を求めている点についても、いいかげんなクレサラ自己破産者の救済のために税金をつぎこむことは国会議員のなかに抵抗が強い。一般事件についての扶助が弱くなっているのではないか。そんな批判が東京新聞の飯室氏などから出された。

法科大学院の質が心配だという声が次々にあがった。とくに、地方でレベルの低いのがつくられたら困る、いくつかの大学が寄り集まった「連合」大学院でいいという意見が相次いだ。

最後に、私の担当する弁護士報酬規定の問題を話題にしようとしたところ、若林解説員から、「それより綱紀・懲戒手続の方が焦眉の問題だ」との声があがって、綱紀審査会を取りあげることになった。飯室氏は、検察官が公訴権を濫用しているのと同じように、弁護士会は弁護士の資格認定を独占している、いわば行政機関の一翼を担う公共組合、一種の公的権力なのだから、市民の声が綱紀審査会の意見としてまとまったときに拘束されないというのはどう考えてもおかしい、と主張した。この意見を、若林氏も日経新聞の藤川氏も支持した。

弁護士会に対する風当たりは厳しい（冷たい）ことを実感させられた2時間だった。

5月23日（木）

雨の五稜郭

函館で日弁連総会が開かれた。午後から五稜郭を久しぶりに見物した。途中から生憎の雨となったが、薄いピンクのツツジが咲き、フジ棚も見事だった。まだチューリップが咲いているのを見て、さすが北海道だと思った。五稜郭には周囲1・8キロの散歩道がある。多勢ではないが、中年のおじさん、おばさんが健康ウォーキングをしていたので、負けずに歩いてみた。3キロほど歩いたところ、久しぶりだったので下肢に痛みを覚えてしまった。やはり、運動不足。

函館弁護士会がセットしてくれた前夜夕食会の会場は海辺の高級料亭「わか松」。さすがに、カニもイカソーメンも美味だった。函館弁護士会の菅原会長は私の同期で、3度目の会長とのこと。出身は山形で、実務修習地の縁で函館で開業したという。やはり修習地は大切。

5月24日（金）

函館で定期総会

午後から、本林執行部になって初めての日弁連総会が開かれた。1つの宣言、3つの決議があって討議時間不足で、かなり追せ追せの進行となった。無事に全議案が原案のまま可決され、ほっと胸をなでおろした。私は出番がないので、資料を読んだり、ＦＡＸニュースの起案などをしながら、気楽な気持ちで見守っていた。司法改革推進のための司法予算の抜本的拡充を求める決議について、東京の高山弁護士が軍事国家体制づくりのための司法改革なのだから、それを推進することになるので反対すると述べたのには驚いた。話があまりにも飛躍していて、とてもついていけない。

懇親会のとき、弁護士報酬規定問題について、執行部は間違っていると、東京の某有力弁護士（女性）からきつい口調で叱られた。報酬規定が弁護士法の会則条項から削除されることは政府の既定の方針になっているのを知らないのか。それなのに削除に反対などという方針を出しても日弁連は敗北するだけ。ほかにも負けるような闘いをしようとするのがいくつもあるのに、いったいどうするつもりか。日弁連執行部というのは１万９０００人の会員をひきいて政治判断すべき立場にある。そのことをもっと強く自覚してもらいたい。どうせ報酬規定なんて、弁護士はいいように使っているだけ。そうは言っても、政府の閣議で決まっているからといって、それを日弁連が当然の前提として受け入れていいとは思えない。しっかり叱られたあと、北大オーケストラの生演奏を聞いて気を休めた。クラシックをナマで聞くのは久しぶりだったが、やっぱりいい…。

5月25日（土）

タウンページにおける弁護士広告

弁護士の業務広告が自由化されてからも広告が活発化したとは、とても言えない。そのなかで唯一、タウンページにおける弁護士広告は増えている。地域的にもっとも多いのは関西６３１件、次いで首都圏の６１４件となっている。３番目は北海道の２８２件。その次は東海の２１９件、九州はなんと四国の１３９件より少なく、１３８件。中国地方は半分以下の63件。結局、全国で２２１８件しかない。しかし、日経新聞に一面広告を出した大阪の法律事務所もある。広告の積極的意義も紹介してほしいという要望が日弁連・弁護士業務改革委員会の会議で出ていた。「整理屋」提携弁護士に負けずに広告をもっと出したらいいと思う。

少年審判における被害者の意見陳述

改正少年法が２００１年５月に施行されて1年たった。毎日新聞（5月18日）によると、被害者・遺族５人が審判廷で意見陳述をしたという。このほか、74人が審判期日以外に裁判官に意見を述べ、家裁調査官が意見を聴取したのが67人。また、事件記録の閲覧・コピーを利用した被害者が４９８人、審判結果が通知されたのは５４５人。なお、逆送率は68％（少年65人のうち44人）となって、過去５年間の平均の3倍近い。厳罰化の傾向が認められる。ちなみに、逆送された少年はすべて16歳以上。

弁護士賠償責任保険

弁護士のミスが訴えられるケースが増えている。おかげで弁護士賠償責任保険の加入者も急増し、昨年7月時点の加入者は1万３００人となっている。10年前の2倍以上。もちろん、私は加入している。ただし、奈良のケースのような故意の詐欺・横領事件は保険の対象にならない。

5月26日（日）

『戦争プロパガンダ10の法則』

第一次大戦から冷戦、湾岸戦争、ユーゴ空爆、アフガン空爆まで、あらゆる戦争において共通する法則がある。それは、自国の戦闘を正当化し、世論を操作するプロパガンダの法則だ。

「今回の報復はやむをえない」
「ビンラディンは悪魔のようなやつだ」
「我々は自由と平和を守るために戦う」

正義はこうして作られる。これまでに戦争当事国がメディアと結託して流してきた「嘘」を分析し、歴史のなかでくり返されてきた情報操作の手口、正義が捏造される過程を浮き彫りにする。

この本（草思社）を読むと、人々は戦争が終るたびに自分が騙されていたことに気づき、「もう二度と騙されないぞ」と思うのに、次の戦争が始まると、性こりもなく、また罠にはまって騙されてしまうことがよく分かる。情報操作って本当に怖い。

心静かな時間

心穏やかな時間を手にすることが、実は小説を書くにあたってもっとも重要なこと。神経が逆だっていると、どんなにいい小説を書こうとしても落ち着かず、なかなかうまくいかないし、物事を深く見つめようという気にならない。『実践・小説の作法』（生活人新書・ＮＨＫ出版）を書いている佐藤洋二郎という作家は、全然知らない人だが、１つ年下で、福岡県生まれ。

言葉には人を揺り動かす力がある。たった一言で人生を左右することもあるし、一生忘れずに人生の指針とする言葉も存在する。読書をすることによって、かけがえのない言葉に出会うことも少なくない。語彙（ごい）不足の解消には、多くの作品に親しみ、少しずつ自分の言葉にしていくしか方法はない。いい小説を書くには、まず第一に読書すること。いい小説をつくりあげる最大のこつは、毎日書くこと。つねに怠らぬ努力は、いつか作者の血となり肉となる（川端康成）。佐藤氏は１日３枚は書くことにしているという。私は、この『Eたより』をふくめて毎日A4版2枚以上は書いている。そのうち、人生と人間を描いた小説を書きあげるつもりだ。

5月29日（水）

司法修習生の進路別の推移

1948年（2期）は、240人のうち裁判官に106人、検察官に54人が任官している。裁判官に任官した人数がもっとも多いのは、2000年（54期）の112人。100人以上の任官者が出たのは、1948年（2期）と、1992年（46期）104人、1995年（49期）102人の4回しかない。検察官の方は、最多任官は、1993年（47期）の86人。1950年（4期）79人ということもあったが、その後20年間は、50人前後で推移していた。私の26期では47人が任検した。佐賀地検の検事正とか最高検に数人の同期がいる。任検が最少だったのは1988年（42期）で、わずか28人しかいなかった。まさに「検察の危機」だった。その後は、勧誘攻勢が成功し、6年後の47期に86人の任検があり、以後70人台で安定している。今では「逆肩たたき」（任官希望者が多いので、減らそうとする教官の動き）があると言われている。ちなみに、弁護士になる人数は、1963年から400人前後で推移してきた。1994年から500人台となり、2000年には771人となっている。

ドイツの刑務所

短期の受刑者も終身受刑者も区別なく処遇される。10年を経過すると、一定の条件により、終身受刑者にも休暇が認められる。独居房には、テレビもパソコンもある。受刑者が自ら調理できる調理室があり、包丁などの刃物も使用できる。

5月31日（金）

あと10ヶ月の執行部

正副会長会の冒頭に、毎回、本林会長が当面の課題などを訴える。執行が発足して2ヶ月が過ぎた。あと10ヶ月しかないので、ぜひ各方面でがんばってほしいという話があった。私も、あと10ヶ月もあるというより、あと10ヶ月しかないという気分。いろいろやるべきことは多いが、16階あたりをウロウロしているうちに2ヶ月がたってしまった。

本林会長からは、弁護士の新しい分野の開拓をめざして、具体的なイメージを探ってほしいという宿題が私には課されている。民間企業や行政へ入っていった弁護士の体験談、また、商工会議所と提携して顧問弁護士を紹介している大阪の例などをとりあげようと思っている。

日弁連懇話会

夕方から日弁連会館17階で懇話会が開かれた。まずは、いつもの弁当よりは少し豪華な弁当を食べて腹ごしらえ。日弁連の側は本林会長、大川総長以下、13人の副会長が全員顔をそろえた。委員の方は、飯室・中日新聞編集委員、サム・ジェームソン・読売研究員、高木・連合副会長、松本・朝日新聞編集次長、吉岡・主婦連事務局長、若林・ＮＨＫ解説員が出席した。本林会長から、司法改革に向けての日弁連の取り組み状況などを説明し、委員の意見を聞いた。弁護士が身近な存在でなく、どの弁護士がその分野の専門なのか分からなくて困るという話が相次いだ。私は、夜8時の最終便で帰福するため、7時に会場を抜け出した。8時20分発と思いこんでいたので、空港のカウンターに着いたのは5分前だった。それでもなんとか飛行機に乗せてもらった。ヒヤヒヤものだった。

6月

6月1日（土）

司法修習生の給与

司法修習生に支払われる給与は58億円で、手当てを含めると65億円。教官給与など、一般人件費を含めて90億円。最高裁は1200人までの予算はとれた、1500人までとる自信があると言っている。1500人になったら、6教室ふやして20教室にする。1200人になった時点で、法廷教室やラウンドテーブル教室を普通の教室に改造する。こんな説明が最高裁からなされた。

司法修習生の実情

53期の2回試験の落第は19人、54期は16人。ボーダーラインにかかっているのは、いつも30人から40人。54期は追試も3人落ちた。2人は辞退した。1人は依願罷免をしたので、再採用の申請があり、審査中。

特任検事・副検事の退職者数

特任検事は現在、全国に43人いる。1992年度に11人任官したこともあるが、たいていは1ケタで、このところ年に2人か3人ほどの任官しかない。退職者は、1990年度に10人あったこともあるが、こちらもたいてい1ケタ。2001年度はゼロ。

副検事は、いま全国に859人いて、毎年の任官数は80～40人ほど。退職者は、1993年度は86

人だったが、この7年間ほどは40人台で推移している。

6月2日（日）

紅梅白梅

庭に小さな紅梅と白梅の木がある。2月から3月にかけて紅白の花が咲き、目を楽しませてくれる。昨年も実がなったが、数が少ないので放っておいた。今年は雑草とりをして見あげたところ、鈴なりで実がついていたので、梅の実を収穫した。梅ジュースをつくった。砂糖につけておくと、水はまったく入れていないのに翌朝には梅の実が水にひたひたに浸っていて本当に驚いた。

今年のサクランボの実は、みんなヒヨドリのエサになってしまった。

ホタルの里

わが家から歩いて5分もかからないところにホタルの名所がある。昨年は、わが家の門柱あたりをホタルがフワフワと飛んでいた。家の前にも小さな農業用水路がある。コンクリート側溝になっているが、しばらくするとホタルが飛ぶようになる。ホタルはいつ見てもいい。あの明滅が幼な心に引き戻す気がする。よく見てると、いつも明滅しているのではない。しばらく休んで、そのうち一斉にホタルの群れが同じサイクルで明滅しはじめる。ホタルの里に住むのは、本当にいいものだ。

『検察秘録』

この本（光文社）には、「福岡六長会」のことが紹介されている。私が福岡県弁護士会長として、この会を復活させようと働きかけて、果たすことができなかった会合だ。高裁長官、地裁所長、家裁所長、高検検事長、地裁検事正そして弁護士会会長の六者をメンバーとしている。ところが、高裁判事の妻のひきおこした事件が次席検事の情報漏洩問題にまで発展して、昨年から開かれなくなった。

ジェンダー・バイアス

函館の日弁連総会で「ジェンダーの視点を盛りこんだ司法改革の実現をめざす決議」が満場一致で採択された。ジェンダーとは、社会的・文化的に形成された性差のことで、ジェンダーにもとづく偏見をジェンダー・バイアスという。私も最近このような言葉を知った。この『Eたより』について、福岡の原田弁護士からジェンダー・バイアスがかかっているという指摘を受けた。前にも女性ルポライターの書いた『イエロー・キャブ』という本を肯定的に紹介して、知りあいの女性から厳しく批判されたことを思い出した。『代議士になったパリの娼婦』（草思社）を読むと、娼婦がドラッグ漬けになっていて、短命であることが分かる。

6月3日（月）

公正取引委員会との協議

午後2時から、日弁連会館で2時間ほど協議した。この協議には、日弁連の委員会に外部委員として加わっている主婦連、経団連、連合、新聞記者も参加し、公正取引委員会の考え方を問いただした。公取委の山本企画課長は、弁護士会の報酬規定はこれまでも独禁法の適用を受けていて問題にならなかったのに急に問題にする理由は何かという質問に対して、弁護士法で報酬の標準を会則で定めるとなっている以上は何も言えないと答弁するのみだった。この点、終ってから、経団連出身の委員からも苦しい答弁だったという感想が出ていた。独禁法が一般市民を守るためのものであるなら、目安をなくしてしまったら、かえって市民が困ることになる。情報に強い企業にとっては目安も必要ないかもしれないが、その点を再考すべきではないか、という指摘が相次いだ。また、今の報酬規定は標準であって、拘束性はないとする意見については、よく実態をみてみたいという回答だった。

公正取引委員会との協議は今後も継続していく予定。閣議決定で弁護士法から削除されていることになっているが、なんとか目安としての報酬規定は存続させたい。

6月4日（火）

弁護士制度改革推進本部

午後から会議があった。日弁連には似たような組織があってまぎらわしいが、司法改革実現本部とは異なり、主として弁護士法改正の関係を担当する。本部長はどちらも本林会長。

午後1時から5時まで、10分ほどの休憩のみで、みっちり4時間も議論が続いた。福岡の藤尾弁護士が、帰りのエレベーターに向かうところで、「さすがに4時間の会議はきつい」と悲鳴をあげていた。この日の議論の焦点は、綱紀審査会の拘束力、弁護士報酬規定、特任検事・簡判・副検事への法曹資格付与、30条問題、72条問題など、いずれも軽々しく結論は出せない重要問題ばかり。

しかし、6月18日に開かれる法曹制度の検討会議で日弁連としてはどのようなプレゼンテーションをするのか早急に方針を決定する必要がある。司法改革審の意見書では何と言っているのか、政府はどう考えているか、国会議員の動向・関心はどうかという点も考慮しつつ、会内民主主義をつらぬいていくには、高度な政治的判断を要する。

6月5日（水）

裁判員検討会バックアップ会議

午後から、バックアップ会議が開かれた。いよいよ裁判員についての審議が始まろうとしている。何を、どのように審議するのか、評決はどうするのか、容易に意見が一致しない難問ばかり。たとえば、裁判員は公訴権濫用の事実を判断することになるのか、という問題がある。そんな難しいことは判断させるべきではないという意見がある。裁判員は何人とすべきか。少ない人数の方が充実した合議ができるという意見もある。裁判官は1人で足りるか。司会しながら意見を述べるのは難しいし、複数いて意見が分かれた方が裁判員も議論しやすいという意見がある。評決を全員一致をめざすとして、何回まで評決するのか、タイムリミットをもうけるのか、という点も未定となった。いずれも、なかなか難しくて、3時間ずっと黙って拝聴していた。

6月7日（金）

九弁連理事会

福岡県弁護士会館で開かれた九弁連大会に30分ほど遅れて出席した。日弁連報告として、特任検事などへの弁護士資格付与問題その他について発言した。大分の中山会長から、情報が知らされ、やっと会員に周知したかと思うころには、日弁連執行部は「仕方がないので認めた」という。こうやって流されていく事案が余りにも多い気がする。現実を追認させられていくなかで、会員に大きなフラストレーションがたまっていく。そんな指摘がなされた。さらに、福岡の藤井会長から私に対する苦言も呈された。日弁連の副会長として、単に情報を流すだけでなく、単位会に何をしてほしいのか、もっとイニシアチブをとって行動提起をしてほしいというもの。重要な問題については会長声明を出したり、常議員会で議決をするなりして対応・応援するので、機敏に連絡・指示してほしいという。まことにもっともな苦言で、恐縮。ただ、弁解をいうと、有事法制のような黒白はっきりした問題なら、迷いはない。しかし、たとえば特任検事問題については、現在、弁護士法5条3項によって司法試験も司法研修所も経由せずに学者から弁護士になれるコースがある。それとの対比でどう考えたらよいのか、大いに悩む。そこで、単位会に何をしてほしいか、考えがまとまらないうちに目先の次の問題へ追われる（流されていく）というのが実情。大いに反省した。これからは単位会への行動提起も次々にしていくつもり。

6月8日（土）

日弁連の臨時理事会

臨時の理事会が開かれた。朝11時から、夕方5時15分まで、途中2回、20分ずつの休憩があっただけで会議が続いた。昼休みも昼食をとりながら有事立法対策本部の会議が開かれた。この臨時理事会は、6月18日の法曹制度検討会で弁護士に関わる重要問題が討議されるため、日弁連の基本方針を確認するために開かれたもの。来年4月からの合格者1200人体制下における実務修習の際の受け入れ人数を議論したとき、福岡の荒牧副会長が、「支部修習を実現すれば、受け入れ人数を増やすことができる」と発言した。また、簡裁の事物管轄の拡大について、福岡の藤井会長が前日の九弁連理事会の決議をふまえて、90万円を引き上げることに反対する意見を述べた。

今回の理事会でも、活発な議論が続いたのは良かったが、とくに東京の理事が何人も長々と発言して、顰蹙を買った。言っていることが正鵠をえていても、くり返しが多いと、うんざりさせられる。

昼食時の副会長室では、長々と発言した理事の所属する東京3会の会長が自己批判して（させられて）いた。やはり、議題の山積している日弁連理事会での発言は簡にして要を得たものであってほしい。

6月0日（日）

スモークツリー

珍しい花が咲く木。一度見たら、庭のある人なら欲しくなる木だ。弁護士会の職員が「スモークツリーって素敵なのよねー」と感きわまったように言うのを聞いて、3年ほど前、わが家にも植えた。カスミノキとも言う。ぐんぐん伸びて、羽毛状の花柄が煙のようにフワフワと見える。綿アメが木にからまっている感じ。準備書面の締切りが迫っているのを放り出して、庭の雑草取りに精を出した。

AFL・CIOのニューボイス

アメリカの労働運動がどうなっているのか知りたくて読んでみた。『新世紀の労働運動ーアメリカの実験』（緑風出版）という本。アメリカでも労働組合の組織率は長期低落傾向にある。1954年の35％が最高で、1980年に23％だったのが、今や11・2％にすぎない。ストライキも1977年の311件が、1995年には385件となっている。その結果、実質賃金は1973年から1995年の間に15％低下し、若年層世帯の実収入は3分の1ほど減少した。そのなかで、1995年10月の大会でAFL・CIOは改革派のジョン・スウィニーが勝利し、執行評議会には、女性が6人、アフリカ系9人、ラテン系1人、アジア系1人を含むことになった。

組織率を向上させるための方法として注目されるのが、学生を組合オルグに採用すること。1000人以上の大学生を全国に配置した。弁護士の関わりで言えば、使用者側は組合潰しの弁護士を雇っている。反対に、労働者を組織する役目を果たしている弁護士もいる。ＡＦＬ・ＣＩＯは伝統的に民主党の支持基盤だった。スウィニー執行部は、少しずつ主体性をもって政治に関わろうとしている。

近代ハイパー・ウォー

湾岸戦争のとき、戦闘による死者は、イラク軍については兵士と民間人あわせて10万～13万人とされているのに対して、アメリカ軍ではわずか１４４人。超近代兵器を駆使して、安全な場所から敵をたたくアメリカ軍の作戦を近代ハイパー・ウォーと呼ぶ。これは、戦争というより大量虐殺だ。横須賀から出動した空母ミッドウェーは、１人の兵員も1機の航空機も失うことなく、他のどの空母よりも多くの出撃をこなした。この事実は、在日米軍基地で行なわれている訓練レベルの高さと秀逸なメンテナンスを証明している。

『在日米軍』岩波新書を読んで、テポドン・ショックが、実は、つくられたものだったことを知った。海上自衛隊のイージス艦「みょうこう」は、２週間も前から日本海に出て発射の瞬間をとらえるために待機しており、レーダーは見落とすことなく、追跡した。また、アメリカ軍も、三沢基地を中心としてＲＣ１３５Ｓ（電子情報収集機）２機によって監視していた。

『人間回復の経済学』

最新の岩波新書。著者の神野直彦・東大教授は私より2歳年長だが、大学を出て自動車工場の組立工として、また自動車のセールスマンとして働いた。私の知っている著名なジャーナリストにもそういう人がいる。私も大学時代にセツルメントという学生サークルで、擬似体験を少しした。

政府は率先垂範して、行政改革を実施することによって人員整理すべきだという主張がある。公務員を減員して「小さな政府」にする。企業もリストラによって大削減をする。つまり、人間のいない政府、人間のいない企業こそ理想。しかし、このような「そして誰もいなくなった」という社会は、人間の社会ではない。人間のために社会があり、経済がある。

日本では、民主主義が機能していないと慨嘆するだけで、民主主義を機能させるために、人間の知恵をはたらかせようとはしない。それどころか、民主主義を逆に鼻であざわらうようになり、民が支配すべき公に「官」というレッテルを貼り、よこしまな私を「民」といいくるめ、「官から民へ」という合言葉で、公を私化しようとしている。民主主義は人間の知恵の産物。知恵をはたかせなければ、民主主義の活性化はありえない。日本のあり方、将来を考えるうえで大いに参考になった。

6月11日（火）

裁判員検討会バックアップ会議

夕方からの会議に出席した。私は、この日は肩こりがひどく、岩本副会長に肩を少しもんでもらった。夕方5時に会議が始まり、夜7時40分ころ会議は終ったが、今日も難しいテーマで、さすがに疲れる。裁判員検討会は、この日午後、はじめて裁判員についての検討を始めた。第1回なので、あらごなしというか、ジャブ程度だったらしい。裁判員の人数については有意義な議論をするため、できるだけコンパクトにすべきだという意見が相次いだ。裁判官3人に対して裁判員2人ということだが、とんでもない議論だ。裁判員が主体的に議論に参加できるためには人数は少ない方がいいという論法も出たようで、「主体的参加」という言葉もいろいろ使えるものだと感心した。また、判決書が精緻なものであるためにも裁判員は少ない方がいいという意見も述べられた。

この点、他の裁判ウォッチングの会などから、市民の声として検討会へメールで裁判員の人数は9人程度にせよという声を届ける必要があると強調された。まったく同感。

6月12日（水）

弁護士任官、東京で10人（？）

夜、日弁連会館17階で水野邦夫判事のお祝い会があった。水野判事は最近まで日弁連司法改革実現本部の次長としてがんばってきた弁護士（29期）。東弁では、続々とあとに続いて任官する人がいるという景気のいい明るい挨拶が続いた。

法曹制度検討会バックアップ会議

夜7時からの会議に参加した。18日の検討会で私が弁護士報酬規定について話をすることになっているので、その打合せのため。綱紀審査会の拘束力、特任検事への法曹資格付与、弁護士法72条の改正、そして報酬規定。どれもなかなかの難問ぞろい。検討会のメンバーになっている弁護士や推進本部に近い距離にいる人たちからは、慎重論が相次いで出される。日弁連が「なんでも反対」と受けとられ孤立したらまずいという配慮からだ。司法改革審の意見書を当然の前提として、そこから逸れないようにという見地だけでなく、検討会のなかで日弁連が浮きあがらないようにしたいという善意の気持ちなので、つっぱねて無視するわけにもいかない。

6月13日（木）

ふくおか会館

大川総長の紹介でふくおか会館に寝泊りするようになった。最高裁のすぐ近く、半蔵門にある。大川総長は、その近くのマンションに単身で生活していて、日弁連会館への出勤途中に朝食をここでとっているらしい。いま、東京はサッカーのワールドカップのせいもあるのか、ホテルの予約が難しくなっている。「ふくおか会館」は今どき珍しく現金前払い制。クレジットカードが使えない。狭い部屋だが、1泊7000円という安さ。朝食をとっていると、熊本・長崎・宮崎・大分の地裁所長がそろっていて驚いた。最高裁で長官・所長会同が2日間あるという。

自由権規約

夜、日弁連会館17階での国際人権問題委員会主催のセミナーに参加した。2つのレポートのうち1つは全然理解できなかった。報告に起承転結がなく、さっぱり分からない。それでも、あまりに初歩的な質問をするのも恥ずかしく、黙っていた。フラストレーションのもとだ。

もう1つのレポートは、インドネシア出身の中国人（男女）が観光ビザでオーストラリアに入国して不法滞在しているうちに知りあって結婚して、13歳になる子どもがいる。子どもはオーストラリアで生まれて10年以上たっているので市民権があるが、不法滞在の両親は強制送還されようとしている。そこで、自由権規約17、23、24条にもとづいて送還停止の申立をしたところ認められた。こういうケース。日本の場合には、このようなケースの子どもでは許可はおりないという。ただし、在留特別許可はありうるとのこと。いずれにせよ、地裁や高裁では自由権規約は根拠になるが、最高裁の上告理由にはならない。国際的な人権レベルも身につける必要があると痛感したセミナーだった。

早めに終ったので、宿舎の「ふくおか会館」まで25分ほど歩いて帰った。

6月14日（金）

議事録

日弁連には有能な働き人が本当に多勢集まっていると実感することの1つに、議事録がある。通常の委員会や窓口会議などの議事録は職員（事務局）が作成する。2人か3人が列席して、一斉にパソコンを叩いている。以前と違ってタイプの音がしないので、助かる。

10コの検討会には弁護士が議事録つくりのために参加している。検討会にはもちろん本来の事務局（つまり若手の官僚）がいて、あとで正式な議事録を配布してくれる。しかし、これは、草稿をつくった時点で、検討委員に自分の発言をチェックしてもらうことになっているから、できあがるのに時間がかかる。早くて2～3週間後。しかも、手直しされているので、当日の実際の発言とは少し違ったものになっている。日弁連から議事録づくりのために参加した弁護士は、パソコンをもちこんで議事録をつくるが、速記録とほとんど同じレベルでの議事録となっている。労働検討会の水口弁護士、顧問会議の椛島弁護士の議事録など、その見事さに感嘆する。なにしろ、会議が終って5分たったら議事録が日弁連に配られるのだから、まさに神技。ただし、あくまで日弁連内部の報告用。

6月15日（土）

電話による市民窓口

福岡では「市民窓口」は電話を基本としている。大阪弁護士会は、面接相談を原則としている。10年以上の経験をもつ弁護士100人が2人ずつ交代で平日に午後3時間あたってきた。ところが、1999年に250件だった苦情が2000年には400件、2001年には430件にまで急増した。その結果、面接の予約から相談まで1ケ月ほどかかるケースも出てきた。そこで、弁護士1人に平日午後の2時間、電話相談を担当させ、面接相談も1日4時間に増やすことにした。福岡でも体制を強化し、副会長経験者も加えて20人ほどで受けている。

オウム弁護団の国選弁護費用

産経新聞（5月21日）によると、オウム真理教の麻原被告の公判は、6年間のうちに221回の公判が開かれ、3億7300万円が国選弁護人に支払われた。1回の公判で弁護費用が平均170万円かかっていることになる。この公判は月3～5回のペースで開かれてきたが、5月23日からの弁護側立証も同じ開廷ペースが予定されている。月600万円の弁護費用が予定されて、1年ほどで弁護側立証は終わるらしい。

アメリカのロースクールの実情

年間2万5000ドル（300万円）の学費が必要なので、学生は生活費を含めると平均して8万6000ドル（1000万円）の借金をする。学費ローンの返済期間は最長30年で、6年とか12年とか、学生が決めて返済していく。

LOYOLAロースクール（ロサンゼルス）では、毎年13～15人の卒業生が公益的活動に従事しているが、そのとき年収は3万ドル（360万円）ほどなので、ローン返済ができない。大ローファームの初任給は12万5000ドル（1500万円）なので、その差は10万ドルにもなる。

UCLAロースクールでは、学費が6万5000～7万ドルかかる。大ローファームに就職したときの初任給は15万ドル。企業弁護士と公益的活動にとりくむ弁護士の年収の差は10万ドルくらいになるので、公益的活動に従事する弁護士には女性は白人が多く、男性はマイノリティが多い。女性は夫の稼ぎがあるので、低い収入でもやっていける。現在、公益的活動に従事する弁護士の3分の2は女性。自由法曹団のロースクール調査報告書（01年10月）による。

簡裁判事の内訳

退官時の住所は、東京、大阪が20人以上と多い。任官時の年齢は平均51歳。出身が書記官以外の簡裁判事は、現在47人。その内訳は、家裁調査官13人、裁判所速記官12人、裁判官秘書官2人、副検事10人、検察事務官6人、そのほか法務事務官、大蔵事務官、法律事務所事務員、特任検事が各1人。法曹有資格者をふくめて800人ほど。

『活きる』

中国映画。『初恋のきた道』は久しぶりに心のときめきを覚えさせる素晴らしい映画だったが、同じチャン・イーモウ監督。映画紹介のパンフレットによると、チャン・イーモウ監督は、撮影前にスタッフ全員と徹底して議論する。これは口で言うのは簡単だが、実際にやってみるといろいろ難しいことが多いと思う。すごいことだ。渋谷の映画館（文化村）で見ていたところ、残念なことに上映途中で映写機が故障してしまい、これから文化大革命の当時の話になろうとするところで見れなくなった。昔はよくフィルムの切れだとか、途中でフィルム交換ということがあった。夏、学校の校庭に大きなスクリーンがたち、みんなで映画を見たことを思い出した。東京にずっといても、夜まで会議が続くことが多くて映画が好きに見れず、少々欲求不満になる。私はテレビは全然見ないが、映画はつとめて見るようにしている。

6月16日（日）

エコノミークラス症候群

平日の夕方、いつものように羽田発の飛行機にとび乗る。ほとんど満席。いつものようにカバンを前の座席の下において、本を一心不乱に読んでいた。右足は通路の方に伸ばして、左足はカバンにはさまれて窮屈な思いだったが、1時間半、じっと我慢していた。福岡空港についたら、なんと左足が痛くて動かない。筋が拘縮している感じ。そのあと2日間、泣いた。トイレや風呂でしゃがむときにひと苦労し、左足をひきずるように歩いた。1時間半、窮屈な思いで変に辛抱したのが良くなかった。やはり、トイレに行ったり、たちあがって身体を動かした方がエコノミークラス症候群にならないという言葉を思い出した。その後、飛行機ではカバンを上にあげ、足を伸ばしてすわるようにしている。

規制タマネギの7層

日本政府の透明性は、世界49ケ国のなかで最下位だった。そんなアンケート結果がある。これは行政府に裁量的な権限がありすぎるため。グレン・フクシマ・前在日米国商業会議所会頭によると、日本政府の行政規制はタマネギのように7つの層からなっている。①法律、②政令、③省令、④通達、⑤規制、⑥内規、⑦行政指導。規制については、次の20類型がある。

①許可（permit）、②認可（autorization）、③免許（license）、④承認（approval）、⑤指定（designation）、⑥承諾（designation）、⑦認定（recognition）、⑧確認（confirmation）、⑨証明（verification）、⑩認証（validation）、⑪試験（examination）、⑫検査（inspection）、⑬検定（certification）、⑭登録（registration）、⑮審査（investigation）、⑯届け出（notification）、⑰提出（filing）、⑱報告（report）、⑲交付（submission）、⑳申告（statement）。この違いが分かったら偉い。

この違いが分からないことによって官僚は不透明な行政裁量が確保できる。法律では禁止されていることはもちろん許されない。法律でやっていいと明記されていないことは、すべて官庁にお伺いをたてなければいけない国。それが日本だ。顧問会議のメンバーの1人である日経新聞論説主幹の小島氏の『司法改革が目指す公開社会』による。

人の名前を度忘れ

もっとも度忘れが起こりやすいのは人名。それは人名がもたらす情報が名前だけだから。たとえば職業名だと、既存の関連情報や知識を使ってコード化しやすく、記憶しやすいのに対して、概念的な情報のない人名は思い出しにくい。人名の度忘れがもっとも起こりやすいのは、よく知ってはいるが少なくとも数ヶ月のあいだ会ったり思い出すことのなかった人の名前。頻繁に会う人物を見ると、概念的、語彙的表象がともに活性化され、それらの間のつながりが強まる。

全米記憶チャンピオンは、日常生活において、物忘れしないように付箋紙（ポストイット）に頼っている。記憶は情報をそのまま記録するカメラではない。記憶は、その内容をさまざまなプロセスによって要約して保存する。後で思い出すときには、過去の経験をコピーして取り出すのではなく、経験したことを新たに組み立て直す。この作業に、その経験の後で身につけた感情、信念、知識などが入りこむことがある。つまり、過去の出来事を現在の感情や知識に従わせることで、記憶を編集している。『なぜ、あれが思い出せなくなるのか』（日経新聞社）は、記憶と脳の7つの謎を解明している。

百姓一揆と人間平等の主張

1821年（文政4年）、上野国前橋藩の百姓一揆にからんで逮捕された林八右衛門は『勧農教記録』のなかで、次のように言っている。「然れば、上御一人（かみごいちにん）より下、万民に至るまで、人は人にして、人という字には別はなるべし」「士農工商、それぞれの家業あれば、その業を大切に守るべし」

また、1853年（嘉永6年）に陸奥国盛岡藩で起こった有名な三閉伊一揆のなかで、百姓たちは次のように主張していた。「なんじら、百姓などと軽しめるは心得違いなり。士農工商、天下の遊民、みな源平藤橘の四姓を離れず、天下の諸民みな百姓なり。その命を養う故に農民がかりを百姓と言うなり。なんじらも百姓に養わるるなり。この道理を知らずして百姓などとしのしるは不届者なり」『百姓一揆とその作法』（吉川弘文館）を読むと、江戸時代の百姓一揆の実像を考えさせられる。

6月17日（月）

ノウゼンカズラ

橙色の花をたくさん咲かせた。妙に艶っぽく肉感的なので、初めて見たときは胸さわぎがしたほどだ。近所から苗を分けてもらってフェンスにはわせたところ、みるみる大きくなった。夏中、猛暑をものともせず、次々に花を咲かせる。つる性植物では、クレマチスもいい。濃紺、紅紫そして純白の花を咲かせる。赤いつるバラの花も可憐だ。最近、新しくフェンスに仲間入りしたのがツルニチニチソウとツルハナナス。前者は5角形の紫色の花、後者は白い小さなナスの花を咲かせる。

カエルの大合唱

わが家のすぐ下の田圃に水が張られた。さっそくカエルたちの大合唱が始まった。鳴いているのはオス。その鳴き声でメスから選別されるから、オスガエルたちも必死。セミ時雨と同じで、そのうちに慣れてしまい、気にならなくなるのが不思議だ。

6月18日（火）

検討会の傍聴

法曹制度検討会に出席して、労働検討会との違いに気がついた。法曹制度の方は説明員の席が1つしかない。労働の方は説明員の席は4人分あり、長方形の一辺（短かい方）が充てられている。ところが、法曹制度では長方形の一辺（長い方）を座長と事務局（山崎局長と3人の次長・参事官）が占めている。その結果、法曹制度では日弁連が各種テーマでたびたびプレゼンテーションするはずなのに、日弁連の出席者は3人に限定されているから、説明員席に着けない人は、後列の自席から発言せざるをえない。日弁連は3人（川中・永尾の両副会長と有吉次長）のほか、書記役（名目は随行員）として小川嘱託が参加。机の配置にも、検討会における事務局主導が如実にあらわれている。

6月22日（土）

日弁連理事会

6月の理事会が8日に続いて、2日間あった。初日は、冒頭から綱紀審査会の拘束力の問題が討議された。宮崎の後藤会長から2月総会の決議をふまえて反対の立場を貫くべきという意見が、福岡の藤井会長から検討会で拘束力ありと決まった以上その具体的制度設計に日弁連は関与して少しでもより良いものにするよう努力すべきという意見がそれぞれ述べられた。藤井意見が理事会の大勢を占め、日弁連執行部はその方向で動くことになった。被疑者段階の国選弁護体制の確立のテーマのとき、熊本の建部会長が少年身柄事件の全件付添を熊本で始めたことを報告し、あわせて予算措置上の問題点を指摘した。簡裁の事物管轄の引き上げ問題については、藤井会長が再三、引き上げ反対を述べ、建部会長が支持した。執行部が曖昧な答弁をした点を荒牧理事が鋭く追及したが、意向を尊重するという答弁で逃げられた。

法定合議・否認事件

裁判員の関与する裁判は、法定刑の重い重大犯罪とすることになっている。地裁の刑事裁判の被告人は全部で6万8000人、うち否認は4500人となっている。法定合議事件はやはり4500人で、うち否認は1300人。法定刑に死刑か無期懲役がふくまれる事件を見てみると、全部で2300人で、否認は800人となっている。

6月23日（日）

仏検

午後からフランス語能力検定試験を受けた。この10年ほど、毎年2回、受験している。2級まで合格しているので、準1級を受ける。文法と仏作文が弱くて、書きとりを得意としている。今年は聞きとり試験も出来がよくなかった。自己採点で120点満点の60点だった。

2時間半の試験時間中は日頃の雑念を払ってフランス語に集中する。難しい試験なので、ウンウン頭をひねりながら劣等生の思いを実感させられる。年に2度、学生気分を味わうことのできる貴重な機会。合格するには、まだ時間がかかりそう。

『ワンス&フォーエバー』

実にリアルな戦争映画。ノルマンディー上陸作戦を描いた『プライベート・ライアン』、スターリングラードの攻防戦の『スターリングラード』もリアルな描写で悲惨な戦争の実情をよくあらわしていたが、この映画もその延長線上にある。この映画はベトナム戦争を扱っている。戦死した若者たちが、それぞれ家庭をもっていたことが語られており、単なる戦場モノとはなっていない。

物心ついてから弁護士になるまで、私の青春時代のあいだ、ずっとベトナム戦争が続いていた。反戦デモや集会に何度も参加したので、ベトナム戦争に関する本はかなり読んだ。『地獄の黙示録』『フルメタル・ジャケット』『プラトーン』など、ベトナム戦争を扱った映画もほとんど見た。この映画はアメリカ映画だが、北ベトナム軍の将校が地下トンネルの指揮所で督励している場面も出てくる。ベトナム兵士にも当然のことだが、家庭があったことが暗示されるシーンもある。私と同世代の若者たちが密林の戦闘のなかで死んでいったことを改めて思い知らされた。

『恐竜を掘りにいく』

本屋で恐竜の本を見つけたら、必ず買って読むようにしている。恐竜たちが地球上の支配者として君臨した期間は、なんと1億5000万年。人間の歴史の80倍。もちろん、映画『ジュラシックパーク』も『ダイナソー』も見た。絶滅したはずの恐竜も、鳥がその子孫として生きのびているなんて、世の中は不思議なことだらけ。この本（青春出版社）によると、鳥は恐竜と兄弟のような間柄らしい。

ゾウは時速30〜40キロで走ることができ、100メートルを10秒で走る人間の一流スプリンターの時速36キロより速い。最速の恐竜は、なんと時速80キロから最高111キロだったという。天草にあるらしい恐竜資料館に一度行ってみよう。

『インターネットについての哲学的考察』

インターネットを使うことによって世界が広がると言う。しかし、本当だろうか。この本（産業図書）は、その点について深刻な疑問を投げかけている。メールを開くだけしかできないが、すごく共感を覚えた。インターネットを使えば使うほど、家族とのコミュニケーションは減少し、社会的な交際範囲は縮小し、抑うつと孤独感が増す。身体を欠いたサイバースペースのなかでは、専門的技能を獲得することはできない。インターネットは教育に関しては有益でありうる。初心者が必要とする訓練を提供することはできる。しかし、専門的技能を獲得するためには、人は課題に関与し、間違った解釈をすることによって生じるリスクを引き受け、自分の間違いから学ばなければいけない。すなわち、現実世界の中で行為することによってのみ、人は専門的技能を獲得することができる。ニーチェに言わせれば、人間にとってもっとも重要な能力は知的な能力ではなく、感情的で直感的な身体の能力なのである。人がインターネット上で学んだことを現実世界に移す情熱と勇気をもっている場合だけ、独特な質的区分によってつくりあげられた世界を個人としてもつことができる。このように、インターネットにほとんど関わりをもたずに過ごしていることにもメリットはある。

『しあわせをよぶ園芸社会学』

日曜日の夕方は、雨が降っていない限り、必ず庭に出て草花の手入れをしたり、雑草とりをしている。心がすっかり落ち着くひととき。植物や自然を含む環境は、心を静め、元気づける。心身全体をさわやかにし、安らぎや元気を回復させる効果がある。植物は、世話をする人間に生命の特質についてのメッセージを伝える。手入れした庭と自己を同化させ、庭との人間的な関係を築きあげる。花が咲くと、彼の成果はみごとな証となる。また、おそらく見知らぬ大勢の人々が毎日そこを通り、彼の庭を楽しんでくれることに、彼はすぐに気づく。彼は人々に名を告げずに贈り物を捧げている。この本（マルモ出版）は、今の私の心境にぴったり。

村の掟　6月24日（月）

夜、有楽町駅近くの東京国際フォーラムで日弁連主催の「司法改革・東京ミーティングＰａｒｔⅡ」が開かれた。私はＦＡＸニュース4号の編集作業をして少し遅れて参加した。広い会場は満員盛況。１６３３人の参加があったということで、司法改革への国民の関心はそれなりにあると実感した。

パネルディスカッションのなかで、田原総一郎氏が「霞ヶ関には村の掟がある。司法界でもそれが通用しているようだ」としきりに辛口のコメントをしていたのが印象に残った。新日鉄の知財部長の安部一正氏が「入社して31年になり、27年間、法務畑をしている。アメリカの弁護士は役に立つが、日本の弁護士は専門化していないので使いにくい」と述べていた。私も大学を卒業して30年になるので、あとの懇親会で挨拶したら、やはり大学で1学年上だということが分かった。団塊の世代が経済界を代表してパネリストになるんだな、と感慨深いものがあった。

霞ヶ関村　6月25日（火）

日弁連会館にほとんど常駐のようにいて、「ふくおか会館」に寝泊りすると、まさに官庁街の住人となってしまい、普通の庶民の生活実感が薄れてくる。福岡の弁護士会館に毎日通っていたときには、一度もそんなことは思わなかった。各省庁が密集しているのは本当に「便利」なもの。私も、大学時代の友人と「ちょっと会おうか」などと電話をかけてダベッてきたりしている。フェイストゥフェイスの情報交換には、とても都合のいい「町」。いや、ここは霞ケ関「村」というべき。便利さには、危ない落とし穴がある。

6月26日（水）

『ハイ・クライムズ』

ローファームのパートナー昇格を目前にした女性弁護士の夫が、実は元アメリカ軍の特殊部隊員で、中南米で民間人9人を虐殺した犯人だった。妻は夫の無実を信じ、危険な目にあいながらも軍事法廷で弁護をやりとげ、無事に公訴取り下げ・釈放を勝ちとる。しかし、真実は、やっぱり・・・。アメリカ軍のやっていること、そして軍人の恐ろしさを描いた映画。9・11以降、むき出しの軍事力で全世界を支配しようとするアメリカだが、同時に、その怖さを紹介する映画もつくられる。ホントにアメリカって不思議な国。

6月28日（金）

歴代会長との懇談会

昼から、日比谷公園内の松本楼で前元日弁連会長との懇談会が開かれた。

１０１歳になる渡部元会長も杖をつきながら参加され、「皆さん、元気で長生きしてください」と挨拶された。卒寿を迎えられた辻元会長も、まだゴルフをしておられるとのこと、「法曹一元という言葉を最近きかないが、どうなっているか？」なども質問された。本林会長の報告のあと、いくつか質問が出たり、意見交換がなされた。久保井前会長は、会員のむき出しのホンネは尊重すべきものではない、弁護士会としては、あくまで建前を貫くしかないことがあると言われた。小堀元会長の、会内合意はつくり出すものであって、執行部はただ会員の意見を聞いておればいいというものではない、という発言に強い感銘を受けた。土屋元会長は、「弁抜き法案」のあと、綱紀・懲戒委員会に弁護士以外のメンバーを入れたのは弁護士自治の後退であったと強調した。弁護士以外のメンバーを少し入れたくらいで弁護士自治が後退したとは思えない。その落差の大きさを改めて認識した。また、土屋元会長は、公務員の懲戒手続に国民参加がないのに、なぜ弁護士の場合には国民参加が必要なのか、よく考えてほしいと、強い口調で2度3度と強調した。これについては、川中副会長が、それでは裁判官について国会で弾劾裁判所があることはどう考えるのか、と反問した。土屋元会長から明確な回答は示されなかった。

私は出番もないので、フルコースの美味しい料理をせっせと残さず食べ続けていた。また太ってしまうな、と心ひそかに反省しつつ・・・。ロブスターの身がプリプリして、いい食感だった。最後のデザートで、粘り強いアメが使われていて、口の中が動かなくなるほど。隣りにいた津川副会長は、歯の詰めもの（アマルガム）がくっついてとれてしまい、大損害を蒙ってしまった。

6月29日（土）

裁判官の給料

6年目の判事補4号の給料は年収８０５万円。月額は44万円で、夏と冬にそれぞれ１２０万円ほどの手当、3月に32万円の手当がつくので、それくらいになる。判事補の最後の年は年収１０２２万円。

弁護士会の運営の透明化

弁護士会の運営についても、オンブズマンのようなものを導入することが課題となっている。弁護士会も治外法権ではないから、弁護士会の自治を守りながらも、市民の声が会の運営に反映されるべきだということ。既に、弁理士会は昨年5月の総会で3人の監事を大学教授とかユーザー団体から選任している。また、土地家屋調査士会の専務理事は6年前から法務局OBだし、社会保険労務士会も30年以上も前から専務理事は厚労省OB。司法書士会と税理士会も、近く理事を外部から選任する予定。公認会計士会だけは、なぜか、今のところそのような動きがない。

司法修習生の給費制見直し

廃止論・・・国家財政が厳しいなか、自由業である弁護士の養成に国費を費やす必要はない。

建前上は公益性をもった職業というが、実際上は公益的な職責を果たしていない弁護士が大半を占めている。諸外国でも弁護士を国費で養成しているところはドイツしかない。ドイツでは司法機関の一部として弁護士が位置づけられており、弁護士の職責が日本とはまったく異なる。

存続論・・・財政状況が厳しいというが、「3000人・1年」でも増加額は65億円に過ぎない。今回の司法改革の要が司法の人的基盤の充実にあることを考えるならば、人の養成にはお金をかけるべき。裁判官、検察官のみならず、弁護士も司法制度をになう公益性をもった職業だ。給費制を廃止すると法科大学院（3年コース）を含めて5年間ほど収入が途絶えることになり、優秀な人材が法曹界に集まらなくなる。

諸外国の状況

フランス・・・給与は支給されない。奨学金制度が存在するが、金額は少なく、利用者もそれほど多くない。修習自体は、1994年から有料化。弁護士事務所での修習中は、修習先によっては、若干の手当て（月1500フラン）程度を支給してくれる場合もあるし、まれに弁護士が修習費用を負担してくれる場合もある。しかし、基本的には無給であるために修習に入るまでに貯金をして対処しなくてはならず、経済的には大変。

ドイツ・・・修習生は公務員として給与の支給を受ける。州ごとに給与額は異なるが月額2000マルク程度か。　※　ドイツ連邦弁護士法一条「弁護士は、独立した司法機関の一つである」

イギリス・・・バリスターについては、バリスター団が支給し、ソリシターについては、修習先の法律事務所との間で、給与を含む修習条件について契約を結んで実務修習を始める。

国内他士業の状況

養成過程に国費が支出されているという例は聞かない。類似の制度は防衛大学校に存するのみ。防衛大学校の学生の身分は国家公務員、入学金、学費は無料。全員が学生舎に居住し、被服、寝具、食事などが貸与、支給毎月の学生手当10万7600円と、6月、12月、3月に期末手当が支給される。

『マジェスティック』

『ショーシャンクの空の下に』も泣ける映画だったが、同じフランク・ダラボン監督の映画。ベトナム戦争以来、生理的にアメリカに反撥を感じるが、真正面から生き方を問う、こんな素晴らしい映画を見ると、アメリカのふところの深さに率直に感動してしまう。涙でずっと眼がウルウルだった。

私が生まれて（1948年）数年たった1950年代はじめのアメリカ、マッカーシー旋風と呼ばれる「アカ狩り」の狂気が全米を覆いつくした。10年前の『真実の瞬間（とき）』の映画は、それをもっとリアルに描いていたが、この映画は、明るいタッチで第二次世界大戦との関わりで、その狂気をふりかえって批判している。兵士として死んでいった若者たちは、どんな国を守ろうとしていたのか、自由と民主主義を抑圧する国家であってよいのか。それを鋭く問いかけ、多くのアメリカ人の良心を呼びさます。

6月30日（日）

『邦人救出作戦』

有事3法案の今国会での成立は断念したようだが、まだ廃案になったわけではない。日弁連の意見書を2度読んだが、本当に曖昧な定義のオンパレードで、ひどい法案だ。大阪弁護士会では17年ぶりに450人も弁護士・職員がデモをした。この本（かや書房）は、サイゴン陥落時のアメリカ軍の自国民救出作戦などに学んで、朝鮮半島有事のときの邦人救出作戦を検討した内容を紹介している。その必要性を全否定するつもりはないが、ますますアメリカ軍の傘下に組みこまれていく自衛隊のあり方に、私は根本的な疑問をもっている。

7月

7月1日（月）

日本共産党との懇談会

夜、法曹会館で弁政連主催の日本共産党との懇談会が開かれた。共産党からはテレビでおなじみの筆坂議員など16人が出席した。松本・木島の2人の弁護士議員も元気な姿を見せた。とはいっても、松本議員は大正15年生まれで、さすがに年齢を感じた。本林会長が日弁連からの訴えをしたほか、川中副会長と私も挨拶した。共産党からは「見返りを求める」ことなく、司法改革その他の課題で一緒にがんばりたいという話が相次いだ。

7月2日（火）

永尾副会長を支える会

弁護士制度改革推進本部の合宿がクレオ（日弁連会館）であった。綱紀審査会をめぐって、札幌の肘井・村松の両弁護士が執行部に批判的な意見を再三述べていた。それでは、国会で本当に反対意見が理解されると思うか、と川中副会長が反問すると、やはり厳しいことは認めるという釈明がなされた。大勢は執行部方針を了解するというものだった。

弁護士報酬規定は私の担当。7月9日の法曹制度検討会で私は質疑に答えなくてはいけない。そこで、バックアップチームが私を「支える会」をつくってくれた。名古屋の川上弁護士が中心メンバー。

5枚ほどのペーパーをつくってもらった。検討委員からは前回に続いて底意地の悪い質問が寄せられそうな気配がある。まるで司法試験の口述試験を受けるような心境だ。ひとつ違うのは、問答の全部が議事録となって残り、万人の批判にさらされること。まあ、あんまり心配することないよ、どうせ結果は見えているから。そう慰めてくれる心のやさしい弁護士が何人も声をかけてくれたのが救い。

7月3日（水）

朝から夜まで会議

朝9時半から夜8時半ころまで、会議の連続だった。さすがに疲れる。

朝9時半から臨時の正副会長会。綱紀審査会の議決要件について検討した。この日は予定されていた朝9時からの「窓口会議」はなかった。午前10時から午後2時半までは弁護士制度改革推進本部の全体会。途中、昼休みも弁当を食べながら朝の正副会長会の続きがあった。

「弁護士制度改革」の議論も難問ばかり。簡判・副検事の法曹資格付与、司法試験合格者の企業法務経験者に司法修習を免除するか、営業許可から届出に変わったときの弁護士の「独立性」保持をどうするか、など。午後3時からは裁判員検討会バックアップ会議。供述調書の朗読をするのか、自白事件と否認事件で扱いをかえるのか、刑訴法改正にどうつなげるのか。夕方6時すぎまで熱のこもった、しかし容易に展望の見えない会議。そして、夜7時からは法曹制度検討会のバックアップ会議。綱紀審査会の議決要件は、できるだけシンプルなものの方がよいというのが大勢を占める。私の担当する弁護士報酬問題については、ともかく司法アクセスの観点から目安の必要性をくり返し訴えるしかないということになった。事務局は会則条項の削除を既定方針としている。副会長室に戻ると、福岡の上田弁護士と大出教授が顔を出した。公的弁護の会議が終って、翌朝一番に福岡に戻るとのこと。

7月4日（木）

日弁連のホームページ

日弁連のホームページが完全リニューアルされている。一般向けと会員専用の2種類がある。このリニューアルには2000万円もの費用がかかっている。また、その維持のため、月80万円以上かかる。すべて会費で賄っているので、会員が利用しなければお金のムダづかいになる。

危険な年齢

横浜弁護士会は西山弁護士を2000万円の着服により業務停止2年の懲戒処分としたことを公表した。このとき同時に、綱紀委員会が懲戒相当と議決したため懲戒委員会が審議中のものが3件あることも「事前公表」にふみ切った。後者については、会則・会規の根拠はなく、執行部の責任で二次被害を防ぐためにとられた措置だ。ところで、西山弁護士は54歳。先に奈良で問題を起こした河辺弁護士も52歳。先日、東弁から退会命令となった桑原弁護士は51歳。私は53歳。懲戒処分を受ける弁護士に私と同世代が多いのに驚く。弁護士生活も20年以上になって、気がゆるんでいるのだろうか?

ちなみに、かの鈴木宗男代議士は54歳。外務省が近ごろ処分を公表した3人の領事も52歳と54歳だった。まさに50代初めは危険な年齢。

7月5日（金）

カタツムリ永尾

東北弁護士会連合会の大会が仙台市で開かれた。東北弁連大会の特色は、総会行事のあとに日弁連執行部との質疑応答が1時間半とってあること。綱紀審査会の決議の拘束力について、厳しい執行部批判の声があがっていた。また、仙台特有の問題点として、住宅性能紛争処理審査会が実効的に機能していないことも問題となった。仙台は全国唯一、審査会を設置していない。

懇親会のとき、北海道弁連の田中理事長が近寄ってきて、私に向かって、「永尾さんは、前年度の日弁連理事会では、あんなに発言していたのに、今年度はいったいどうしたのか。まるでカタツムリ永尾じゃないか」と非難しはじめた。これは、綱紀審査会の決議の拘束力を認めることへの日弁連執行部の「方針転換」についての不満の表明だ。国民の声を受け入れ、なおかつ弁護士自治を守り抜く意義を訴えたいと思ったが、なにしろ懇親会の場。「あなたも執行部に入ったら、そんな（無責任な）言い方はできなくなるよ」とだけ、言い返した。会員への説得は難しいと痛感させられた。

売れないモノカキ

夜、仙台の秋保温泉に行った。東北弁連大会の懇親会を早めに抜け出して、本林会長を先頭に、正副会長のみでマイクロバスに乗って出かける。着いたのは「佐勘」という豪壮な温泉旅館。豪華な夕食が待っていた。またまた太ってしまうと思いながら、ハシを動かす。ホヤの姿を初めて見た。風呂あがりにカラオケルームに入る。土蔵のような部屋で、夜12時まで、みんなが歌う。私は演歌は嫌いだし、歌もうたえないので、4月の合宿と同じ「泳げたいやきくん」と「やまぐちさんちのつとむくん」をうたってごまかした。

実は、今度の副会長には、みんな愛称がついている。古井副会長が言い出した。私は、モノカキ。東弁の高中弁護士から、「そんな愛称をつけるヒマがあったら、もっと仕事したら・・・」と言われた。みんな一生懸命に仕事しているから、その息抜きだと思って大目に見てほしい。村長からは「あんたは売れないモノカキだ」と言われてしまった。それでも、今にみていろ、ぼくだって、と思って、こうやってがんばって『Eたより』を書いている。

7月6日（土）

スローフード

夜、軽井沢の木立に囲まれてバーベキューをゆっくり楽しむ。暑からず、寒からず、虫もあまり飛んでこない静かな夜。空を見上げると、大きな泰山木の葉の裏側が頭上を覆っている。残念ながら星は見えない。国際人権問題委員会の夏合宿に参加した。初代委員長の西村弁護士が、ファーストフードに対置するものとしてスローフードが提起されていて、今夜はそれを実践している。これと同じように、グローバリズムのなかでビジネス・オンリーが唱導されているが、やはり人権（ヒューマンライツ）を対置して提唱していく必要があると挨拶した。本当にそのとおり。参加者の自己紹介のとき、それぞれどんな活動をしているのか、ゆっくり話を聞くことができた。東ティモールに行っていた東岡弁護士、外務省の職員としてタイに行っていた大名弁護士、横浜の難民救済で弁当運びの仕事までしてシェルター運営にがんばっている三木弁護士の話など、まさに異能の人たちの多彩な活動を知った。講師の尾崎・東北大教授は外務省キャリア組の外交官で、日弁連の委員会で、このような横の交流があるのはとてもいいことだと思うと感想を述べていた。もう一人の講師の明治大学の江島教授は、ジュネーブにいたとき福岡県弁護士会の訪問団を案内したという。

国選弁護の現状

2000年度における通常第一審事件（全地方・簡易裁判所）の終局総人員7万8710人のうち、国選弁護人のついた被告人が5万9078人であり、国選弁護人のついた場合は74・1％（地方裁判所での割合は72・0％、簡易裁判所での割合は86・7％）。地裁での法定合議事件の終局総人員4572人のうち、国選弁護人がついた被告人が2654人であり、国選弁護人の割合は58・0％。また、通常第一審事件（全地方・簡易裁判所）で否認（一部否認と黙秘をふくむ）をしていた終局総人員5033人のうち、国選弁護人がついた被告人は2872人であり、国選弁護人の割合は57・1％。控訴事件の終局総人員7186人のうち、国選弁護人のついた被告人は4763人であり、国選弁護人の割合は66・3％。

海外の弁護士事情

アメリカでは日本の外国法事務弁護士に相当する人は24州で認めているのみ。残りの27州では認めていない。アメリカは競争力のある州は開放し、競争力のない州は閉鎖している。

IBAは1万6000人の弁護士と180の弁護士会を会員とする世界最大の国際的弁護士団体。IBAは、1998年、弁護士の判断の独立性の重要性を決議した。ABAは、40万人の会員を擁する世界最大の任意加入の弁護士会。ABAも2000年に弁護士の判断の独立件の重要性を決議した。

7月7日（日）

『脱獄囚』

福岡の高橋弁護士から、楠田匡介名作選をすすめられて読んでみた。探偵小説界きってのトリックメーカーだったらしいが、私は知らなかった。刑務所から脱獄する話が短編で14本ほど紹介されている。3月に福岡刑務所のなかを見学したことを思い出しながら読んだ。脱獄囚の話では、実話をもとにした吉村昭の『破獄』（岩波書店）が印象に残っている。また、三池集治監から脱獄した囚人が、いつのまにか長崎で裁判官になっていて、それを元の囚人仲間から見破られてしまったという実話も思い出した。監獄に入ったことのない者は、実はその国を知りはしない。トルストイの言葉だ。『ラーゲリ註解辞典』（恵雅堂出版）にあった。日本の刑務所の規則づくめの処遇は、日本社会の反映であることは間違いない。

7月8日（月）

権利保護保険

権利保護保険を扱っている保険会社3社との懇談会が開かれた。権利保護保険は、日常生活で偶然に事故にあったとき、被害者が弁護士を利用しようとするときの弁護士費用をカバーするもの。ネーミングが固苦しくて分かりにくいこと、保険対象が限定されていること、手続が東京経由で面倒なことから、ほとんど使われていない。ニッセイ同和で利用が4件、中央三井信託で累計11件となっている。そうはいっても、もっと使われてもいい保険なので、ぜひ各地で普及してほしい。

アガパンサス

日比谷公園に咲いている。細長い茎に青い花を咲かせる。トケイソウ（時計のような花）、桔梗（青い花、白い花が咲く）、ダリア（いろいろな色と形の花がある）、カンナ（斑入りの黄色い花）、スターゲイザー（白地にうすいピンクのユリの花）、モントブレチア（グラジオラスみたいな茎に紅い粒々の花）、リアトリス（棒状の紫色の花）、ヒマワリ（2メートルの高さがある）、サボテン（犬が首をかしげているビクター蓄音機のラッパのような白い花）。いま、わが家の庭に咲いている花。庭で草取りをしていると、ウグイスの鳴き声も聞こえてきて、心が本当になごむ。

7月9日（火）

報酬規定の廃止問題

法曹制度検討会に日弁連の説明員の1人として参加した。午後2時ピッタリに始まり、夕方5時10分まで、途中10分間の休憩のみで、延々と議論が続いた。座長の伊藤真教授とは顔見知りなので、民事再生法について少し雑談した。綱紀審査会の議決要件は日弁連の提案どおり3分の2以上とすることがスンナリ全員一致で決まった。綱紀委員会へ差し戻しするかどうかは少し揉めたが、スッキリ・シンプルな制度にしようという意見が大勢を占め、なんとかまとまった。

報酬規定の方は、目安としての必要性を3人の検討委員が強調してくれた。ところが、消費者センターで活動している女性委員が、弁護士報酬は高い、基準なんか必要ないと断言し、驚いた。かなり弁護士に悪意を抱いている感じだ。また、奥野・東大教授（経済学）が、前回と同じく「情報の非対称性」から、目安を弁護士会がつくるのはカルテル的に高いものをつくることになるから問題だ、第三者によって弁護士を格づけすればいいと言い放ち、唖然とした。

7月10日（水）

裁判員と要旨の告知

裁判員検討会があり、夕方からのバックアップ会議に出席した。裁判員の参加する法廷で「要旨の告知」を前提とした議論がなされたという報告があって、驚いた。調書を裁判官室にもってかえってじっくり検討して判断するというのが現在の「精密司法」のすすめ方。それを打破するために裁判員制度が考えられているはず。裁判員に大部な調書を読んで判断を求める。そんなことはありえない話だ。あくまでも法廷に出された証人などで判断できるようなシステムにすべき。調書を重視した裁判では、裁判員は単なる法廷のお飾りでしかない。また、身体障害者が裁判員に選ばれるのかも議論になった。身障者の権利を考えたら当然に選ばれるべきもの。ただ、法廷で見聞きしたことによって判断するというわけなので、目が見えない人、耳の聞こえない人への情報伝達をどうするのか、実務的には難しい。賛否両論があったが、私も今どう考えてよいのか分からない。

検討会の討議について、一般の傍聴は認められていない。マスコミ用の席はガラガラなのに、それでもダメ。やはり傍聴してみないと、議事録だけではその場の雰囲気が分からない。裁判員検討会については、1人分を交代で参加することになった。

7月11日（木）

台風一過

台風6号でスモッグが吹き飛ばされて、東京の空は快晴。竹橋にあるKKRホテル12階の食堂は皇居の森を見下ろし、とても見晴らしがいい。いつもはモヤがかかった感じだが、今朝は久しぶりにすっきりした青空を見ることができた。東京には空がない。そんな智恵子の言葉を思い出す。

きのうは、正副会長会に佐伯副会長はついに大阪から参加できなかった。午後からの司法改革実現本部の運営委員会に参加した大阪の松森弁護士は、6時間かかって東京にたどり着いたという。

司法修習生の就職状況

54期生は、53期生で弁護士になったのが605人だったのに対して150人ほど増えて、759人が弁護士になった。この150人は東京3会と大阪でほとんど吸収されてしまった。東京3会では、54期は450人。53期が353人なので100人近くふえた。大阪も同じく、53期86人で、54期は122人だから40人近くふえた。これだけで140人ほど。あと、名古屋が53期18人で、54期は28人と、10人増えているので、これで増加分の150人が埋まる計算。

東京3会のなかでは、二弁の伸びが大きく、48期63人に対して、54期は154人。一弁も同じで、48期63人が、54期は124人。48期では、東弁136人で、一弁と二弁が各63人。ところが、53期では、東弁146人、一弁105人、二弁102人となり、54期は、東弁172人、一弁124人、二弁154人。

九弁連は、全体の人数でみると、48期で25人、53期31人、54期33人となっている。なんとか、少しずつ増えている。ところが、北海道は48期16人、54期10人で、むしろ減っている。四国も48期4人、54期2人と減っている。東北弁連は48期10人、54期10人と変わらない。中国弁連は48期7人、54期9人と微増。増員反対の声が強いところは、やはり新人弁護士が増えていない。弁護士会の雰囲気が重くなるわけで、悪循環そのものだ。

7月12日（金）

事務局長慰労会

夜、この3月まで福岡県弁護士会の事務局長だった上田・野田部の両弁護士を慰労する会を開いた。

3月までは毎日のように顔をあわせていたが、その後、久しぶりに会ってなつかしさを覚えた。私が福岡の弁護士会長として1年間なんとかやってこれたのは、この2人のたゆまない努力のおかげ。

次期執行部の負担を軽減すべく、弁護士法23条照会について若手弁護士3人からなる調査室を発足させたり、「市民窓口」の担当者を副会長以外にも拡充した。幸いなことに、いずれもうまく機能している。ただ、税務問題については、重大な問題が発生しているとのこと。

法科大学院の実務家教員

中堅弁護士を実務家教員として確保できるかどうかが法科大学院の成功の決め手。大学の教員は非常に数が増えていて、17万人もいる（うち教授6万人。ちなみに高校教諭は27万人程度）。50歳代の国立大学教授で年収1000万から1200万円、私立大学教授で1000万円から1500万円くらいの収入が標準的。年功給なので、年齢によって変わるが、助教授、専任講師はこれより下がる。40歳くらいの地方国立大学助教授では、年7～800万円程度。非常勤講師になると、ずっと落ちて時給5000円程度。みなし専任については、5～600万円が提示されている。この程度の収入では、弁護士が事務所を維持しながら教官になることは難しい。

アメリカでは実務家教員は常勤であっても、労力の20％くらい、ウィークデイの1日は実務を行ってもよいとされているところが多い。実際にチェックはされないので、もっとやっている人もいる。

クリニックは教員1人で半年のコースで8人の学生を持つ。とすると教員の年収が1000万円だとしても学生1人当たり年間60万円かかることになる。クリニックにはコストがかかるので、アメリカでも学生全員の必須ではない。アメリカでは州最高裁の規則により学生が法廷弁論などができるところが多い。クリニックの学生が弁護士教員の指導のもとに死刑事件の弁護もやっている。十分準備し議論して行うため、忙しい公選弁護士より、学生の方がレベルが高いと評判がいい。

7月13日（土）

お濠のハスの花

今年も、福岡城のお濠にハスの花がたくさん咲いている。例年より10日以上も早くセミが鳴きだした。梅雨のあけぬ前から雨が少ない夏だ。福岡県弁護士会館で九弁連の理事会があった。沖縄の幸喜会長が日米地位協定の改正を求める決議を提案した。沖縄では、ほとんどの地方自治体で決議されている。異議なく承認されたので、日弁連理事会にあげる。法科大学院の関係で、熊本の建部会長が熊本大学より法律事務所で法学部の教授の研修を実施したいとの申し入れがあったと報告した。福岡の池永弁護士は、九弁連として実務家教員養成のための研修所をつくること、同じく牟田弁護士はロールーム構想を、それぞれ紹介した。九弁連全体の取り組みにしたい。

弁護士政治連盟（弁政連）について、紫垣理事長がその意義を訴えたところ、鹿児島の寺田会長から、鹿児島では弁護士会が政治活動することについて消極的意見が強いので、弁政連とは何か、もっと周知してほしいとの要望が出された。弁政連は日弁連としてはやれない、政治家への働きかけが任務。他士業に負けないよう、弁護士会も国会議員へのロビー活動を強化する必要がある。

仏検準1級（1次）合格

夜、帰宅すると6月23日に受けたフランス語検定試験・準1級（1次）結果のハガキが着いていた。どうせ不合格に決まっている、何点とれたかなと思って開いてみると、なんと合格。ヤッター！　基準点76点のところ、76点をとっていた（つまり合格の最低点）。自己採点では60点だったので、大甘の採点があったはず。苦節10年目にして準1級（1次）に合格することができた。ちなみに合格率は30％。7月21日に7分間の口頭試問を受ける。5分前に与えられたテーマについて、フランス語で3分間スピーチする。全然自信がない。今から胸がドキドキする。

裁判官アンケート

名古屋弁護士会でとりくんだ裁判官評価アンケートの結果が、会報に記載されている。回収は140通。アンケートは5段階評価方法を採用し、平均回答者数が10名以下の裁判官は分析対象から除外。10の総合評価で4・0以上の高い評価を受けたのは、A、B、D、E、Fの5名の裁判官。トップのA裁判官は、30期以前のいわゆるベテラン裁判官であり、各評価項目について、まんべんなく高得点を得ており、望ましい裁判官像といえる。とくに項目9の「迅速処理を心がけているか」の評価は、他の裁判官と比べてずば抜けている。ただし、特記欄に「急ぎすぎる」との記載もある。

ところが、Z裁判官は、誠意をもって職務に取りくむことはなく、記録もよく読まず、事実認定の能力にも問題があり、したがって、判決は説得的でなく、しかも迅速処理も心がけていないという評価。全体として裁判官としての「やる気」がないという評価をうけている。

特記欄で、12名が特定裁判官について言及している。Y裁判官について、4名が次のように言及。「当事者が求める法と正義にかなった解決を無視」「不当な訴訟指揮で当事者が裁判官のきつい言葉に泣き出してしまった」「思いこみが強すぎる」「早口でしゃべりまくり、当事者は何を言っているのかわからない」などと手厳しく批判がなされている。H裁判官は、（誠意）、（記録読み）では、それほど低い評価ではないが、とくに（思いこみ）、（話を聞いているか）、（訴訟指揮）、（被告人への態度）で評価がとくに低い。裁判官個人の人間性に関係していると思われる。特記事項欄にも「きわめて職権的」「被告人、証人に対し高圧的」「訴訟指揮が強権的」「弁護人、検察官に対するものの言い方が高圧的、侮辱的」「特権意識が強すぎる」などの批判が集中しており、「国選事件でこの裁判官が担当する事件は取らない」との意見まである。最高裁は裁判官の第三者評価を取り入れない方針。

国選弁護人の報酬

私が大学に入学した1967年には9400円。弁護士になった1974年には1万9400円なので1万円アップした。私が福岡（大牟田市）にUターンした1977年は2万9000円なので、さらに1万円アップした。10年後の1987年は5万5500円。2万6500円のアップ。さらに10年後の1997年に8万1100円だから、同じく2万5500円上がっている。ところが、それから5年たっても5000円ほどしかあがらず、現在は3年連続で8万6400円のまま据えおかれている。

7月14日（日）

ドイツの税務訴訟

日本の税務訴訟は、この6年間ずっと200件台。ところが、ドイツでは、5万件から7万件へ増えている。ドイツでは訴状は簡単な書面（ＦＡＸ可）でよく、提訴されてから税務署との「話し合い」の場がもたれる。そして、判決になるより合意で決着がつく方が多い。そこに税務訴訟の多い理由がある。『世界の税金裁判』（清文社）による。

『地球の宝石』

さよならも言わずに今も消えていく動物たちがいる。世界各地の絶滅しかかっている動物たちの写真集（竹書房）。生き生きとした素敵な写真のオンパレードだが、それにもまして、実にいいキャプションで、うなずくばかり。野生生物は実にはかない存在だが、人間だってそう大差はない。自然を壊したツケはやがてわが身にふりかかる。本当にそう思う。このまま経済効率最優先でいったら、人類が絶滅してしまう危険も強まる気がしてならない。そんなの杞憂だと笑ってすませられるだろうか？

『エスキモーが氷を買うとき』

アメリカのビジネス書には勉強になるものがたくさんある。この本（きこ書房）も、その一つで、発想の転換が大切なことを教えられ、また共感するところが少なからずあった。

売り込みは見出しから始まる。見出しは、読者の目を小見出しにもっていく。小見出しは最初のフレーズにつなげる。最初のフレーズは次のフレーズにつなげる。興味のわきそうな写真をのせ、それにキャプションをつけて読者を広告にひきつける。売上を飛躍的に伸ばすためには、従来の常識に挑戦する必要がある。そう強調されている。私は、同時に、次の文章に強い共感を覚えた。

私は自分の得意なことだけをする。得意でないことはしないと誓った。それは私の人生でもっとも重大な決断をしたときだった。得意なことだけに取りくみ、残りは他人にまかせる。

私は、これに加えて、自分の好きなこと、やりたいことだけするようにしている。限られた人生を精一杯楽しむためには、これしかない。私はワールドサッカーをテレビで見ることもなく、読書を楽しんでいる。娘から「お父さんは、まったくどうしようもない変人ね」と言われている。

7月16日（月）

単位会の垣根

日弁連の弁護士業務改革委員会に参加した。台風7号が九州に接近していたため飛行機が欠航し、九州からの参加者はなかった。偏在克服の議論のなかで、「刑事弁護や管財業務など、近隣弁護士会が単位会の垣根を超えて派遣する方策も考えるべき」という表現に対して、福井など中部地方から出ている委員が猛烈に反撥し、その削除を執拗に求めたのに驚いた。

九弁連では、対馬・壱岐センターなど、「単位会の垣根」をこえた協力を始めているので、私はそれを紹介しながら原案賛成の意見を述べた。しかし、削除を主張する委員が3人ほどいたため、削除されることになった。妙な「ナワバリ意識」、「既得権」意識が地方に根強いことを改めて実感した。

院議は必ずしも善ならず

夜、霞ヶ関ビル33階で、弁政連主催による社民党との懇談会があった。土井委員長と福島・大脇の両弁護士（参議）が参加した。土井委員長とは初対面だったが、さすがに堂々たる貫禄。今は少数野党の悲哀を感じている。130議席のころに、もっと少数野党のことを配慮すべきだったと今ごろ反省している。憲政記念館の尾崎咢堂の「院議は必ずしも善ならず」は本当にそのとおり。社会党の分裂が日本の歴史に与えたものは大きい。そんな挨拶だった。実感のこもった、心をうつ内容だった。福島幹事長は九州・宮崎出身。パートナーの海渡弁護士とは、軽井沢の合宿でも一緒だった。大脇政審会長は、娘さんも京都で弁護士をしている。弁政連主催の会合は視野が広がっていい。

7月16日（火）

全労連との懇談会

午後4時から、日弁連会館5階で全労連との懇談会があった。当日の直前になって参加を呼びかけられて、他の用事もなかったので、出席した。労働検討会では、連合のみがプレゼンテーションをしたが、実は、全労連からも申し出があっていた。全労連は「労働参審制」に多少の疑問をもっていたようだ。地労委の労働者委員について、全国ほとんどで連合が独占しており、労働参審制ができても、同じように排除されるのではないかという心配から。私は、大量の個別労使紛争の解決のための受け皿づくりとして考えられているから、積極的に受けとめて大いに声をあげてほしいと訴えた。

7月17日（水）

帝国ホテルのケーキ

朝10時半から夕方5時半まで20回目の正副会長会があった。実は、その前の朝9時から1時間の窓口会議があったから、昼休みを30分間とったほか、延々7時間半のロングラン会議。これでも終らず、会議は翌日も続行。何をそんなに議論しているのか。人権課題、接見交通権問題、裁判官改革、国際化問題、民訴法改正問題、こうやってテーマを並べると少しはイメージがわくかな…?

午後3時すぎ、15分間の休憩時間。本林会長から帝国ホテルのケーキの差し入れがあった。「日本一おいしいケーキ屋だと思う」という紹介があった。森総合法律事務所では、何かの事件で勝訴したとき、担当者がポケットマネーで事務所のスタッフ全員にケーキを配る慣行があるという。その数は、なんと200個。だから、帝国ホテルへ事前に予約しておく。たいしたもの。

行政訴訟検討会

担当の松倉副会長の報告によると、事務局主導で、検討テーマが狭くしぼられようとしたのを、日弁連の働きかけでテーマの枠を広げることができた。たとえば、団体訴権、納税者訴訟なども検討することになった。やはり、検討委員に対して個別にあたっていくことが大切だ。三菱総研出身の委員は、日弁連の要請を受けて、１００人のスタッフを使ってテーマを再検討して、意見をまとめた。さすがシンクタンク。

7月18日（木）

綱紀審査会に関する誤解

福岡の某会員から「弁護士の懲戒権限を国民に与えるという趣旨は、より厳格な懲戒を、弁護士会が懲戒しなくても国民が直接懲戒するという制度であるから、長い目で見ると司法権に対する脅威が生じる可能性もある、目的が正当でも手段が正当化されるとは限らない」というメールが私あてに届いた。しかし、これは、まったくの誤解にもとづくもの。市民だけからなる綱紀審査会の議決は弁護士を直接懲戒するものではない。綱紀委員会の「懲戒しない」という結論が正当かどうかを審査し、3分の2以上の多数の議決によって、「懲戒委員会の審査に付する」ことができるのであって、懲戒委員会（以前から外部委員も入っている）は独自に懲戒するかどうかを決める。もちろん、人間のすることだから綱紀審査会の議決が事実上の影響力をもつことがあるかもしれない。しかし、それでも、直接に「懲戒処分」を決めるというものではない。

『この素晴らしき世界』

神保町の岩波ホールで見た、チェコ映画。強制収容所から脱走してきたユダヤ人の青年を子どものない夫婦が2年間、物置き部屋にかくまって起きる出来事がつづられている。

実話にもとづく話で、『アンネの日記』と違って、ラストシーンに救いがある。丸々と太った赤ちゃんを見て大人たちが思わずニッコリする様子は、この社会もまんざら捨てたものじゃないと思わせる。

7月19日（金）

理事会、恐るべし

理事会で、国際化検討会に向けての日弁連の意見表明（プレゼンテーション）案が審議された。アメリカなどからの外圧に抗しきれず、政府は外国弁護士による日本弁護士の雇用を解禁しようとしている。ところが、日弁連には5年ほど前の総会決議がある。「特定共同事業」というのが現に認められているが、日弁連として、その緩和ないし撤廃にふみ切らざるをえないというのが客観的な情勢。

執行部が、それをふまえて曖昧な表現の意見書（案）を理事会にかけたところ、さすが理事会でたちまち見抜かれ、担当副会長は出し直しを約束させられた。やっぱり理事会、恐るべしだね。隣りの津川副会長と、内緒話をした。朝9時からの九弁連理事による朝会でも、その点が問題となった。福岡の荒牧理事から、いったい日弁連はどういう方向で取りくんでいるのか、そんな厳しい指摘もあった。きちんと説明できないところが多々あって申し訳ない。

暑気払い

3日間、会議の連続だった。日弁連会館の16階と17階の会議室のいくつかを行ったり来たりした。

さすがに、途中で居眠りしたくもなる。日弁連理事会が午後2時半に終ると、3時から正副会長会が再開された。理事会のすすめ方の反省をふまえて、8月に臨時の会議がさらに追加された。

夕方5時半から、職員をまじえた暑気払いがクレオで開催。会費1万円を支払ったものの、夕方7時の飛行機で帰福するため、ワインを3杯、寿司を2切れつまんだのみで、クレオをとび出した。実は、この暑気払いには本林会長から高級ワインが20本も差し入れされていた。残念なことに飲み損なった。岩本副会長と2人でタクシーに乗って浜松町に向かったものの、渋滞にひっかかり、ついにタクシーを芝大門の手前で降りて、モノレールの駅まで歩き、かつ走った。こんなときに、週1回の水泳と毎朝の階段のぼり（8階まで）で鍛えた肺活力が活きてくる。暑気払いどころか、2人とも、すっかり汗をかいてしまった。

7月20日（土）

セツルメント・・・人権ゼミに400人

私は大学時代、セツルメント活動に明け暮れていた。ところが、残念なことに今の東大教養学部にサークルとしてのセツルメントはない。その代わり、私と同世代（正確には1学年下）の川人弁護士が主催する「法と社会と人権ゼミ」が人気を集め、年間400人ほどの学生が登録している。法学部へ進学する600人のうち200人が登録し、1学年4000人のうちの一割が登録する。100人ほど熱心な学生がいて、とくに熱心な学生30人ほどがリーダーシップをとっている。このゼミ出身者の20～30人が司法試験に合格していて、うち半分ほどは熱心に活動していた学生。熱心に活動していた100人は、法曹・官僚・マスコミなど、公的側面のある仕事についている。

この人権ゼミは、多方面で活躍する人を講師として招いて話を聞くだけでなく、毎年5月には地方へ研修に出かけている。たとえば、群馬の栗生楽泉園（ハンセン病）や香川県豊島（廃棄物）など。フィリピンなど、海外へも足を運んでいる。その成果は、本になって出版もされている（『こんなふうに生きている』花伝社）。

知財事件の東京・大阪管轄

なんでも東京一極集中で、本当にいいのだろうか。東京・大阪の両地裁は、それぞれ専門部を設け、この種の事件の審理のノウハウに精通した裁判官、技術専門家である裁判所調査官を配置して、専門的処理体制を整備、拡充している。本年4月現在、東京地裁には、知的財産権関係事件の審理を担当する専門部が3つあり、15人の裁判官、7人の裁判所調査官を配置している。大阪地裁は、1つの専門部を有し、5人の裁判官、大阪高裁とあわせて3人の裁判所調査官を配置している。新民訴法制定後、この種の訴えの大半は両地裁へ提起されるようになっている。昨年、全地裁に提起された特許関係事件のうちの85％、実用新案権関係事件のうちの88％、これらの事件を含む知的財産権関係事件全体のうちの73％が東京と大阪地裁に提起された。このような専門的処理体制の整備や事件の集中などから、知的財産権関係事件の地裁における平均審理期間は、1993年に31・9ヶ月だったのが、2001年には18・3ヶ月にまで短縮された。

東京高裁においては、本年4月現在、知的財産権関係事件の審理を担当する専門部が4つ設けられており、裁判官16人、裁判所調査官11人が配置されている。大阪高裁では、他の通常事件の審理を担当しつつ、知的財産権関係のすべての審理を集中的に担当する部が1か部設けられており、大阪地裁ともに3人の裁判所調査官を活用するという体制になっている。

調査官21人は弁理士出身の1人（東京高裁に配属）を除いて、みな特許庁からの派遣。これは特許・実用新案分野を担当する審判官336人の6％に相当する。派遣される調査官は入庁15～31年の経験があり、任期3年（派遣時には特許庁を退職）で特許庁に復帰する。

法廷で使用された外国語

総数6328人のうち、中国語が38・8％が断トツ。次いで韓国語15・6％、フィリピン（タガログ語）6・8％、ペルシャ語6・4％、タイ語6・2％と続いている。ポルトガル語5・3％、スペイン語4・7％と多いのは、南米からの人々のせいだろうか。英語は3・9％にすぎない。次いでベトナム語2・3％、ベンガル語1・9％。

外国法事務弁護士

外圧が強まっている。外国弁護士が日本に乗り出そうとしている。

下条弁護士の話によると、それは決して、日本企業からの要求と言うのではなく、外国の会計事務所や法律事務所の要求だという。ところで、外国法事務弁護士として日弁連に登録している人は、180人ほど。そのうち日本国籍の人が28人いる。このほかはアメリカ83人、イギリス23人、中国10人、フランス6人など。また、日本人で外国の弁護士資格をもつ人が40人ほどいる。あわせて68人の日本人が日本の司法試験を経ないで「弁護士」として日本に存在する。それらの日本人「弁護士」が日本人弁護士を雇用したときに、いったいどういうことになるのか。

7月21日（日）

仏検（準1級）の口頭試問

福岡で仏検（準1級）の2次試験を受けた。久しぶりの口述試験なので、ものすごく緊張した。5分前に2つのテーマが渡される。それについて、3分間のスピーチをする。1つは、日本が政治難民の受け入れを事実上認めていないことをどう思うか。もう1つは学校の土曜休日化だった。

私は難民問題を選んだが、日本語でも難しいテーマをフランス語で話すなんて、とても難しくて困った。我ながら不出来なスピーチだったが、そのあとの質問で少しはカバーできたかもしれない。たっぷり冷や汗をかいた。福岡は、この日、梅雨が明けた。

『ペンギン・ハンドブック』

ペンギンも多様。好奇心が強くて人間を恐れないキングペンギンがいるかと思えば、人間に対して極度に用心深く、視界に人間が入るだけで上陸しようとしないキガシラペンギンもいる。

巣は再会の場でもある。もし、つがいの2羽がほとんど同時に到着しないと、繁殖をあきらめるかわりに、他の相手と新たなつながりをつくろうとする。配偶者を選ぶのは雌。もし、ある雌の以前の配偶者が新しい相手と一緒なら、その雌は新しい相手を追い出そうとする。一方、雌がすでに相手をみつけてしまったところへ、前の相手が帰ってきた場合には、雌は前の配偶者を選び、新しい相手を見捨てる。これはアデリーペンギンについて書かれたもの。本当かな。人間世界とは大違いだ。

墨俣一夜城の嘘

木下藤吉郎が蜂須賀小六たちの野武士を動員して一夜で城を築きあげたというのは、実話だと思っていたが、この本（『偽書・武功夜話の研究』洋泉社）によると、まったく根も葉もないデッチあげだという。城の絵図面や書状が詳しく検討されており、なるほどと思わせる。

この『武功夜話』をうのみにし、それをタネ本としたNHKの番組や秋山駿の『信長』、堺屋太一、津本陽、遠藤周作などの有名作家の責任が厳しく弾劾されている。

『ワンス&フォーエバー』

映画を見たあと、本（角川文庫）を読んだ。映画の戦闘シーンを思い出しつつ、手に汗を握りながら一気に読みすすんだ。イアドラン渓谷での34日間の戦闘で、アメリカ兵が305人戦死した。北ベトナム軍は3561人の戦死が推測された。1対12の戦死者状況。通常なら、アメリカ軍の大勝利、北ベトナム軍の敗北となるところ。ところが、現実には、ホーチミン大統領は「勝利したに等しい」と満足していた。ハイテク砲火の嵐に負けず、農民兵士が対等に戦ったという評価なのだ。この結果を聞いたマクナマラ国防長官は、北ベトナム軍の兵士はアメリカ軍と同等以上であり、この状態は崩れそうもないとジョンソン大統領に報告した。しかし、アメリカ軍はさらにベトナムに居すわり続け、5万8000人ものアメリカの青年の生命が奪われた。ベトナム国民の生命は、その何百倍も奪われた。1965年10月ころの戦闘だから、私は高校2年生。三池高校の生徒会の機関紙に、先輩がベトナム戦争反対を投書し、学校側が生徒の政治活動を問題にしたことを思い出した。

7月22日（月）

日南ひまわり基金法律事務所

午後、日南市内での開設披露パーティーに出かけた。東京から本林会長、須々木副会長、そして、熊本からバスで5時間かけて九弁連の紫垣理事長も参加した。パーティーの主人公は横浜から移ってきた吉川弁護士。東京出身の奥さんと2人、3年間、日南市内に住んでがんばるという。地元の市長や商工会議所も熱烈に歓迎し、パーティーは、本当に心のこもった温かい雰囲気で進行した。吉川弁護士は57歳。私も横浜弁護士会に3年ほどいたから、旧知の間柄。法律事務所は、JR日南駅のすぐ左手のビルの2階にある。広々とした気持ちのいいオフィスで、女性の事務員2人とともに、8月1日スタート。

7月23日（火）

飫肥城

午前中、飫肥（おび）城を少し見学した。戦国時代、島津氏と対峙した伊東氏の拠点として有名なので、前からぜひ見たいと思っていた。堂々たる大手門が再建されている。また、知覧と同じように、武家屋敷群も保存されている。道端の水路には鯉も泳いでいた。

伊東氏は、いったん追い出されたものの、秀吉の九州征伐に従って復帰し、明治まで続いた。炎天下を歩いて少しくたびれたが、実に静かな旧城下町。JR日南駅前に、伊東マンショの銅像が建っていた。帰りに宮崎空港まで電車に乗ったが、沿線の田んぼでは、もう稲の刈入れがはじまっていた。

7月26日（金）

太くなるバイパス論

朝9時から釧路全日空ホテルで23回目の正副会長会が開かれた。午前中では終らず、結局、隣の部屋に用意してあった弁当を会議室に運び直してもらって、昼食をとりながら議論を続ける破目となった。何を議論していたのか。公的弁護の準則に弁護士倫理を再び加味するのかどうか。前日の国際化検討会で日弁連が少数孤立したこと。死刑廃止問題。もっとも白熱したのは法科大学院とは別の予備試験（バイパス）問題。自民党内部では、太田議員など、バイパスを太くせよという意見が高まっており、与党プロジェクトチームもその方向で固められようとしている。「予備試験の受験資格に制限はつけない」という案が示され、声が出ないほど驚いた。これでは真面目に3年間も法科大学院に通う必要はない。下手すると、大検を受けて合格したら、20歳未満でも司法試験に合格することになりかねない。大学4年間のあと、法科大学院で3年間みっちり勉強する。このシステムが完全に形骸化してしまう。どうしたらそれを防げるのか。そんなこんなで、3時間半があっという間に過ぎた。

霧の釧路港クルーズ

34度、炎暑の福岡から釧路に着くと、午後3時なのに、なんと19度しかない。夏というより、早くも秋の風情。岩本副会長が飛行機の機材不良のため札幌から飛んで来れないこともあって、急に記者会見に出席することになった。司法改革の話題が主なのだが、釧路湿原の保全に関連して、自然再生推進法案について、日弁連が「抜本的修正を加えて出し直せ」という会長声明を出したことについて記者から予め質問通告を受けていた。その関係で、担当副会長として説明することになった。これが釧路における北海道弁連大会での私の唯一の出番だった。

夕方5時半から、釧路港を巡回する「シーグレース」号で、前夜懇親会が開かれた。ロシア・サハリン州の弁護士たちが参加しているのに驚いた。北海道弁連は10年前から交流しているという。あいにく霧模様の釧路港内のクルーズだったが、タラバ・花咲き・毛ガニを腹いっぱい堪能した。

7月27日（土）

霧の摩周湖

釧路の空は朝から見事に晴れわたった。雲ひとつない快晴。朝8時半に全日空ホテルを出発し、国道391号線を北上していく。広大な釧路湿原がよく見え、未見の摩周湖への期待が高まる。

ところが、なんと摩周湖に近づいたとたん雲が出てきて、ついに本当に「霧の摩周湖」になってしまった。わずかに波うっている湖面の一部と対岸がかすんで見えるのみ。まことに歌のとおりだと感心してしまう。そのあとは、屈斜路湖でカヌーに乗る予定。本当は、釧路湿原でカヌーを漕ぐつもりで参加した（その割には背広姿だったのがチグハグだったが・・・）。ところが、湖面は、風が強くて波が立ち、とてもカヌーどころではない。それで、牛の乳しぼりと乗馬コースに切り替えられた。17歳という老馬に乗ったが、馬の背があんなに不安定だったとは・・・、信じられない。

バーベキューの食事のあと、近くのシアター「丸木舟」で、カムイライブの生演奏を堪能した。アイヌの歌と踊りを現代風にアレンジしたもの。1時間があっという間に過ぎてしまった。

特任検事

特任検事は、1992年に11人の任官者があり、1997年の在籍48人が最高。本年度は、任官者2人、現在43人。特任検事の受験者は1974年度の85人が最高で、合格者は1991年度の11人が最高。合格率は最高27・8％で、本年度は受験24人、合格2人で、8・3％。

ちなみに、副検事の受験者は1962年度の418人が最高で、合格者は1969年度の101人が最高。今年の合格率は24％（167人が受験して、40人が合格）。

非弁提携の弁護士リスト

つい最近、東弁で退会命令が出た。前から高名な桑原弁護士。1人で事務員80人をかかえていて、政治結社までもっていた。非弁提携弁護士のマル秘リストを見せてもらった。東弁に30人、一弁に13人、二弁に6人いる。千葉にも3人、九州にも1人いる。ただし、そのうち、3人が死亡しており、業務停止処分を受けた弁護士は5人。桑原弁護士に客を送っていた整理屋も実名で紹介されているが、「生活相談センター」とか「あすなろ会」「救済センター」という本物の被害者の会みたいな名前がついているところもある。司法書士やサラ金も紹介されている。桑原弁護士には同類の弁護士が代理人になって懲戒処分を争うという。「世のため、ひとのためにやって何が悪い」と開き直っている。なにしろ、1人で5000人の多重債務者をかかえていたというのだから、半端ではない。

裁判の迅速化

司法制度改革推進本部の顧問会議は、すべての裁判の判決が2年以内で出るようにすると提言し、本部長である小泉首相もそれを実現する決意を表明した。東京新聞（7月6日）によると、民事訴訟の9％、1万3000件が一審のみで2年以上かかった。10年以上かかったのもある。刑事訴訟では、一審が平均3ヶ月で終っているが、被告人が否認した事件は長くかかり、2年以上のものが300件近い。なんでも「2年以内」で終らせるというのは、今も住民訴訟を担当している私としては、拙速に流れてしまうのが心配。裁判は、やっぱり適正で、当事者がそれなりに納得できることが一番。

最高裁判事

現在の判事の出身分野は、裁判官6（民事5、刑事1）、弁護士4、学識者5（大学教授1、検察

官2、行政官1、外交官1）。検察官が学識者の枠に入っているというのは奇異な感。弁護士は、かつては5人いた。2000年度の最高裁の新規受理件数は6400件、うち民事4500件、刑事1900件。大法廷事件（憲法判断、判例変更）は8件。件数だけを見ると多そうだが、本当に忙しいのか。福岡の堤弁護士に、ぜひ最高裁判事になってほしい。

司法試験に合格した国家公務員

司法試験に合格して司法修習を受けていない国家公務員が70人ほどいる。その人たちに、司法修習を経なくても弁護士資格を与えようという動きがある。

初任給

日弁連の資料に、新人弁護士を勧誘するときの条件がのっていた。月給40万円、ボーナス4ヶ月（年俸640万円）という。年収600万円、700万円という事務所もある。一つだけ1000万円というのがあった。弁護士過疎地。渉外事務所も年俸1000万円とは聞いているが・・・。

労働専門部の裁判官

全国に35人。そのうち未特例判事補が10人いて、過去に労働部にいたことのある裁判官は35人のうち6人のみ。東京地裁は専門部2か部に加えて本年1月から集中部1か部を増やした。逆に、神戸地裁は2か部を1か部に減らしている。

接見禁止と書類の授受

埼玉弁護士会の弁護士2人が、接見禁止決定を受けていた被告人から宅下げした手記とノートを、共犯関係にある相被告の弁護人に交付し、その弁護士が受けとった手記・ノートを自分の被告人に差入交付した。このような弁護人の取次ぎによる接見禁止決定を受けた共犯者間の文書の授受について、さいたま地方検察庁の石井次席検事が、これは接見禁止決定を潜脱する違法行為であり、弁護士倫理に違反するとして、昨年11月12日、弁護士会に対して懲戒請求した。日弁連執行部は懲戒事由にあたらないと考え、さらに検討中。

7月28日（日）

引越し好きはヒト属の特性

私は18歳で上京してからの10年間で、毎年１回以上は引越ししていた。一番初めはタクシーでの引越し。トランクに布団袋を積みこんでもらったら、それで終わり。こまごました身のまわりの道具は両手にもって電車で運んだ。

ヒト属の人類は高等な霊長類として次第に好奇心を強め、移動能力も高め、すぐれた道具を整備するようになり、人口も増やしていった。ヒト属の人類を引越し好きと考えるのは見当はずれではない。世代ごとに50キロずつ移住したとして計算すると、東アフリカからヨーロッパとアジアの端までいくのに１万５０００年しかかからない。５万年前の人類であるネアンデルタール人は、見事なまでに道具類をつくれたし、化石や鉱物からつくったブレスレットやネックレスなどで身を飾り、死者たちへの深い思いやりをもって埋葬していた。彼らが私たちの先祖と同等な言葉をもっていなかったと想像することはできない。『ルーシーの膝』（紀伊国屋書店）は、３００万年前に生きていた20歳の女性（エチオピアから化石になって出土した前人類）について語った面白い本。

カウサ

『カウサ』という雑誌が出ている（日本評論社）。『月刊・司法改革』の後継誌。司法改革問題を語るうえで必読の雑誌なので、ぜひ定期購読してほしい（1冊1400円）。発刊第2号に私の書いた「青年弁護士よ、田舎をめざせ」という記事が載っている。わが家の庭が写真で紹介されている。春のチューリップ畑だ。

『本の虫』

この本（弘文堂）の著者である井狩春男氏は、『ハリーポッター』を発売前にベストセラーになると見抜いたというから、たいしたもの。私の唯一の野望であるベストセラーを出すことについて、それをうみ出す方程式が具体的に、かつ、分かりやすく説明されている。いいタイトルをつけて、いい装丁にして、読みたくなる目次、思わず買いたくなる帯のコピー、愉しめる面白いレイアウトをつくること。本を読む人は、いないくらいに少数。だから、本をベストセラーにするのは簡単。そもそも、本を読む人は珍しい変わった人間なのだ。ほとんどの人は本を読まない。本は売れないのがフツー。無欲で、イイ本をつくっていると、天がごほうびをくれる。私も、この言葉を信じて、イイ本をめざして書き続けたい。

『小説の秘密をめぐる十二章』

本くらいは自分で択んで自分のお金で買わねば、同じ読むのでもろくに読んだことにはならない。自分で択び、自分のお金で買うことで、当たり外れの満足と忌々しさの経験を積んでこそ進歩する。だから、買う本の目当てをつけるのに、図書館の開架式の本棚を見に行くのはよいが、借り出した本はためにはならない。私も本は買うようにしている。絶版になっていて買えないときにだけ、大牟田市立図書館のお世話になる。絶版本なので、国会図書館やら愛知県立図書館など、思いがけないところの図書館の蔵書を借りて読むことがある。借りものだから、赤エンピツで傍線もひけず悔しい。

作家は自己の精神的種族保存拡大のために書く。作家は何より誰もまだ書いていないことを書きたいのである。そうして、ひとの共感を欲して止まない。おもしろい作品は、読んでいる間の歓びに加えて、読み終えた時の醍醐味がまた格別である。人間というもの、自然を含めて此の世というものが、これほど味わいのあるものだったのかと、人間とこの世というものが、その作品を読むまえよりも新鮮さを帯びて感じられてくる。この本（文芸春秋、河野多恵子）に私は、大いに共感した。

『それでも私は腐敗と闘う』

すさまじい本（草思社）。南米コロンビアと聞くと、すぐに麻薬組織、メデジン カルテルとかカリ・カルテルという名前を思い出す。ボスが逮捕されて刑務所に入っても、そこで宮殿のような待遇を受けていたという話も・・・。そんなコロンビアで、ただ一人、巨悪に立ち向かっていた40歳の女性上院議員がいた。ところが、誘拐されて、現在も行方不明のまま。そんな彼女が書いた自伝。女性のたくましさ、やはり世界は女性が動かしていることを実感させられる。

7月31日（水）

司法改革実現本部の夏合宿

東京の都ホテルでの司法改革実現本部の夏合宿に参加した。合宿のなかでは、いくらか不毛の議論もあり、残念な気がした。「前線の兵士」とか、「負ける」「次善の策」とか・・・。また、綱紀審査会について、後藤会員（女性）が堂々と不正確な発言をしたり、大阪の辻弁護士がもちこんだ本に誤った記述（綱紀審査会の議決が懲戒処分を決めるかのような）があったりした。この合宿に参加している人で、その程度のレベルかと思うと、本当に心寂しい思い。福岡の荒木弁護士が、消耗な議論はもうやめようという趣旨の発言をし、野田部弁護士が若手の不満を代弁して心強かった。しかし、時代の流れにも乗っていかざるをえない。なかなか難しい状況が続いている。

8月

8月2日(金)

邪見地獄

人をねたむ、よこしまな心をもって、のたうちまわる姿をさす言葉だと案内板にかかれている。九弁連の司法問題合宿で雲仙温泉に出かけた。お湯が沸々と煮えたぎる様子は、地球が生きていることを実感させてくれる。地獄の湯を飲むと邪心が取り除かれるとのこと。腹いっぱいのんで、心身を清めた(嘘。飲んだのは、アルコールのみ。地獄の湯は硫黄分が多くて飲めない)。

東京から宮本・高中の両弁護士を招いて、司法改革問題のホットなところを深く認識することができた。議論の焦点となったのは法科大学院。自民党などは予備試験を無制限に認めようとしている。これでは例外的なものとか、バイパスというようなものでは全然ない。プロセスとしての法科大学院より、一発勝負の予備試験ルートを大幅に確保しようという考えは大変危険だ。どうせ、ろくな法科大学院はできっこないという冷めた見方もあるが、やはり、九州各地に法科大学院をつくり、その内容を充実させていくべき。九弁連でも特別のセンターをつくって、予算措置を講じよう。そんな方向が確認され、うれしく思った。

8月3日（土）

地方自治体の外部監査委員

公認会計士に圧倒されている。弁護士は9人だけ。このほか、補助者として弁護士が28人いる。それに対して公認会計士は79人。ちなみに、税理士は2人だけ。

サービサーの取締役

弁護士がサービサー（債権回収会社）の取締役になっているのは、61会社で、72人。整理回収機構のみ、弁護士が5人も取締役になっている。あとは、2人のところが5社、3人のところが1社のみ。

刑務所・拘置所の収容者8万人

朝日新聞（7月3日）によると、全国の刑務所・拘置所の収容者は2005年に8万人を超す見とおし。定員は6万9000人なので、定員を1万人増やし、刑務所を新増設するとのこと。

8万人台になるのは1956年以来ということで、50年ぶり。犯罪の増加や厳罰化による刑期の長期化が原因。この10年間で、女性が1・8倍、高齢者が2・4倍に増えている。

8月4日（日）

エンゼルス・トランペット

わが家の庭は、いまヒマワリとエンゼルス・トランペットで覆い尽くされている。ヒマワリは少し小ぶりの花が次々と咲く種類。背丈は2メートルほどもある。エンゼルス・トランペットは、黄色とピンクの2種類。この木は繁殖力がすごく、枝を切って埋めておいたところからも自生してきた。そのほか、芙蓉のピンクの花も、あでやかに咲いている。雑草を刈らなければいけない。一昨年だったか、ヒマワリの枝にヘビがからまって昼寝しているのに遭遇しかけたことがあった。

コスモス

お盆前なのに、庭のコスモスに一輪の花が咲いた。斥候役なのだろう。まだ早いよ。そっと教えてやる。四季咲きのクレマチスが純白の花、そして紫色の花を咲かせている。真夏には似合わない気もするが、気品あふれる色と姿の花に見とれてしまう。

久しく雨が降らないので、コチンコチンに固まった庭を掘りおこして、生ゴミと枯草を埋めこむ。それなりに深く掘らないと猫やイタチに生ゴミを掘り返されてしまう。夕方の作業だったが、汗びっしょり。キジバトが近寄ってきて、エサはくれないのかと私に視線をあわせる。しかし、申し訳ないことにエサは品切れ中。キジバトは、もう遊んでやんないよ、とトコトコ去っていった。

楽観主義はパワーを生む

湾岸戦争の立役者の1人であり、むき出しの力の政策を支えているアメリカのパウエル国務長官の言動をまとめた本（『パウエル・・・リーダーシップの法則』ＫＫベストセラーズ）を読んだ。

いつも楽観的でいれば、力は倍増する。前向きな思考が力を倍増させる。身をもって無力を体験すると、いずれ何に対しても受け身になり、皮肉な見方をし、おおむね悲観的になる。何もコントロールできないと思っている人間は、文字どおり無力になる。楽観主義者は、大切なのは自分の行動だと思い、だからこそ自分の成功と失敗に責任をもつ。道は誰かに与えられるものではなく、自分で切り拓くものと信じている。まさに、私の思いにぴったりの言葉。くじけそうになったとき、私はさっさと寝ることにしている。朝、目が覚めたら、きっといいことがあるだろう。物事は、自分の思っているほどひどくはない。明日の朝になれば、きっと今よりましになっている。

ヒト、この不思議な生き物

類人猿で一夫一婦制をとっているのはテナガザルのみ。チンパンジーを含めて他の霊長類をみると、繁殖年齢が終了したら、やがて寿命も尽きる。ところが、ヒトの女性の繁殖年齢は、どんなに長くても50年なのに、最長寿命はその2倍近くに達する。なぜか?

ゴンドウクジラのメスは、ヒト以外で知られている限り唯一、閉経後も何年も生きる動物。ゴンドウクジラはメスたちが血縁集団で暮らし、おばあさんが娘の繁殖を助けている。これを「おばあさん仮説」と呼ぶ。長谷川眞理子教授の本(『ヒト、この不思議な生き物はどこから来たのか』、ウエッジ)には、いくつもの驚くべき事実が紹介されている。

8月10日(土)

『弁護士報酬ガイドブック』(仮称)

午後から、赤坂見附の光和総合法律事務所の5階で、弁護士報酬チームの事務局会議が開かれた。お盆の帰省客で空港は満杯で、いつもの朝10時発の飛行機に乗れず、遅刻してしまった。カンカン照りの真夏日だったが、風のあるのが救い。都心に5階建の自社ビルをもつとは、たいしたもの。

弁護士の報酬規定を拘束力のない目安につくりかえるため、アンケート項目を検討した。大企業ではなく、普通の市民や中小企業にとって必要な目安は、どんなケースを想定したらいいのか。そんな議論。私も税金訴訟・住民訴訟の分野でアンケートづくりを担当することになった。

司法書士と弁護士

司法書士が1万7000人に対して、弁護士は1万9000人。東京では、司法書士2200人、弁護士9000人だから、4倍。ところが、九州では、各県とも100〜200人ほど司法書士が多い。福岡は司法書士711人に対して弁護士611人。

8月11日（日）

「森の人」からのメッセージ

すごい写真集。心をゆり動かされた。地球上の高等生物が人間だけでないことを、しみじみと実感させられる。「森の人」と呼ばれるオランウータンは絶滅の危機に瀕している。

この写真集（『テリマカシ』、道出版）は、カリマンタン島にある国立公園での母と子を追った連続写真からなっている。生き生きとした表情、様々な動きを見事にとらえている。類人猿を、現代人の私たちが絶滅させてしまったら、まさに、それは後世人類への犯罪行為ではないか。

『書くということ』

この本（文春新書）は、パソコンを使わない（使えない）私の気持ちを見事に合理化してくれ、大いに共感した。書くということは、書き手の全神経と全細胞を、言葉を生み出す方向へ集中することから生まれてくるもの。たとえば、「雨が降る」と書きたいにもかかわらず、「ａｍｅｇａｆｕｒｕ」や「アメガフル」と打たねばならない分裂は、手の動きと思考との間にずれを牛む。手の動きが、思考とは別のことを考え、別の動きと化すワープロにおいては、思考の分裂による混濁と頽廃が構造的に常態化している。つまり、無自覚の視覚は文字盤を追い、自覚的な視覚では画面を追うという、視覚自体の分裂までもが生じる。全身体的思考の分裂が広範囲、大規模に生じる。これではいずれ、身体不調も、精神的不調も生じることだあろう。ワープロは、文化を停滞させ、やがて頽廃させ、失速させる。インターネットやEメールは、すでに用意された文字盤に触れる。これは、きわめて感情的で未熟な早産言語であり、文体を欠いた言葉以前の言葉である。教育や家庭には、ワープロやパソコンを入れないこと。すでにあるところからは放り出すこと。株価や円相場のために人間の社会や生活、文化がいつまでも蹂躙され続けるわけにはいかない。時代に対する文化的抵抗と反乱が必要だ。

8月17日（土）

集中審理のときの弁護士費用

先日、本庄保険金殺人事件で検察官が被告人に死刑を求刑した。この弁護人は国選だが、5ヶ月の準備期間をおいて集中審理が実現した。主任弁護人は、受任してから1日15時間を本件のためにつかい、他の事件は全然していない。ところが、5ヶ月の準備期間に対して、裁判所は全部で100万円しか支払わなかった。月20万円にしかならないが、現実には、その弁護士は事務所の維持のみで月120万円を要する。本年1月以降は、毎月100万円ほど支払われたが、明らかに足りない。

この事件では、弁護団4人のほか、ボランティア（多いときには4人）が、公判メモやデータベースの入力・作成や証拠資料のインデックス貼りから文献収集などにあたった。

8月18日（日）

お盆休み

3日間のお盆休みをとった。といっても毎日、事務所に出て仕事をしていた。誰もいない冷房のきいた事務所で懸案の準備書面づくりに取り組んだ。日頃、司法改革そのほか弁護士会の仕事での書面しか書いていないので、準備書面で法律論を展開するのは大変だった。頭のなかのヴァージョンを切り換えて、準備書面ヴァージョンにするのに、いつもひと苦労。

夜香木

ニオイウツギの花の一種だろうか。「サカタのタネ」に注文して庭に植えた。白い花がたくさん咲いて、その名のとおり夜になると匂いだす。鼻腔をくすぐる草の香り。

生活のリズムを崩さない

『旅する巨人』を書いた佐野眞一は私の1歳年長だ。『私の体験的ノンフィクション術』(集英社新書)を読んで、同感だと思ったところがあった。長編を書く場合に一番大事なことは、生活のリズムを絶対に崩さないこと。1日10枚と目標を決めたら、いくら興に乗っても、それ以上は書かない。マラソンと同じで、調子がいいと思ってペースをあげると、必ずそのゆり戻しがくる。徹夜などもってのほか。長丁場の仕事では、瞬発力よりも持続力や忍耐力がずっと重要。

私も、生活のリズムを崩さないで、なんとか書きつづけている。夜の飲み会も二次会は基本的にお断り。だから「つきあいが悪い」とよく叱られる。でも、私にもやりたいことがある。頭を下げて勘弁してくださいと頼むことにしている。

『人間復興の経済を目指して』

この本(朝日新聞社)は、城山三郎と内橋克人の対談からなっていて、すっと胸に入ってくる。イギリス映画『ブラス!』を紹介しながら、「職なくば人間の尊厳もない。人間労働を市場にゆだねてはならない」と語り、共感を覚える。私も会社に就職していたら、今ごろはリストラの対象になって失業に脅えているにちがいない。仕事がない、収入もない。そんな生活ほどみじめなものはない。団塊の世代への風あたりが厳しいなか、平然と「リストラ万歳」を叫ぶ風潮に強い疑問を感じる。

『内部告発の時代』

内部告発をする人を「ホイッスルブロウワー」（笛を吹く人＝警告する人）と呼ぶ。いまでは社会のために積極的に行動する人と受けとめられるようになった。やはり、雪印乳業事件の影響は絶大なものがある。この本（花伝社）によると、アメリカにはケイ・タム訴訟（不正請求禁止法）というのがある。企業が政府に意図的に虚偽の請求をしていたとき、政府が蒙った損失の3倍を懲罰賠償として企業に課すことができる。告発者は、政府が回収した金額の15〜30％の報奨金を受け取るというもの。１９８９年の連邦内部告発者保護法によって、告発者は51％の証明ができたらよい（緩やかな証明で足りる）ということになった。このため、内部告発が増えた。

8月19日（月）

仏検準1級・不合格

夜、東京から真夜中に帰宅したところ、ハガキが着いていた。恐る恐るシールをはがすと「不合格」の文字が目にとびこんできた。ああ、やっぱりダメだったかと思った。正直いって残念。しかし、これはハッキリいって分不相応の見栄（虚栄心）にすぎない。みんなの前でイイカッコしたかった。とても合格できるほどの実力はないことは本人が一番知っている。

8月20日（火）

原稿用紙

この『Ｅたより』の原稿は、すべて手書き。私はパソコン入力はできないし、するつもりもない。

実は、原稿用紙もつかっていない。原稿は、すべて裏紙（つまり、一度、印刷したものの裏側の白紙）に水性ボールペンで書いている。白紙に、なんの気がねもなく、自由にのびのびと書きつらねていく。マス目があると、考えがしばられる気がして、いやなのだ。字数を気にせず、ともかく書いてみる。だから、ＦＡＸニュースを編集するとき、字数はどうなっているかと訊かれても、私には答えられない。もちろん、たいていの原稿はレジュメ（項目と柱だて）がある。それは、会議の最中などに、資料の余白などに思いつきを書く。

8月21日（水）

別紙と資料

正副会長会で審議するときの書類は「別紙１００」というように「別紙」としてナンバーリングしてある。理事会に提出される書類は「資料95」というように表示される。この「別紙」の数字と「資料」の数字とは一致していない。そこで、正副会長会の書類と理事会でつかわれる書類とがまったく同一であっても、捨てるわけにはいかない。理事会の審議のときには「資料」ナンバーを言って説明するから。同じ項目で関連する書類の場合には「枝番」が付されている。「枝番の枝番」というのも珍しくはない。このようにして次々と書類がたまっていくから、理事会が終るたびに整理して捨てていく。捨てるといっても、日弁連では再生利用することになっているので、それほど資源の無駄づかいをしているわけではない。

ところが、捨てる書類と保存するものとを選別するのにも手間と時間がかかる。とくに、私のように『Ｅたより』用の掘りおこしをしようとすると、無造作に捨てるわけにもいかない。須須木副会長がもっとも気前よく捨てている。反対に、河原副会長はまったく捨てない。そのため、自分の机の上はすぐに満杯となり、今やロッカーの上まで並んでいる。そのファイルは既に42冊。実に壮観。

8月22日（木）

司法改革の「危険性」

宮崎の吉田弁護士から私あてに届いた長大なメールの一部を紹介する。

バラ色の夢をふりまき、「法曹一元とは法曹多元のことだ」などという口車に乗せられて政府の司法改革推進に協力してきた日弁連執行部は司法制度改革推進本部が次々に打ち出す人権抑圧提案に対してなすすべもなく、国民からの負託を裏切っている。現在行われようとしている「司法改革」の危険性・反憲法性を国民・一般民衆に知らせ、明確に反対の意思表示をしなければ、弁護士は再び歴史に対する犯罪を犯すことになる。

私も日弁連執行部の一員なので、これには異論がある。いますすめられている司法改革のすべてが危険なもので、歴史的な犯罪となりうるという言い方は、とうてい賛成できない。たとえば裁判員制度。たしかに危険性は大きいが、ハナから危険だとして反対しておけばいいとは思えない。

公害・環境団体との懇談会

夜、公害・環境団体との懇談会が開かれた。17階の会議室。私がすわっていた席から、ちょうど仲秋の名月を思わせる満月を高層ビルの上の方に眺めることができた。お盆を過ぎると、早くも秋の気配。東京近辺の自然環境保護団体などの代表が15人も参加した。行政情報が隠されている。裁判が長引いたため、患者原告が次々に亡くなっていった。判検交流はおかしい。行政側の弁護士費用は数千万円というが、これを敗訴者に負担させられたら、たまらない。それでは裁判が起こせなくなる。アメリカ人を呼んで尋問したら大変な費用がかかった。行政訴訟をもっと早く簡単にしてほしい。どれも、まことにもっともな指摘。私は別の会合がもうひとつあったので早めに抜けるつもりだったが、岩本副会長が先に抜けたので、出られなくなった。自己紹介したあと、そっと抜け出した。

8月23日（金）

休憩なしのロングラン理事会

午前11時から10回目の理事会が開催された。この日も議題は盛り沢山で、果たして夕方6時までに終るか心配した。午前中の審議が昼休みに喰い込み、終ったのが0時50分。それから午後1時半までは昼休み休憩。しかし、その間にも経理委員会と小規模単位会の協議会が開かれる。私は市民向けのパンフレットの校正に精を出した。

午後から、人権擁護大会にかける宣言・決議案の審議に時間を要し、さらに、「裁判員」の制度設計の基本方針についての質疑で時間がかかった。それでも途中休憩なしですすめたため、なんとか夕方5時10分に終った。熊本の建部会長が弁護士任官の取り組みについて発言し、沖縄の幸喜会長が日米地位協定の改定を求めて訴え、福岡の藤井会長が労働法制委員会設置に賛成討論などをして、九州勢はがんばった。珍しく、私も、この日は出番が4回もあった（地位協定の改定、労働法制委員会、自動車排ガス救済制度、国際刑事弁護士会への加入）が、いずれも無事に承認された。

日弁連副会長の活動状況

昨年度、関弁連（兵庫県弁）からの日弁連副会長だった藤原弁護士は1年間に、24回の日弁連理事会、58回の正副会長会に出席したという。本年度は、8月8日が24回目の正副会長会だったから、昨年度よりさらに多くなりそう。出張は、北海道から沖縄まで国内泊158日、韓国・スイス・ニュージーランドへの海外22泊、新幹線と飛行機に126回乗ったという。私は、今のところ、海外泊はない。私の国内泊は、8月7日までで70泊。「あっという間の、充実した1年でした」という感想が語られている。私も今までのところ、まったく同感。私の任期も、あと7ヶ月ほど。

東京暮らしで垢抜けて・・・

『九弁連だより』(7月号)に長崎の戸田弁護士が次のように述懐している。たしかに私は、元々は島育ちの田舎モンかも知れんバッテン、大学時代を含め、前後通算すると合計約10年間の東京暮らしの経験があり、その間、スッカリ都会的に洗練されて、垢抜けしてしまった。このことは誰の目にも一目瞭然であり、そうした都会的センスの良さに憧れて、対馬の住民たちが話しかけてくる・・・。私も、戸田会員と同じように、10年ほど東京近辺で暮らしていた。戸田会員の記事を片手に、「私もスッカリ垢抜けているでしょ」と話しかけたところ、福岡の弁護士会職員からキョトンとした顔で私の顔をまじまじと見られてしまった。なかなか「誰の目にも一目瞭然」とはいかない。

しかし、東京暮らしの多い毎日なので、今度こそは垢抜けできると期待している・・・。

8月25日(日)

「網の目家族」

女性精神科医のレポート『心の傷を見つめて』(新日本出版社)を読んで、大変勉強になった。私にも思いあたるところがある。人間は常に心に葛藤を抱えながら生きていて、いろいろな問題に対して、どうしようかあれこれ悩みながら生きている。そうした悩みを抱えたとき、たとえば夫婦の間に葛藤があっても、成人した人間同士として話し合い、コミュニケーションをとりあって、夫婦自身の問題として解決する。こうした基本線が保たれていれば、親と子の境界線がきっちり守られているため、子どもたちは「家」に安全性を感じられるし、楽に家を出て世の中に巣立つことができる。親の安定した関係を自然に内在化して、安心できる。ところが、親が、夫婦間で問題を解決できずに、自分たちの心の中にまで世代の「境界線」を越えて入りこんでしまうと、親子の境界線が複雑に入り乱れて曖昧になったり、破られてしまい、家族の誰とどのように接していいのか分からなくなってしまう。このような家庭を「網の目家族」と呼ぶ。こうした家庭では、子どもが思春期に入るころにいろいろな問題行動を起こしやすい。その行為は、家庭内暴力、ひきこもり、薬物乱用、夜遊びなど、さまざまだが、いずれも子どもの発する「こんな家庭は嫌だ」というサインだ。

『蝶を育てるアリ』

自然界は不思議なことだらけ。私は昆虫の話も大好き。この本（文春新書）は昆虫のさまざまな生き残り作戦を紹介している。法律事務所の前の街路樹でセミがうるさく鳴いている。木の根元にはセミが地中からはい出てきた穴がボコボコあいている。7年間も地中にいて、地上の生活はわずか1週間足らずというのがセミの一生。彼らの寿命の短かさにはかなさを感じる。ところが、この本によると、むしろ寿命が短かいことがメリットになることもあるという。人間の1世代を30年とすると、100万年の間に3万世代となるが、年1化の昆虫なら100万世代に達する。つまり、計算上は30倍のスピードで世代が変わるので、環境の変化にうまく適応できるから、生き残る確率が高くなる。

皆婚傾向と再婚事情

江戸時代を封建社会として、変化に乏しい暗い社会と思いこんでいた時期があった。しかし、今では江戸時代は独自の高度な文明社会であったと考えている。『文明としての江戸システム』（講談社）は、江戸時代に関する最近の学説の到達点を分かりやすく概説してくれる名著。江戸時代、離婚は現在の私たちが考えるよりも頻繁に起き、再婚もごくふつうのことだった。現代と違って、離婚が結婚初期（大部分が5年以内）に集中していて、結婚20年以上の「熟年離婚」はほとんど見出せない。

8月27日（火）

自動車排ガス被害救済制度

午後から日弁連公害・環境委員会の中川・小林弁護士そして幣原次長と一緒に官庁などをまわった。東京の自動車は本当に多すぎる。排ガス規制を少々強化したくらいでは、大気汚染による健康被害を防止できるとは思えない。しかし、環境省の幹部は私たちに対して、それほど深刻な汚染状況だとは認識していないと言い放ち、唖然とした。また、日本自動車工業会では、受付横の待合室で要請書を受けとるという、ひどく冷淡な対応を受けた。

月の素顔

夏の夜の寝る前の楽しみは、2階のベランダに出て、天体望遠鏡で月を観察すること。ウサギが餅をつく場面こそ拝めないが、人工運河のようなものが縦横に走っているのを見ると、広大な宇宙のどこかに知的生物がいるはずだと思える。実は、10万円もする天体望遠鏡を買ったが、組み立てられず、あたらホコリをかぶっている。大阪の寺沢弁護士は自分の家を一部改造して天文台を付設したという。

ベランダに出るのは寒くなったらやめているほどの根性なしの私だが、天体望遠鏡の扱いを知りたいと願っている・・・。

8月29日（木）

モーニングセミナー

朝8時から、帝国ホテルで開かれた自民党の太田代議士によるモーニングセミナーに参加した。井元副会長、大川総長も出席した。弁政連から2万円の参加券をもらっての参加。安っぽい朝食のあと、太田代議士が主として高速道路の民営化問題について熱弁をふるった。聴衆は３００人以上、「光の間」がぎっしり埋まっている。ほとんどが中年以上のサラリーマン。諸経費を除いて５００万円ほどの収入はあったのでは。

太田代議士は、話の最後に、法科大学院について「夏の陣」があったことに触れた。民間の第三者評価機関をつくらせることになったという。ともかく自由に競争させるべきだ。そしたらコストは安くなる。本当にそうなのか、心配しながら残暑の日比谷公園に向かった。

8月30日（金）

犯罪被害者支援シンポジウム

午後から、福岡の裁判所裏手にある中央市民センターでシンポジウムが開かれ参加した。担当は古井副会長だが、福岡の萬年弁護士から声がかかったこともあり、地元の副会長として出席した。なかなか充実した内容で、勉強になった。パネリストとして、有名な杉良太郎が参加した。15歳のころから刑務所などへの慰問を続けているという体験にもとづく発言で、よく拘禁施設の実情をふまえていると敬服した。

長崎から、一方的な犯罪被害にあった女性が参加して体験にもとづく訴えがあった。加害者は懲役6年の実刑になって服役したが、もう出所した。被害者の自分は、今も火傷の治療のため手術をくり返し、生活にも困っている。にもかかわらず、加害者への賠償請求は無理だと弁護士に言われた。法律扶助もダメだった。本当に身につまされる話で、改めて弁護士会として法的措置がとれないものか、検討すべきだという声がもちあがっていた。

8月31日（土）

日弁連執行部は迷走している（？）

懇親会の席で、久留米の高橋弁護士から、『Eたより』は毎日読んでるけど、法科大学院の「バイパス」論にみられるように、日弁連執行部は迷走しているんじゃないの、と叱られた。

3000人合格を認めて、法科大学院でプロセスとして鍛えるはずだったのが、いつのまにか別に予備試験ルートという「超特急コース」もできたりして、わけがわからないまま、3000人増員だけが残ってしまった。ほれ、みたことか。いわんこっちゃない。そんな声があることをふまえての叱声。そうは言っても・・・、と私は苦しい弁明を述べた。すべては国会で決まる。政権党の力は強大。日弁連の力は小さいもの。要は、国民世論を、どちらがひきつけるか。どうせ、ろくな法科大学院なんて、できっこない。腕を組んで冷笑しながら高みの見物をするのだけはやめてほしい。なにしろ、私たちの後進の養成の問題。みんなで法科大学院の実務家教員を担うつもりで取りくむ必要がある。

9　月

９月１日（日）

『トータル・フィアーズ』

アメリカの都市（ボルチモア）でテロリストによる核爆発が起きる。９・11のＷＴＣ崩壊に匹敵するショッキングな映像。ヒロシマ級以下の威力ということになっているが、巨大なキノコ雲が都市を覆い尽くす様は、絶対に現実化してほしくない場面。この映画を見ながら、キューバ危機を扱った『13デイズ』を思い出した。ところが、解説によると、１９７３年の第4次中東戦争のとき、苦戦を強いられたイスラエルが挽回のために原爆で反撃する寸前までいっていた。核の「抑止力」なんて、本当にあてにはならない。使いたがる軍人の強気がまかりとおる危険があるとつくづく思った。「平和ボケ」と言われようと、核兵器を地球上から直ちに全廃すべきだという声をあげ続けたい。

柳絮

柳絮（りゅうじょ）は、のどかな春の風物詩。柔らかい綿毛を陽光に輝かせながら柔らかい曲線を描いて水面（みなも）へと降りるヤナギ類のタネ。『タネはどこからきたか？』（山と渓谷社）は、植物が動物も利用し、世界を旅し、勢力を拡げていく姿を、さまざまなタネの様子を活写しながら紹介している。生命の不思議さを実感させてくれるタネの百面相にふれてみた。

肥満ピンチ　9月2日（月）

いま深刻に反省している。1昨年のズボンがはけなくなった。昨年のズボンはようやくはける。かつてない事態。これは、私だけではない。佐伯副会長は4月から6キロ太った、成田副会長も同様だと、散々こぼしている。河原副会長は、今夏の全国法曹テニス大会で優勝できなかった（シニアの部）ことを嘆いている。これから早朝、日比谷公園を走るという。須須木副会長は肉類はなるべく食べないようにしている。私も、週1回は30分間泳ぐこと、夜遅くは食べず、小食にすることを決意した。

本庄保険金殺人事件の集中審理　9月3日（火）

夜、埼玉の高野弁護士から、本庄保険金殺人事件の刑事弁護の苦労話を2時間にわたって聞いた。さすが刑事弁護のプロ、ものすごく勉強になった。久しぶりに刑事弁護の講義を受けた気がした。

この事件では弁護人は冒頭陳述せず、被告人質問もしてない（裁判官による不意うち尋問が15分間あったが・・・）。検察官の冒頭陳述への認否もしていない。高野弁護士は罪体を争っている以上、争点整理は必要ないという考え。2000点からある調書をデータベース化し、反対尋問や異議中立で活用した。検察官は200頁の論告を棒読みして傍聴者を居眠りさせた。弁護人は600頁の弁論要旨をパワーポイントをつかってビジュアルに展開した。そのため、朝10時から夕方5時までやって傍聴人は誰も居眠りしなかったという。その弁論を見てみたかった。

毎日が日曜日

城山三郎の本の題名だが、私の最近の心境でもある。毎日毎日、いくつもの会議を日弁連会館内で渡り歩いていると、今日は何曜日だったっけと、つい忘れてしまうことがある。これは決して私がボケ（若年性痴呆症）にかかったわけではない。ほかの副会長にも同じようなことを言う人がいる。もちろん、毎日、自分の手帳でスケジュールを確認しながら行動している。それでも、法廷に立つ緊張感がないため、曜日の実感がしてこない。依頼者から「大金」をいただいて法廷に立って証人尋問したり、裁判官と求釈明問答をしたりするのは、とても緊張するもの。その緊張感が、今はほとんどない。その意味で、会議に出ているだけでよく、依頼者との折衝・相手方との駆け引きのような息づまる思いをするメリハリがまったくないので、まるで毎日が日曜日のような錯覚にとらわれてしまう。

9月4日（水）

労働検討会

労働検討会で、フランスの労働審判所の実情の報告があった。フランスでは年間16万件もの労働事件が特別裁判所である労働審判所（全国271ヶ所）で扱われている。労働審判官は労使双方7000人ずつが選挙で選ばれ、合計1万5000人ほどいる。審理期間は平均10ヶ月で、解雇事件が8万件、賃金未払いが4万件。日本でも、このような特別の裁判所をつくるべきではないか。日弁連は、労働参審制をめざしている。終了後に懇親会があり、斉藤参事官が、労働参審制を実現するには労使双方がよくよく意見を一致させないといけない、検討会の議論だけでは足りないと強調した。

モノ書きは筆を選ぶ

私はすべて手書き。弁護士になりたてのころは、エンピツ（2B）で準備書面を書いて、そのままコピーを4通とって裁判所へ提出していたこともある。その後、ぺんてるふでペン（極細）を長く愛用した。最近は、パイロット直流式・水性サインペン（中字）をよく使うが、この『Eたより』の原稿はゼブラの水性ペン（0・7）で書いている。また、小説の原稿は、三菱ユニボール・シグノ（極細）で書く。思考が中断しないためには、サラサラと流れるように字の書ける水性ペンがちょうどいい。書く気分が長続きするよう、色も黒でなく、ときどき変える。ブルーブラックとグリーンブラックが私の好み。レッドは校正用で、赤ペンをもつと浮き浮きした気分になる。

9月5日（木）

日弁連の広報メディア戦略

夜、電通のPR会社を招いての広報メディア戦略会議が開かれた。日弁連はテレビなどのマスコミ媒体をつかっての広報活動が下手だという定評がある。そこで、プロを呼んで意見を聞いてみた。

この電通PR会社に依頼すると、一ヶ月50万円かかる。果たして、そんな大金をかけて、PR会社に依頼してよいのかという疑問もある。もちろん、高すぎるが、そんな発想も必要だ。

いま、雪印、日本ハム、東電その他の大会社で不祥事が続出し、社長が次々に頭を下げている。あの記者会見の背後には必ずPR会社が控えている。裁判員制度のPRのため、テレビの活用（1000万円以上のお金がかかる）とあわせて、劇団による全国行脚をしてみようという話になった。

事前研修

司法試験に合格した人について、司法研修所へ4月に入所する前に、何日間か弁護士会と法律事務所で研修する機会をつくっている。これは司法修習の期間が1年半に短縮されてから始まったもの。九弁連でも実施している。事前研修のとき、出身地の法律事務所で研修して、「田舎でもやれる」と確信して、すぐに就職を申し込んだという実例もあり、成果をあげている。
ところが、仙台弁護士会では、忙しいので、こんな事前研修なんか、やっていられないと拒絶している。東北地方は増員反対ムードが強いが、そんな消極姿勢では偏在克服は及びもつかない。

9月6日（金）

弁護士報酬ガイドライン

午後から、弁護士制度改革推進本部の第3部会が開かれた。福岡の橋本弁護士が「弁護士報酬ガイドライン」の原案をつくってきたので、それも検討した。あれこれ勝手な注文がついて、「原案をひとりでつくったのにみんなから叩かれて気の毒だ」という感想が出た。決してそうではない。すごく良くできた原案だったので、みんなが注文をつけやすかっただけ。

9月7日（土）

法科大学院の奨学金・ローン

入学定員を50人としたとき、法科大学院は、教員人件費（2億円弱）をふくめて、3億円から4億円かかると試算されている。つまり、学生1人あたり270万円ほどの経費となる。
そこで、奨学金を月20万円（年240万円）としたら、返済額は3年間で758万円ほど（年利0・5%）。もちろん、それだけでは生活できないので、生活費のための教育ローンを400万円借りるとしたら（年利2・1%）、返済総額は1224万円となる。金持ちの子弟しか入れないようにしないための取り組みが必要。

公証人の公募

全国の公証人は531人。そのうち法曹有資格者のポストが7割（378人）は、検事・判事が独占しており、弁護士は25年間、就任した実績がない。また、残り3割は法曹資格のない特任公証人で、無試験のまま法務局職員、検察事務官、副検事、裁判所書記官OBが任命され、独占してきた。

法務省は、公募制にふみ切った。法曹資格の公証人は30人で、法務省が面接で選考する。特任枠25人についても、「15年以上の職務経験」を条件として明記し、司法書士や企業法務も含めることになった。そのうえ、年1回の選考試験を実施する。公証人の任命過程が透明化するのはいいこと。これまではキナ臭い噂が多すぎた。

弁護士の前職内訳

簡判・副検事を退職した人に弁護士資格を付与するかどうかが大きな問題になっている。そのとき必ず問題になるのが弁護士法5条3号。つまり、司法試験に合格していなくても弁護士になれるじゃないか、ということ。現在、弁護士は1万8837人いるが、そのうち法5条3号による弁護士は223人（1%）。ちなみに、判事出身は973人（5%）。検事出身は784人（4%）。

9月8日（日）

切り抜き

出張が多くなって困ることは、新聞の切り抜きができずに新聞がたまってしまうこと。私はテレビを全然みないかわりに、新聞は全国紙3紙、ブロック紙1紙、地方紙2紙をとって読んでいる。毎日2時間近く丹念に精読していて、何かの特集記事や貴重なデータとして保存すべきだと思った記事は、この20年来、切り抜いてファイル化している（切り抜くのは私で、台紙に貼るのは事務職員の仕事）。新聞記事は貴重な情報源だし、モノ書きとしては、これがないとデータ不足で筆がすすまない。お盆休みに2日間、7時間ほどかけて6月以来たまっていた古新聞の山を片づけた。実は、切抜きの対象として、新刊本の書評がある。活字中毒症の私は、各紙の書評は見落とせない。書評で面白そうだと思った本は、ためらわず注文する。速読術のおかげて、あまり「積んドク」はしないですむ。

『ウィンド・トーカーズ』

太平洋戦争、サイパン島を舞台とした純然たる戦争映画。戦争の残酷さが実にリアルに、生々しく描かれているが、決して反戦映画ではない。憎きヒトラー・東篠の下の日本兵を殺すのは当然だし、アメリカ軍の暗号の秘密を守るのは至高の任務だとされている。日本兵がインディアンのようにバタバタと殺されていく。サイパン島に行ったことはないが、本来はのどかないい島のようだ。そこで、日米の若者たちが殺しあっていたなんて・・・。

『戦争広告代理店』

この本（講談社）の著者・高木徹氏は現在、ＮＨＫ福岡放送局に勤務中。２０００年10月のＮＨＫスペシャル「民族浄化へユーゴ・情報戦の内幕」を本にしたもの。ユーゴスラビアの内戦について、アメリカの大手ＰＲ企業と結びついて情報操作で世論を「セルビア＝悪玉」に導いていった過程が暴露されている。「民族浄化」「強制収容所」などの言葉がキャッチコピーとして練りあげられ、写真のキャプションや証人が簡単につくり変えられ、マスコミが踊らされ、またマスコミが狂奔していく有り様に、心寒い思い。

早朝トレーニング

出張するときは朝6時に起きて、30分ほどフランス語を勉強している。NHKラジオ講座のCDを聞いて、テキストを書き写す。宮崎の松田弁護士も同じように早起きして英語とハングル語を勉強している。そのうえ、ピアノの練習までするというのでとても真似できない。有名な大平光代弁護士は、『応援します、あなたの旅立ち』（講談社）によると、日曜日を除いて、毎日、午前4時から6時まで語学の勉強をしている。英語、韓国語、中国語ができる。これからフランス語とイタリア語にも挑戦するとのこと。まったく、すごい女性。

『ボノボ』

ピグミー・チンパンジーと呼ばれたこともあった。今では、ヒトにもっとも近い類人猿として有名。この本（TBSブリタニカ）は、『政治をするサル』（平凡社。とても面白い本。サルと人間がいかに近い存在か、実感できる）の著者であるフランス・ドゥ・ヴァールによる、写真集みたいな本。詳しく文字で紹介するのははばかられるが、ともかく、いかにも人間的な生態。

9月9日（月）

25日のバカンス

夜、羽田空港で北九州の加藤弁護士と帰りの飛行機が一緒になった。今年の夏はドイツで25日間過ごしたという。私の本（『法律事務所を10倍活性化する法』）を読んで、さっそく実践したそうだ。たっぷり心身を休養させたので、9月から例年になく快調らしい。

私も、10年ほど前、フランスに40日間いたことがある。南仏・エクサンプロヴァンスで外国人向けの夏期講座に参加した。本当に生命の洗たくだった。今も楽しい思い出。やっぱり、ときにはたっぷり休養してリフレッシュし、英気を養いたいもの。

9月12日（木）

暗いうちに家に帰りたい

経済産業省の3階にある原子力安全・保安院へ日弁連会長声明を持参して申し入れた。

日弁連は、原子力発電所については新増設に反対、既存のものは段階的に廃止すべきだと2000年の人権擁護大会で決議している。今回の会長声明は原発での損傷かくしを許さない立場から、評価委員会に福島県など関係自治体および日弁連の推薦する委員を加えること、疑惑のある原発を直ちに停止して総点検することを求めている。応対した片山審議官は、「胸に手をあてて問題があると思ったら届け出るように指導している」と述べた。同行した海渡弁護士が、「なぜ生データの提出を求めないのか。そういうことでは保安院の存在意義はない」と語気鋭く詰問する。

申し入れ前の雑談のとき、広報担当の課長補佐が「暗いうちに家に帰りたいという心境です」とつぶやいた。毎日、午前様。それも明るくなって、始発から2本目くらいの電車に乗って家に帰り、風呂に入って30分ほど横になったら、また職場に戻るという生活が1週間以上続いているとのこと。まさに過労。頭がもうろうとしてきて、泣き上戸が出たり、心身の異常を訴える職員が続出しているという。大変な職場だ。とは言っても、だから保安院のでたらめを許すというのではない。

ごまだれせいろ

手打ちめんのうどんは少し固め。包丁の切れあとが残るような角がある。ごまは、小さな鉢に入っていて、小さな木のすりこぎ棒がついている。自分で一生懸命する。まさに、ごますり。つゆにごまとネギを入れて、冷やしたうどんをつけてすする。なんとも言えないのどごしの感触が心地よくおなかにおさまっていく。残ったつゆに、熱い蕎麦湯を注いで、つゆを飲み干す。お昼に味わう至福のひととき。弁護士会館の蕎麦屋は、なかなかいける。このところ、ごまだれうどんにはまっている。

銀座のタクシー乗車拒否

夜、銀座で私の歓迎会が開かれた。同期（26期）で横浜修習を一緒にした仲間を中心に12人も集まってくれた。およそ20年ぶりに会う人もいて、お互い、シラガが目立つね、苦労してるんだね、いや、頭髪があるだけ、まだ苦労が足りないよ、とか近況報告しあった。東京近辺で弁護士活動していて、日頃は弁護士会の会務と縁のないところで地道にがんばっている人が半分ほどいた。彼らから、司法改革の行方についての情報が少ないと責められた。私は、それなりにFAXニュースなどで情報を流そうとしているんだけど・・・と弁明につとめた。たしかに大東京にいると、かえって司法改革が見えにくいのかもしれない。二次会で銀座7丁目の小さなスナックに流れた。銀座はすごい人出。「不景気・日本」はどこへ行ったのかと不思議な気がするほど。

9月14日（土）

巨大会計事務所

世界の「ビッグ4」とか呼ばれる巨大会計事務所が法律事務所を次々に傘下におさめている。この会計事務所は、実はコンサルティング業務に急速に傾斜していて、もはや「会計」事務所ではない。最近のデータでは、ＫＰＭＧでは会計監査による収益は全収益の62％ほどで、アーンストヤングは57

%、エンロンを監査していたアンダーセンは46％、プライスウォーターハウスは40％、デロイト&トウシェにいたっては33％にすぎず、あとは、各種のコンサルティング業務で稼いでいる。

アメリカの巨大会計事務所は、すでに80年代から倫理規定がうるさく辛気くさい会計監査よりも、ダイナミックでもうけ幅の大きいコンサルティングに急速に傾斜してきた。日本の外国弁護士問題の根もここにある。『文芸春秋』9月号の「無敵アメリカ経営が墜落する」を読んで知った。

当番弁護士の出動状況

日弁連は1995年6月に当番弁護士など緊急財政基金を設立し、全国の小規模単位会（今年は20会）に財政援助している。本年度は、総額で1600万円ほど。ところで、当番弁護士の出動状況は、昨年（2001年）は4万7143件だった。1991年が1万4007件だったから、3倍以上の伸び。そのうち、被疑者弁護援助件数は昨年は5901件。1994年は1775件だったから、これも3倍以上にふえている。少年付添扶助件数は昨年が2282件で、1994年は548件だったから、こちらは4倍以上。

9月15日（日）

大韓弁護士協会との交流会

朝10時から、日弁連会館において、今年で16回目になる大韓弁護士協会との交流会が開かれた。日本側からは、法曹養成制度の改革、ゲートキーパー問題を報告した。韓国では司法試験の合格者が少し前まで300人だったのが今年は1000人となった。弁護士人口も急速に増え、今は5100人。そのうち3500人がソウル弁護士会に所属。韓国でも法科大学院の構想がもちあがったが、弁護士会の強力な反対運動にあって、頓挫した。いったいそんなに弁護士を増やして、日本の弁護士は食えるのか、という質問も出た。ゲートキーパー問題については、大韓弁護士協会には何の情報ももたらされていなかった。日弁連が情報を提供したことを大いに感謝された。夕方4時まで意見交換したあと、浦安のホテルでの懇親会に移動した。私は、ここで帰福。翌日は、ゴルフ組とディズニーシー見物組とに分かれ、それぞれ副会長が同伴。これも副会長の仕事のうち。

『日本の刑務所』

岩波新書（02年7月刊）。日本の刑務所は、そこに入ると同時に、いかにその者の社会復帰を妨げるかに、すべての施策が向けられているとでも言いたくなるような現状。刑務所で働く職員の苦労は本当に大変だと思う。それでも、あまりにも閉鎖した社会であってよいのか疑問だ。

現在の受刑者（4万7000人強。ちなみに未決は1万人）の特色は、頻回受刑者（全体の52・5%。5度以上が3割以上）、高齢者（60歳以上が9・3%）、薬物犯罪者（4人に1人）、そして暴力団関係者（4人に1人）が多いということ。

この本を読んで、いくつか認識した。その1は、欧米では、受刑者にも選挙権があり、刑務所内で不在者投票している。その2は、刑務作業について、欧米では一般社会の労働者と同等かそれに近い雇用条件となっている。その3は、欧米では第三者機関による監視が一般化しつつある。

日本の刑務所では、個人的な生活領域がなく、他律的で受動的な生活をするため、主体性が失われ無気力になりがちで、外部から隔絶した特殊な刑務所社会への順応が社会復帰の妨げとなっている。

『ニッポン監獄事情』

こうだん（交談）、がんせん（願箋）、ふきしん（拭き身）、べんすい（便水）。塀の内側にのみ通用する業界用語。日本の留置場は全国に１２８８ヶ所、年間のべ43万人、１日平均１１００人が収容されている。刑務所は64、拘置所１１７、少年刑務所８、合計１８９の刑事拘禁施設がある。そこに１万５０００人の刑務官が働いている。人員不足のため、いつも募集中。これらの矯正施設は、年間１０億円（うち刑務所は99億円）の作業収入を得ているのに、それをうみだした被収容者に支払った作業賞与金は、わずかに15億円でしかない。搾取というより、まるで奴隷労働。この本（平凡社新書）と『パリ・サンテ刑務所』（集英社）とを読んで比較してほしい。

『少年事件付添人マニュアル』

やっと日本評論社から出た。付添人の心がまえなどのハウツーのなかに、実際のケースの顛末が語られているのが面白い。少年事件の全件付添で、がんばっている福岡県弁護士会の子どもの権利委員会のメンバーが全力あげて、その蓄積したノウハウを一挙全面公開した。ズッシリ中味がつまった２８６頁、２０００円。私は、日弁連会館内で48部売っ（押し付け）た。本林会長と大川総長の２人は、私が会館内を本の売り子として走りまわっているのを見て気の毒に思い、すすんで買ってくれた。

9月16日（月）

涙の大雨

午後１時から、雨のなか、故国武格先生のお葬式があり、参列した。国武先生には私は個人的にも大変お世話になった。お見舞い謝絶と聞いて、ときどきハガキで近況報告したところ、元気なお手紙をいただき、喜んでいた。国武先生の大きな包容力を裏づけるように、大雨のなか多勢の方が参列にかけつけられた。篠突く雨のなか、出棺を見送った。まさに涙の大雨だね。福岡の某会員がボソッとつぶやいた。国武先生の弟さんのご挨拶にあったが、65歳は早過ぎる。国武先生も残念無念だったと思う。

亡くなられる直前、国武先生は、お葬式の祭壇に飾る遺影の写真を自分で選び、死亡通知の連絡先まで口頭でリストアップしたとのこと。さすが実務に長けた先生ならではのエピソードだ。

9月18日（水）

マスコミ論説委員との懇談会

夕方5時半から、司法改革実現本部のメンバーとマスコミ論説委員との懇談会があった。朝11時から、ずっと会議、会議の連続だったから、さすがに夜8時に終わったときには、ぐったり疲れてしまった。それにしても、たっぷり刺激を受けることができた。いかに私たちが弁護士としてもギルド意識が強いのか、世間の感覚とずれているのか、再認識させられた。

裁判官の給与があまりにも高いことが話題となった。新任の判事補の月給は23万円、11年目の新任判事は59万円、最高裁長官は230万円。こんど、史上初めて、ほかの公務員と同じく2・03％減額される。判事1年目で、他の官庁の部長級の指定職となり、判事一号俸で定年を迎えると退職金が1億円をこえる。大蔵省の事務次官より高給優遇されているから、かえって予算獲得のときに頭が上がらなくなる。最高裁事務総局にいるときには裁判事務をやらないのに、なぜ裁判官と同じ高給で優遇しなくてはいけないのか。

9月10日（木）

ロングラン会議

朝9時から窓口会議が始まり、30分休んで10時半から正副会長会がスタートした。それが、なんと、夜7時になっても終らない。ふと窓の外に目がいったとき、日比谷公園の向こうの高層ビルの上にきれいな満月が煌煌とかがやいているのが見えた。

もちろん、途中で昼食休憩と小休止はある。ところが、ずっとずっと延々と会議をしても、なかなか終らない。おかげで、土曜日に日弁連理事会が終了した後に、正副会長会を続行することになった。

昼食は初めてのカレーライス。とても美味しいという前評判だったが、午前中の会議が延びたため、すっかり冷めていた。それでも、いつもの弁当よりはマシ。せめて昼食くらい、ゆっくり美味しいのをいただきたいもの。ところが、この日は、フランスのシャネ氏の表敬訪問に応対もしなければいけなくなり、一口二口食べたところで呼び出された。終ったときにはさらにカレーが冷えていた。

フランスの裁判官

夜、日比谷公園内の松本楼で国連の規約人権委員のシャネ氏を歓迎する夕食会があり、参加した。シャネ氏はフランスの裁判官出身。副会長として歓迎の挨拶をした。フランス語で挨拶しようと原稿を用意しかかったが、結局あきらめて、初めだけフランス語で話して、あとは通訳にお願いした。日常会話でもスムースでないのに、法律用語なんて、とてもとても。フランスの弁護士は大手会計事務所の傘下に入ってしまったが、日本ではそうならないように心がけていると話したところ、そのとおりだという言葉が返ってきた。フランスの裁判官は日本と違って国連人権規約をよく勉強しているし、そのための研修システムもととのっている。日本では、裁判官に対する人権教育がほとんどなされていない。これは、国連の勧告を無視しているということ。

9月20日（金）

自由権規約委員会

夕方6時から、自由権規約委員会のシャネ委員による講演会が開かれ、担当副会長として参加した。我ながら不出来の開会挨拶をしてしまった。講演の内容を事前につかんでいなかったせいでもある。閉会のときの神戸の藤原弁護士の見事な挨拶を聞いて、大いに反省させられ、勉強にもなった。

シャネ委員は、代用監獄は早くやめさせないといけないなど、鋭く問題点を指摘した。また、会場からの質問に対して、自由権規約の条文を引用しながらテキパキと回答し、さすがだった。たとえば、1審で実刑判決、2審でなお係争中の重大犯罪事件で、2年たっても接見禁止で家族が面会できない事件があるが、問題ではないかという質問に、それは自由権規約にたしかに反しているという明快な回答があった。日本の裁判官も、このように国際的な人権保障について外国で講演してまわれるようになってほしいもの。実現するのはいつになることやら・・・。前途は遼遠。

フランス語の講演を最前列で2時間にわたってシャワーをあびるように聞いた。日頃の勉強のおかげで、かなり聞き取れるが、日本語訳を聞いて初めてそういう意味だったのかと思うことがほとんど。

9月21日（土）

日弁連理事会

始まる前から、いつになく緊張感が漂っていた。20日の朝10時15分から始まり、夕方5時に終って、今朝10時から夕方4時20分ころまでかかった。

司法改革問題では、新しい司法修習の期間をどうするかが一つの焦点。法科大学院を卒業した人には1年の修習でよくても、一発試験の予備試験組にも同じ1年でいいとは言えない。しかし、ひょっとすると、3000人ほどの実務修習生を受けいれなければならなくなる。果たして、そんな人数を収容できるのか。今の1200人だって既に弁護士会は各地でアップアップしているのに・・・。

国際化問題では、ついに日本の弁護士と外国法律事務弁護士との共同雇用を認めることに踏み切った。自民党では、外国弁護士による単独雇用まで認めろ、という強硬意見がまかりとおっている。

もっとも意見が対立したのが新しい仲裁法制に消費者保護の規定をどう盛りこむか。執行部としては、検討会の雰囲気も考えて一律無効ではなく、解除できるという案を提案したが、無効にせよという強い反対意見が相次いだ。埼玉の柳理事から、これほど各会から強い反対意見が出ているのを執行部が無視するのはよくないという鋭く、かつ正当な指摘があり、執行部は25分間の休憩をとって、結局、無効論に譲歩することになった。理事会の承認を得て、やれやれという雰囲気で終った。

Nシステム

Nシステムって知ってる？　道路（高速道路だけではない。一般道路にもある）の上方にずらりと小型のカメラが並んでいる。Nシステムは、すべての車両の移動をTVカメラとコンピューターによって監視・記録保存する警察庁による国民車両移動監視記録網。全国に少なくとも540ヶ所設置されていて、運転者と助手席の同乗者が撮影され、ナンバーとともに、年月日、時間が記録され保存されている。これまでNシステムに保持のため500億円以上使われているが、警察はその全貌を明らかにしていない。

顔認識技術というソニー・オムロンが開発しているシステムと結びつくと、顔写真データを監視カメラのバックアップシステムに入力しておけば、その人物がそこを通りかかっただけで、瞬時に察知できる。人の顔の変わりようがない部分を抽出する技術なので、これは歳をとっても逃げられない。住基ネットシステムと結合したら、本当に怖い世の中になる。

兵役回避者ほど先制攻撃を叫ぶ

アメリカでイラクの先制攻撃を声高に叫んでいる人々は、実は、そのほとんどが青年時代に兵役のがれをしていたことがアメリカで問題になっている。前のクリントン大統領もベトナム戦争に行かず問題になっていたが、今のブッシュ大統領もテキサス州兵になってベトナム行きを逃れた。チェイニー副大統領は徴兵猶予をくり返し、ラムズフェルド国防長官は朝鮮戦争の兵役を逃れている。イラク主戦論者の議会指導者（ロット上院院内総務、ハスタート下院議長、ディレイ下院副院内総務）も、みな軍隊未経験者。かえって軍隊経験者の方が対イラク戦争に慎重論。パウエル国務長官、スコウクロフト元大統領補佐官、シュワルツコフ将軍など。自分は戦場に行かないでおいて、青年たちを戦場に駆りたてようとする人々は、まさに鉄面皮な連中だ。

巨星、墜つ

9月22日（日）

故荒木邦一先生のお葬式があった。荒木先生には生前、本当に大変お世話になったし、いろんな思い出がある。中国旅行を2週間ご一緒させていただいたのもそのひとつ。

身体に似合わず繊細な神経、そして文字どおり豪放磊落なお人柄だった。多方面にわたる豊富な人脈を反映して、式場には人が溢れ、超満員だった。直前まで仕事を平常どおりこなし、まさかの急死。福岡の加藤弁護士のお言葉にもあったが、本人としてもさぞかし残念なことだったと思う。本当に悔やまれてならない。本林会長が東京から駆けつけ（土屋元会長も参列）、福岡空港への帰りに故国武格先生の自宅に案内した。
　福岡で相次いで元会長２人が亡くなったことは、全国に多大のショックを与えた。それでも、残った私たちが両先生の遺志をきちんと受け継ぎ、司法改革その他の分野でがんばるしかない。

ピンクのバラ 　**９月23日（月）**

　秋分の日に久しぶりにガーデニングにいそしんだ。夏のあいだ目を楽しませてくれたヒマワリも終わりかけ。２メートルほどの高さだから、幹は太く、根がはって、とても引き抜けない。地上部分を切り倒した。おかげで庭がスッキリ見通しが良くなった。
　そろそろ来春に向けてチューリップの球根を植えなければならない。庭を耕し、堆肥を埋めこんで、準備する。腰が痛くなる作業だが、毎年３００本の色とりどりのチューリップを愛でることができるので、労をいとわない。庭の隅の方にバラの花が咲いていた。なまめかしいピンク色。まったく消毒もしないのによく咲いてくれた。よく咲いたね、可愛いよ、とほめてあげる。

芙蓉と木槿

　夏のあいだ花を咲かせず、今年は花が咲かないのかと心配させた芙蓉が、９月に入って次々に淡いピンクの大きな花を咲かせている。隣家の庭には、花が似ている木槿が咲いている。こちらは、無窮花（ムグンファ）とも呼ばれる韓国の国花。花は似ているが、葉の形が全然違う。初めは見分けがつかなかった。芙蓉の葉は手のひらくらいの大きさで、木槿の葉は小さいので、まったく異なる。

サルスベリの木も、白と濃いピンクの花を咲かせている。幹が虫喰い状態になっていて、枯れるんじゃないかと気を揉んだが、なんとか大丈夫のよう。アンデスの乙女という木がある。エニシダのような小さくて黄色い花をびっしり咲かせる。あまりに花が多くて頭が重くなったのか、木が傾いてしまった。あわてて杭をたててヒモでひっぱって起こしてやった。9月半ばを過ぎて、再びエンゼルストランペットが一斉に黄色い花を咲かせはじめた。四季折々の花を楽しめるというのは本当にいい。

ホッキョクグマ・雄クラブ

雄たちのレスリングは、お気に入りの気晴らしだ。残酷な闘いに見えても、実は暗黙のルールを守り、本気で相手を咬ことも、叩くこともない。真剣勝負を交えることもなく、相手と自分との力関係を悟って、社会生活の過ごし方を学ぶ。レスリング・ゲームを通して、殺しあいを避け、獲物や雌をめぐる争いを決するルールを学んでいく。楽しそうにレスリングに興じているホッキョクグマが、写真集『ホッキョクグマの王国』（文一総合出版）に紹介されている。ホッキョクグマも近い将来、絶滅が心配されている。母子の寄りそう、ほほえましいシーンなど、よくも、写真撮影できたものだ。

『ディア、アメリカ』

ベトナム戦場からの手紙２０８通をのせた本（現代書館）。ベトナム戦争は、私が川崎市で弁護士になって2年目、１９７5年5月に終った。その年のメーデーを心から祝ったことを今もはっきり覚えている。ベトナム戦争に派遣されたアメリカ人は２９０万人にのぼる。5万８０００人が亡くなり、

30万人が負傷した。

ママの手紙を読んでるときだけ、ぼくは普通の人間に戻れる。誰かを殺さなくてすむし、殺される心配もない。その瞬間は銃も手榴弾も必要ない。短い睡眠時間も楽ではない。いつ自分のところに迫撃砲がくるかもしれないことを常に怖れている。それは死ぬほど正確だ。南ベトナムのアメリカ人にとって、夜ぐっすり眠るのはありえないこと。この国は、僕の見る限り、利がないよ、パパ。ぼくたちは、ぼくたちの存在を憎んでいる連中のために、戦って死んでいるんだ。

『ナウシカの新聞広告を見たことがありますか』

面白い本（徳間書店）。宮崎駿のアニメは夢とロマンが感じられ、私は大好き。「風の谷のナウシカ」「天空の城ラピュタ」「となりのトトロ」「火垂の墓」「魔女の宅急便」「紅の豚」「平成狸合戦ぽんぽこ」「もののけ姫」「千と千尋の神隠し」みんな、それぞれに面白く、アニメっていいなと、胸をワクワクさせながら観た。なかでも「火垂るの墓」は可哀想でたまらなかった。ただし、あまりに泣ける映画なので、2度と見る気はしない。高2の娘に見るよう強くすすめているが、逃げまわっている。大人になるイニシエーション（通過儀礼）にふさわしい映画だ。この本は、映画の新聞広告の製作過程とキャッチコピーのつけかた、イメージ宣伝のしかたを明らかにしたもの。

『司法が活躍する民主主義』

フランス映画では、弁護士は金銭欲が強く、臆面のない、依頼者の奴隷として描かれる。フランスでは、弁護士は寄生虫としか思われていない。コンセイユ・デタや大学と比較して、弁護士の影響力は低い。弁護士会の政治的影響の喪失は、比較的最近のことだが、フランスの特徴だ。弁護士会は、生き残るために、ビジネス関係の法に多くの力をそそぐことを余儀なくされ、人の防衛に手がまわらない。弁護士会は、ほとんどの改革の影響を受けているが、法の力が上昇した利益を、集団として得ているようには見えない。法エリートの欠如は、外国ローファームに絶好の餌食を提供した。

この本（勁草書房）は、「司法介入の急増とフランス国家のゆくえ」という副題で、私の4歳下の元判事が書いた。弁護士の人数はフランス並みをめざすことになっているが・・・。フランスの弁護士の評判を聞くと、まるでトホホ。

9月25日（水）

文殊が3人

日弁連執行部がFAXで全会員に月2回流しているニュースは、副会長全員で知恵を寄せあってつくっている。私がニュースの原案を示し、それから最短で3日、だいたい4日かけて手直しして配信にこぎつける。最終的には会長と総長がチェックする。初めは、入力は外注していたが、時間がかかりすぎるので、広報室に外部から派遣社員（木下さん）を入れて担当してもらっている。レイアウトのセンスがいいので、手直しはスムースにすすむ。対外折衝の途中で微妙な問題が多いので、ニュースの表現には分かりやすさと、正確さをモットーとしているが、それだけでなく、いろいろ気をつかう。否定的なニュアンスを出すのか肯定するのか、知恵をしぼる。夕方、私と岩本副会長、須須木副会長の3人で額を寄せあって、最後の手直しに知恵をひねっていると、「3人寄れば文殊の知恵だな」という声がかかった。「いえいえ、文殊が3人ですよ」と即座に言い返した。もちろん冗談だが、ない知恵をしぼってはいる。

9月20日（木）

関弁連大会

つくば市で開かれた関弁連の定期大会に参加した。26日夜の前夜懇親会に間にあうよう、東京駅八重洲口から夕方5時発のハイウェイバスに乗った。片道1250円。65分かかる。隅田川沿いにバスは走っていく。対岸の護岸コンクリート敷きには青いテント小屋が切れ目なく並んでいる。ホームレスの人々が住んでいる。工事現場みたいなところにはテント小屋の集落もあり、おっさんたちが立ち話をしている様子も見えた。川面には平底の遊覧船も行きかっている。心配したほどの渋滞もなく、夕方6時に「つくばセンター」に到着した。

9月27日（金）

朝8時からの正副会長会

朝8時から正副会長会がスタートした。いつも正副会長会は時間不足なので、前夜から全員泊りこんでいるときには会議を早めようと岩本副会長が提案した。シンポジウムに参加しないで会議をすることになる。この日は、午後2時から関弁連定期大会が始まるので、午後1時半まで会議を続けた。昼休みも、昼食をとりながら会議を続けた。いつもと違って美味しい松花弁当だった。

議題はいくつもあり、尽きることがない。結局、12月5日に臨時総会は決行することになった。執行部が弱気になっていると思われてはまずいという配慮もある。

9月28日（土）

知的財産権

大学の企業に対する特許ライセンス件数は、1994年以降の累計でアメリカが1万5480件に対して、日本は223件にすぎない。ところが、実は、日本の出願件数は断然世界トップの44万件。審査官は1人あたり、アメリカの2倍強の件数を処理している。弁護士で弁理士登録しているのは、全国に300人しかいない。

特許侵害訴訟で賠償額は、シメチジン事件で30億円、パチスロ事件で84億円と、高額化する傾向にある。侵害訴訟を審理する裁判所は、特許権の無効審決が確定するまでは、たとえ明白な特許無効理由があることを認定できる場合であっても、有効なものとして権利侵害を容認しなければならないという不合理がある。そこで、最高裁は、キルビー特許事件判決（2000年4月11日）で、「特許に無効理由が存在することが明らかであるときは、権利の濫用にあたる」として、制度的な不合理を解決した。竹田弁護士の論文（8月28日の読売新聞と月刊・経済トレンド9月号）による。

判事・検事の年俸

最高裁長官の年俸は2764万円、最高裁判事は2018万円。高裁長官は東京が1932万円、そのほかは1790万円。検事総長は2018万円、次長検事が1650万円。検事長は東京が1790万円で、そのほかは1650万円。ちなみに、弁護士の平均売上高は3163万円。

東京・原宿に大規模留置場を新設

東京都は、深刻な留置場の不足を理由として、600人を収容する警察留置場を原宿駅から徒歩10分の日本社会事業大学跡地に新設しようとしている。昨年12月、都内の留置場には1日あたり2490人の在監者がいた。10年前（1991年）の2・6倍に増加。過去3年間の平均伸び率8・5％を前提とすると、2006年には5000人、2008年には10000人をこえる収容能力不足が生じることになる。しかし、これについて、日弁連は数字のまやかしがあると批判している。たしかに留置場の被拘禁者はこの10年間増えているが、その大部分は留置後の被疑者（1・90倍）と起訴後の被告人・受刑者（3・73倍）の増加によるものであって、留置場本来の拘禁対象である被逮捕者の増加は1・22倍にすぎない。しかも、前2者の合計数と被逮捕者数との比率は10対1。だから、現在求められているのは、留置場ではなく、拘置所の増設。

10月

台風で欠航

10月1日（火）

福岡の常議員会が終り、上京しようとして福岡空港に着いて驚いた。東京行きの便が全便「欠航」と表示されている。何事がおきたのかと訝しんでいると、東京に台風が直撃しようとしているという。水不足の福岡は、この日もいい天気だったので、台風のために欠航するなんて意表をつかれた。福岡に泊まって早朝の便で行くことにしたが、表示を見ると名古屋までは飛んでいることが分かったので、名古屋に向かう。駅前の安いビジネスホテルに泊まったら、ものすごくカビ臭い部屋で閉口した。翌朝7時26分発の「のぞみ」で上京し、朝9時からの「窓口会議」に30分だけ遅刻した。

法律相談料などのカード決済

10月2日（水）

弁護士報酬規定に代わる「目安」づくりを検討する部会が開かれた。「目安」づくりのためのアンケート項目が確定し、全会員にアンケート用紙が届いている。11月初めの締め切りで、なかなか面倒なアンケートの内容だが、今後の弁護士報酬のあり方に関わるものなので、よろしくお願いしたい。

ところで、弁護士がカード会社と提携して法律相談料や着手金、報酬をカード会社からもらえるようにならないのか、という問題がある。これは、10年前の日弁連会長の通達によって禁止されている。

しかし、市民のカード利用が日常茶飯事となった今日なお禁止を維持すべきだろうか。大勢としては解禁する方向の雰囲気だ。ただ、カード利用による個人情報が流出していく危険性、依頼者の途中不払いのリスク負担などが問題点として指摘され、引き続き検討することになった。

新しいパンフレット『司法が変わる。日本が変わる。司法を国民の手に』　10月3日（木）

日弁連の司法改革の取りくみについて、市民向けのわかりやすいパンフレットがなかった。司法改革実現本部の杉井事務局長が原案をつくったものを私が文章を削ってレイアウトを考えたりして、体裁を整えた。印刷会社の専門のデザイナーに頼んで、それなりのパンフレットになった。

それにしても、活字が多すぎるパンフレットだ。もっと活字を減らし、絵（カット）を入れて市民が手にとってみようと思わせたい。しかし、日弁連としては、言うべきことがたくさんあって、活字を削るのも容易ではない。マンガの描ける弁護士を捜し、腕を発揮してもらうことも考えてみたい。

秋の香り、キンモクセイ

日比谷公園を歩いていると、キンモクセイの甘い香りが鼻腔を心地よくくすぐる。周囲を見わたしても見つからない。なんと頭の上にあった。山吹き色の花が満艦飾。隣に白いギンモクセイの木まである。草むらに昼間から虫の音がして、もうすっかり秋の気配。私の日弁連副会長としての任期もあと半年。ときのたつのは本当に早い。

10月4日（金）

中国地方弁護士大会

広島で中国地方弁護士会大会が開かれた。この日も、つくば市での関弁連大会のときと同様、朝8時から正副会長会が始まり、12時半まで会議をしていた。

中国弁連の総数は563人。多い順にいくと、広島270人、岡山172人、山口76人、鳥取24人、島根21人。昨年の新入会員は17人で、広島8人、山口4人、岡山2人、鳥取1人となっている。5県あわせても福岡県弁護士会の会員数より少ないが、大会では活発な議論がなされた。といっても、いつも発言している岡山の河原弁護士と山口の於保弁護士が、日弁連副会長と在職40年表彰ということで発言しなかったため、物足りなかった気配。島根の妻波弁護士が代わって頑張っていた。

私は、懇親会の途中から抜け出し、夜7時半のレールスターに乗って帰宅した。

10月5日（土）

ひまわり基金

日弁連が公設事務所などを援助するために設置している「ひまわり基金」は本年度への繰りこし金が2億5000万円ほどだった。本年度は、公設事務所関係で3ヶ所（九州の人吉と日南のほか、熊野）に2300万円が支出されている。センター拡充型の公設事務所として3ヶ所（九州の対馬と壱岐のほか、宮古）に同じく2300万円の支出がある。本年度の収支は収支トントンの見込み。

今後の予想だが、公設事務所については、来年度は新設10ヶ所と石見・紋別の引継があり、2004年度は、さらに新設10ヶ所のほか、石垣・遠野・北上の引継が必要で、結局、33箇所にまで拡充の見込み。

法律扶助・・・破産と離婚

民事法律扶助のうち代理援助は約3万件 。このうち破産が7割以上を占め、家事が15％となっている。6年前の1996年に自己破産は2651件、離婚は1627件だった。昨2001年には、離婚も2倍の3206件に増えたが、自己破産は7倍以上の1万9854件となっている。

民事法律扶助への国庫補助

来年度の概算要求で35億2800万円。1999年度は9億5000万円（代理援助1万2000件、自己破産7000件）、2000年度は20億4800万円（116％の伸び。代理援助は2万件、自己破産1万1000件）、2001年度は25億7500万円（26％の伸び。代理援助3万3000件、自己破産2万2000件）、2002年度は30億円。償還金収入の方も増える見込み。本年度は29億円だったが、来年度は38億円になるだろう。合計すると本年度は59億円で、来年度は73億円の見込み。

日本女性法律家協会

裁判官132人、検察官41人、そして弁護士は868人、また、学者が27人、合計1068人の会員。1950年に婦人法律家協会として発足したときの会員は10人。『女性弁護士物語』（日本評論社）を読むと、苦難のなかを日本の女性弁護士ががんばってきた歴史をたどることができる。

10月6日（日）

『公事宿事件書留帳』

幻冬舎文庫からシリーズで出ている。澤田ふじ子の描く江戸情緒たっぷりのショート・ストーリーを堪能できる。いま6巻まで出て、私は全巻読んだ。「公事宿（くじやど）・鯉屋」の居候・菊太郎が刑事コロンボよろしく難事件を解決していく。江戸時代に民事訴訟がたくさんあって、公事宿が活躍したこと自体は歴史的な事実。江戸時代の裁判を馬鹿にしてはいけない。

イギリスの刑務所

西日本新聞（8月16日）によると、イギリスの刑務所も記録的な超満員となって、技能訓練やカウンセリング治療が十分できないことが問題になっている。イギリスの刑務所の収容者数は7万1000人で、この1年間で4000人ふえた。イギリスでは、このため、技能訓練が週1回しかできなかったり、性犯罪でのカウンセリング治療が対象者の17％しか実施できない。イギリスでは受刑者同士の暴力事件が10％以上増加している。イギリス映画『父の祈りを』を思い出した。本当にいい映画だった。

『アブラムスの夜』

次々に無惨な殺人事件が起こり、警察内部は成績をあげるための陰湿ないじめが横行。暗い気持ちで読みとおした。著者によると、「この物語は、疲弊した現代社会のなかで、日々労する者への賛歌です」というのだが、これは「絶望の物語ではありません」と、わざわざ断わり書きが必要なほど絶望的な気分にさせられる推理小説。警察内部を舞台にしたものとして、高村薫の『マークスの山』は、すごいと思った。とても女性の筆になるものとは思えなかったが、この本（徳間書店）の著者・北村優も薬剤師をしている3児の母だと知って、その意外性に驚いた。

「今度のヤマはでかい。殺人1000点の2件、放火1000点の1件、重傷または刃物使用傷害

600点の2件。現認捜索逮捕で計4200点。交通違反の検挙点数の百倍だ。百倍。交通違反の切符切りなんか、ケッだ」

こんな点数システムがあることを初めて知った。ちなみに、アブラムスとはコウモリのこと。

『勝利の代償』

クリントン政権で労働長官をつとめたロバート・B・ライシュがアメリカ社会を分析し、コミュニティ・家族・個人の将来を鋭く分析・警告した本（東洋経済新報社）。450頁ほどの本だが、大変面白く、日本社会の将来にひきあわせながら、東京までの飛行機のなかで一気に読みあげた。

アメリカの貧富の格差は1980年代から広がりはじめ、1990年代には、さらに拡大した。所得順位上位1％のシェアは、1990年に総所得の2％を占めていたが、1999年には18％近くにまで急上昇した。金持ちと中間層は、今や別々の世界に暮らしており、貧しい者は両者からほとんど見えない存在になっている。アメリカのもっとも豊かな1％を占める270万人が、最低所得層の1億人分に匹敵するお金をもっている。アメリカ人は、いま勤勉な日本人よりも長時間働いている。典型的アメリカ人労働者は典型的ヨーロッパ人労働者より年間350時間以上、多く働いている。大卒男性の40％、大卒女性の20％が週に50時間以上働いている。高卒以下で週50時間以上働いている人と比べて、その4倍。これは将来は所得が下がってしまうかもしれないというリスクに備えて、仕事があるときに、より一生懸命に働くということ。

10月7日（月）

『ジャスティス』

ナチス・ドイツの捕虜収容所でおきた殺人事件をめぐって、収容所内で陪審法廷が開かれる。そんなことって現実にありえたのか疑問だが、映画は息づまる展開で、目が離せない。アメリカの上院議員の息子が、ロースクール2年生で徴兵され、被告人（黒人）の弁護士を引き受けて法廷はすすんでいく。なかなか見ごたえのある映画だった。ほかの副会長が翌日の理事会に向けての準備で苦労しているのを横目でみながら、エスケープして映画館にかけつけた。

10月8日（火）

MD

出張のときにはCDプレイヤーをもち歩いていたが、MDの方が小さいのに容量が大きいと聞いて、大枚3万円をはたいてMDプレイヤーを買った。70分も録音できるというので、NHKのフランス語講座のほか、パトリシア・カースの歌も何曲かいれることにした。MDって、小さい割には音質がすばらしい。夜寝る前にシャンソンを何曲か聞く。毎日の楽しみがひとつ増えた。

10月9日（水）

『阿弥陀堂だより』

素晴らしい映画。ぜひ時間をつくって映画館に足を運んで見てほしい。日本の自然の四季折々がたっぷり描き出され、見る人の心をなごませてくれる。長野県飯山市が舞台になっている。私も司法試験の受験勉強のため、ひと夏、戸狩の学生村に篭ったことがあり、なつかしく思った。役者のセリフが少なく、そのかわり自然の音がささやくように流れている。涼しげな風の音もスクリーンを吹き抜けていく。寺尾聰と樋口可南子のコンビは、実にしっくり息があっている。それに91歳の北林谷栄には感嘆させられた。若いころから老け役をしていたが、今や名実ともに老婆。実に生き生きと語ってくれる。やはり長生きしたらいいことがある。映画を見たら、ぜひパンフレットも買ってほしい。心に残る名場面がカラーで再現されている。心を洗われる映画って、本当にいい。

10月10日（木）

人権擁護大会シンポジウム

福島県郡山市で「うつくしまから考える豊かな水辺環境」というテーマでシンポジウムが開かれた。日弁連の担当副会長として、開会挨拶した。

本日は、当シンポジウムにご参加いただきまして大変ありがとうございます。このシンポジウムを担当する日弁連副会長として一言ご挨拶申し上げます。実は、私は福岡県大牟田市に生まれ育ち、今もそこで弁護士をしております。大牟田市は有明海に面した工業都市です。私が小学生のころ、遠浅の海には一面の干潟ができていました。有名なムツゴロウ、そして塩まねきやゴカイがいて、海辺で楽しく遊べました。今は、自然の干潟はご多分にもれず埋め立てられ、すぐに倒産してしまったレジャーランド跡地がホコリをかぶって泣いています。湿地が喪われ、子どもたちの遊び場、海の生き物のすみか、そして渡り鳥の休み場がなくなったうえ、広大な埋立地が活用されることもない状態で残っているのです。本日のシンポジウムでは、このような湿地の保全再生のあり方が議論される予定です。

私たちは、昔は良かったと言っているだけではすまされません。また、今なお残っている湿地を保全するというだけでなく、昔のように湿地を再生する責任も負っているのではないでしょうか。もともと自然環境は、今の私たちの世代でくいつぶしていいものではありません。子や孫へ伝えるべきもの、いわば私たちは子々孫々から預かっているにすぎないものです。

本日のシンポジウムがその観点からも大いに実のあるものとなることを祈念して、ご挨拶とします。

パワーポイントの威力

プレゼンテーション・ビデオの素晴らしさに感嘆した。釧路湿原の丹頂鶴、沖縄の泡瀬干潟のハリセンボン、そしてデンマークやイタリアの現地調査の成果が次々に映像で紹介されていく。画面にぴったりあった軽快な音楽をバックに、熊本の国宗弁護士の見事なナレーションがあり、湿地保全の意義が見ているだけで実感として分かる。

いかにパソコン・ソフトがあろうとも、画像とシナリオは自分でつくるしかない。大変な時間と労力がかかったと思うが、このシンポジウムはこれを見ただけでも参加した意味があった。福岡の堀弁護士がパネリストとして活躍した。当日、郡山の高校生450人が参加していたのも、うれしかった。

作家のホリセンセイ

憲法劇や模擬裁判劇をやっている（やれる）弁護士会は全国を見まわすと、いくつもある。札幌、埼玉、横浜、名古屋、京都、大阪、広島そして福岡。ただ、脚本を弁護士が書いているのは、広島の広島弁護士と福岡の堀弁護士くらいしか私は知らない。堀弁護士は、つねづね「作家の堀先生」と敬意を表しているが、毎年の憲法劇を書き、自らミュージカルの舞台に出て歌い踊る。その「ホリセンセイ」から、この『Eたより』の文体が少し変化してると指摘された。さすがは「作家」。見破られてしまった。弁護士会をめぐって起きたことを、簡潔に、要点を絞って分かりやすくレポートする。

従来はこれだけだったが、最近は、少しだけ情景描写を入れたりして、読み手の感情移入が容易になるようアプローチ中。

10月12日（土）

規制緩和原理主義者

法科大学院を敵視している自民党などの一部の国会議員の狙いは何なのかとよく質問を受ける。司法試験・司法研修所への郷愁（ノスタルジー）、司法試験予備校の後押しなど、人によっていろいろ思惑が違うようだ。しかし、忘れてならないのは、財界にも根強い、「規制緩和」を絶対視する潮流の存在。彼らにとっては、あらゆる規制が悪なのだ。特別の弁護士資格なんか不要だ。弁護士会の自治なんて、とんでもない。すべて市場の自由競争にゆだねて、「市民」が自由に選択できるようにすればいい。弁護士も競争原理にさらされて自然淘汰をはかるべきだ。こんな強者の論理で貫かれている。そこには社会的弱者の保護の視点は完全に欠落している。このような、いわば原理主義者が法科大学院つぶし、太いバイパス論を声高に叫んでいる。

『パリ・サンテ刑務所』

サンテ刑務所と聞くと、すぐ大杉栄を思い出す。関東大震災のとき、甘粕中尉に虐殺された有名なアナーキスト。大杉栄の自伝には、サンテ刑務所の体験談が語られている。刑務所のなかでワインが飲めたり自炊できるという生活に驚いた。この本（集英社）は、2000年までサンテ刑務所で主任医師をしていた女医が、すさまじい実情を告発したもの。ドラッグ、同性愛、自殺、暴力が鉄格子のなかで横行している様子は空恐ろしくなる。この告発を受けて、パリ弁護士会は刑務所内に弁護士事務所を設置することにした。日本でも生かすべき提案だ。

ルツェルンのカペル橋

4年前の夏に、スイスのルツェルンに家族で1週間ほど滞在したことがある。久留米の大脇弁護士が推薦してくれた。湖に面して落ち着いた古都で、大変いい思い出になった。『傭兵部隊・ライオンを追う』(ハヤカワ文庫)は、アメリカの大統領が誘拐されるアクションもので、ルツェルンのカペル橋も舞台として登場してくる。アメリカ支配層内部の矛盾による謀略もあり、なかなか面白い。

『輝きがある』

「世界の笑顔に出会う瞬間(ひととき)」という副題のついた、この写真集(出版文化社)を見ると、人間に子どもの笑顔は万国共通。眺めているだけで、見ているこちらまで顔がほころび、心がなごんでくる。人間のいやらしさに出会うことの多い弁護士の世界。たまには、素敵な子どもの笑顔で心を洗ってみてほしい。

10月14日(月)

ローエイシア理事会

バンコック(タイ)でローエイシアの理事会があり、鈴木正貢弁護士(ローエイシア・ビジネス法部会の部会長)、内田晴康弁護士(日弁連選出の理事)、外山太・国際室嘱託と私の4人で参加した。

ローエイシアとは何か?　1966年8月、オーストラリアで設立されたアジア・太平洋の法律家の任意団体。設立当時はベトナム戦争が進行中だったこともあり、「CIAの陰謀に乗せられるな」という反対もあって日弁連は加入しなかった。代わりに日本法律家協会(JBA)が加入し、理事を出した。時代は変わり、本年3月、日弁連も加入を決め、来年9月のローエイシア・東京大会については、国際人権問題委員会などを中心として準備をすすめている。日弁連としては、加入を決めたあとの理事会としてははじめての出席だった。ローエイシアの理事会では日弁連の理事が異議なく承認された。理事については、日弁連と日法協との間で了解事項（2001年12月13日）がある。

ローエイシア理事会　バンコク市内中心部のV・ロイヤル・メリディアン・ホテルの4階の広い会議室で理事会は開かれた。外は雨期でむし暑いのに、中は冷房のきき過ぎで風邪をひくのを心配するほど寒いなか進行した。総勢29人の参加。オーストラリア、インド、インドネシア、日本、韓国、ホンコン、マレーシア、ニュージーランド、パキスタン、バングラデシュ、シンガポール、スリランカ、タイ。日弁連の理事の交代はスムースに認められたが、ビルマの代表については議論があり、結論が出なかった。実は、ミャンマーの弁護士会の加入申出はなく、タイ国にいるビルマの弁護士27人の団体から有志が2人出席していた。ビルマでの人権侵害状況を訴える発言をしたあと、2人は退席を求められた。似たような問題が中国と台湾の関係にあった。かつて、台湾がローエイシアの理事だったが、今では中国が理事となっている。その結果、台湾の出席はほとんどなくなった。

人権課題に取りくむローエイシア　ビジネス法とともに、人権課題に積極的に取りくんでいる。

当日の理事会では、①中近東における子どもの誘拐の防止、②難民の入国制限問題、③カンボジアの子どもの売春、④大量破壊兵器の拡散防止、イラクとアメリカの対話の意義が討論された。いずれも、政治的な問題であったり、日弁連としての意見を述べにくい問題だった。前日に執行委員会があり、そこで議題を事前に検討したようだが、日弁連には追加議題の通知は届いていなかった。当日は修正意見が相次ぎ、討論は活発だった。たとえば、具体的な国名をあげて名ざしで非難（批判）するのは難しいということ。オーストラリア出身のローエイシア会長が司会進行して、挙手を求めて、次々に採決していく。日弁連の理事はずっと沈黙を守り、採決のときに棄権することもあった。

会議雑感　ローエイシアは２００３年９月初めに東京で大会を開く。人権課題に前向きに取りくんでいるローエイシアに、日弁連も積極的に関わっていく必要があることを痛感した。中近東における子どもの誘拐防止問題が出てきたのには驚いた。拉致事件は北朝鮮だけではない。誘拐してラクダを扱わせるらしい。英語が話せず、寂しい思いを余儀なくさせられたが、タイ料理の方は堪能できた。

10月15日（火）

タイ・シルクのネクタイ

ローエイシア会議のとき、タイ弁護士会からおみやげにタイ・シルクのネクタイをもらった。バンコック市内には高速道路のほかにＢＴＳという高架式鉄道が走っている。地上は車の大渋滞だが、高架式なので安全・確実に速く着くことができる。ホテルの前のチットロム駅からＢＴＳに乗る。コインを入れて15バーツのカード式切符を買う。日本と同じでケータイを耳にあてて話しに夢中の若者をたくさん見かける。治安の心配は何もない。次のサイアム駅で乗りかえ、ナショナル・スタジアムで降りる。少し狭い路を歩いて5分くらいのところにジム・トンプソンの住んでいた家がある。１００バーツの入場料を払って入口に着くと、あと10分で日本語ガイドが案内すると告げられた。ガイドブックには火曜日の午前中のみ日本語ガイドが案内してくれるとあった。私のほか、バックパッカーの男の子、私と同じ年頃の中年女性の3人をタイ人の女性が日本語で案内してくれた。

松本清張は『熱い絹』（講談社）という小説を書いているが、そのモデルとなったのが、このジム・トンプソン。元CLAのエージェントで、タイ・シルクを世界に広めた功績がある。国宝級の美術品で飾られた豪邸を隅々まで案内してもらった。隣りにイスラム教徒の集落があるとのことで、突然、祈りの声がスピーカーから流れてきた。1日6回あるとのこと。

10月16日（水）

タイ式フットマッサージ

バンコックでの2日間の会議は朝9時から夕方5時まで続いた。ポケット英和辞書を持参していたので、英文レポートの方はなんとか大意を理解することはできる。しかし、討論となると、まるでダメ。英文を読みながら聞いていると何を話しているか、テーマだけはおぼろげながら想像できるが、理解することはできない。そのときに備えて、日本から資料を持ちこんでいたから、内職しようとも思った。でも、両隣りに日本人弁護士が坐っているので、それもままならない。結局、1日7時間、頭の上を英会話が飛びかっているのを、訳も分からず「聞いて」いた。これって、やっぱり疲れる。それに完璧な運動不足。そこで、会議が終わったあと、夕食までの休憩時間に、伊勢丹の入っている巨大モールのなかをひたすらぐるぐる歩きまわった。外はむし暑くて騒音と排ガスに満ちているが、モールのなかは涼しくて歩きまわっても汗をかかない。おかげで、日本にいたら絶対しないデパートめぐりを2日間もした。ついでに、近くにある「そごう」の入っているビルのなかまで、徘徊した。

歩きつかれて、3日目は、午後からモール前の屋台村の一角にあるタイ式フットマッサージの店に飛びこんだ。中年のおばちゃんと呼んだら可哀想な年齢の女性から1時間マッサージしてもらった。

膝から下をコールドクリームを使って両手でもみほぐし、ときどき小さな木の棒で足の指を強く押す。そのときだけは涙が出そうなほど痛いが、終わったときには両足ともスッキリ。これでなんと250バーツ。日本円で750円というから、信じられない安さ。私が気持ちよくマッサージをしてもらっているのを見て、女性のお客が2人並んでマッサージを受けはじめた。

10月17日（木）

ホテルのデイユース

朝6時半に成田空港に到着した。バンコックから正味5時間半（行きは6時間かかった）の空の旅。飛行機は、行きも帰りも日本人で満員。この状況だけ見れば、とても深刻な不況に日本があるとは思えない。バンコック空港を飛び立ったのは夜の11時。1時間ほど本を読んで、夜12時から寝たが、二時間ほどで目が覚めた。エグゼクティブ・クラスなので座席はゆったりしているが、お腹が張って、ノドが乾いて不快な気分だった。結局、眠ったのは3時間ほど。久しぶりに近くのシートで寝ている人の歯ぎしりする音を聞いた。

成田空港でスーツケースを宅急便で送った（2110円）あと、空港のカウンターでホテルのデイユースを頼んだ。4500円払って、昼まで寝た。4時間ほど眠って、頭もすっきりしたところで成田エクスプレスで東京駅に向かう。午後からの国際人権問題委員会に出席し、バンコックでのローエイシア理事会の模様を報告させてもらった。

そのあと、夕方5時10分発の飛行機で、富山市で開かれる中部弁連大会へ向かった。

10月18日（金）

弁護士の賞味期限

富山市で開かれた中部弁護士会連合会の50回定期大会に参加した。この日は、午前中に「犯罪被害者の支援」をテーマとしたシンポジウムが開かれていた。残念ながら、この日も朝8時から正副会長会を昼すぎまでしていて、このシンポジウムには出れなかった。

中部弁連は、九弁連にならってブロック理事長を切り離し、富山から初めて選ばれた澤田理事長が張り切って挨拶した。大会の参加者は121人だと報告されていたから、九弁連大会の半分くらい。日弁連執行部との意見交換会が1時間ほどあった。これは東北弁連大会と同じ。裁判員など、いずれも時間不足で消化不良の応答だったが、最後に青山弁護士（日弁連の前弁護士業務改革委員長）が「地方の弁護士にとっての将来展望もぜひ考えてほしい」と提起した。待ってましたとばかりに、本林会長が持論でもあるＩＴ利用の弁護士研修や経済団体との連続的対話活動などを展開した。

40年表彰を受けた小山弁護士（名古屋）が、「40年もたった弁護士は賞味期限を過ぎているし、本当は来たくなかったのだが・・・」と挨拶し、満場の笑いを誘った。私も来年は弁護士生活30年。早いものだ。賞味期限が切れたと言われないよう、品質の保持にもつとめなくっちゃ・・・。

10月19日（土）

チューリップの球根

午後、富山市から帰宅して、チューリップの球根を植えた。途中から雨が降ってきたので、１３０球ほど植えたところでやめた。あと１７０球ほど残っている。春のチューリップが毎年楽しみだ。ヘビに気をつけてね、という注意を受けながら雑草を刈りとったあとの畳1枚分くらいの広さに植えていく。いま、黄色いエンゼルストランペットが盛大に花ざかり。ピンクの芙蓉の花と白とピンクのコスモスは終りかけ、白い秋明菊、黄色のリコリス、紫色の斑点模様のホトトギスが咲いている。キンモクセイの芳香が漂うなか、一心不乱に球根を植えていった。夜香木も独特の香りを漂わせている。秋はたけなわ。

「本庄保険金殺人事件」でスピード判決

殺人罪で全面否認、そして死刑判決まで90回の公判があって、初公判から1年半で判決がおりた。昨年3月に第1回公判があり、5ケ月間の準備期間をおいて、9月の第2回公判から、週4回、月16回開廷で審理がすすめられた。1日に午前と午後あわせて6時間の審理。

佐賀の「連続殺人事件」でも同じく4人の国選弁護人によって集中審理がなされるという。

弁護士の国会議員

衆議院に24人、参議院に14人、合計38人いる。修習期の内訳を紹介する。1ケタ（6期と9期）が各1人。10期台は、14、15、16（2人）、17、19期の合計6人。20期台が一番多くて、20（5人）、22、23（3人）、24（4人）、25、26期で、合計15人。30期台では、32、33（2人）、34（3人）、35（3人）、36、37、39期。合計12人。40期台も43期に2人いる。アメリカに比べると、弁護士の国会議員の比率はまだまだ低い。

新規登録弁護士の増加状況

この10年間、弁護士は東京・大阪に集中して増えている。トップは東弁1562人で、二弁1042人、一弁1028人、大阪1005人と続く。続いて名古屋287人、横浜283人、福岡229

人。あと１００人台として、兵庫県１４８人、埼玉１２９人、京都１２０人、札幌１０２人となっている。九州でみると、沖縄52人、熊本県28人、鹿児島県23人、佐賀県15人、大分県13人、長崎県11人、宮崎県10人。10年間に１ケタしか増えていない県が、全国に10県ある。

弁護士と他業種の共同事務所

弁護士が司法書士などの他業種と共同している事務所はあまり増えていない。むしろ２０００年の調査より減少傾向にある。提携先は司法書士１５８、税理士１５２、行政書士97、弁理士85、公認会計士63、社会保険労務士40、海事補佐人21、不動産鑑定士５となっている。

その他の資格を有する弁護士

弁護士のうち、弁理士登録している会員は全国に２９４人しかいない。税理士登録は３２６人で、このほか通知税理士が１１６６人いる。司法書士を登録している会員は、わずか３人。

10月20日（日）

『税務行政の改革』

日米の税務行政を比較した本（勁草書房）。アメリカでは、最近また納税者の権利を保護するため、全米納税者擁護官という制度がもうけられた。日本では納税者権利憲章の制定もまだできていない。

その一方で、元国税局長の税理士が巨額の脱税で逮捕され、実刑となる事態が起きている。札幌国税局長までつとめたこの税理士は、東京国税局で人事一課長もしたことがある。この課長の仕事は、国税ＯＢの顧問先を斡旋することだった。そのうえ、国税庁の首席監察官までしていた。取り締まる側が巨額の脱税でつかまったのだから、マンガそのもの。２００１年に国税庁ＯＢの税理士３５７人が受けとった顧問料の収入は合計して33億円。ひとりあたり13・2件で年間941万円の報酬。

税務調査の実情は、無予告現況調査が横行している。事前通告の実施率は全国平均80％だが、大分税務署は52％にすぎない。国税の滞納額は合計2兆7661億円に達している。これは、1965年度の33倍、1985年度の3・5倍にあたる。それで、税務署員には1人あたり4000万円のノルマ、3人1組で2億円の処理という目標が設定されている。アメリカでは禁止された手法。ところが、1980年に7万5000件あった異議申立が1985年に2万2000件に減り、1990年には9500件、1998年には5500件となっている。実に1割以下。やってもムダというあきらめからだろうか・・・。それでも、最近、「現況調査心得7ヶ条」が定められた。

『犬と三日月』

女ひとり、トルコへ出かけて和食レストランをたちあげた顛末記を紹介した本（新宿書房）。東京までの飛行機のなかで夢中で読みふけった。私より5歳年長の女性が、離婚して52歳でトルコに移住し、トルコ語の勉強をはじめた。シベリアンハスキー犬1匹とともにトルコへ移住し、数々の苦難にもめげず、くじけず、和食レストランを3回も立ちあげた話を読むと、心が温まり、元気も湧いてくる。人生って、なかなか捨てたものではない。日本人女性のたくましさに改めて感服した。

『大使館なんかいらない』

この本（幻冬舎文庫）を読むと、大使館のなかは滅茶苦茶、とても外交なんかまかせられないという気になる。それはさておき、私がうらやましく思ったのは彼らが高給とりであるのに加えて、すごい長期休暇がとれるということ。まず高給。大使の収入は3年でおよそ1億円。しかも、生活の大部分は公費でまかなわれるから、ほとんど手つかずで残る。医務官として途中採用で入った著者は、当初の月収が80万円（33歳、神戸の病院での月収は40万円）で、9年後に手取り月収130万円。そのからくりは在勤基本手当にある。この手当が本給の2倍ほどあるので、本給の約3倍が実質的な収入となる。このほか、長期休暇が問題。大使館員には、2ヶ月もの「帰国休暇」が定期的に認められている。著者は大使館づとめをしていた9年間に、この帰国休暇を4回とった。そのうち2回は、ビジネスクラスに乗って（飛行機代は外務省もち）世界一周旅行した。辛い任地で辛抱したごほうびのようだが、ここまでくると、さすがの私も開いた口がふさがらない。

10月21日（月）

席がえ

日弁連の理事会は1年間に3回の席がえがある。正副会長会は出張先のホテルで開かれるときには定位置はなく自由に坐るが、日弁連会館16階の来賓室で開かれるときは名札によって坐る場所が指定されている。久しぶりに来賓室での正副会長会だった。部屋に入って、いつもの私の席に別の副会長が坐っている。名札が動いていた。毎回の正副会長会は、大川総長が司会し、見事に取りしきる。光栄なことに、今回の私の席は大川総長の隣り。総長の反対隣りは本林会長で、その隣りには岩本副会長が坐る。ところが、その後、大川総長との間に津川副会長が割りこんできた。四国初の日弁連会長をめざすとの意気ごみだ（これは冗談）。

メモ

日弁連の弁護士業務改革委員会で司法改革の報告をしているときのこと。本林会長が目玉公約として掲げている2つを紹介していたら、1つが突然頭のなかが真っ白になって消えてしまった。ホワイトアウトだ。あせった。もちろん直前まで覚えていたのだが、手元にメモがなかったので、スピンアウトしてしまった。高橋委員長に助け舟を出してもらって、なんとか乗り切った（ちなみに、1つはIT活用による研修の充実、2つ目は弁護士業務の各界への進出の一環として経済団体との連続的協議を述べようとした）。私は、頭に思いついたことをすぐにメモするようにしている。ポケットのなかには名刺サイズのメモ帳（コクヨ・シカ240）を入れている。車を運転中に思いつくことも多いので、助手席にもメモ用紙とペンをおいている。会議中にアイデアがひらめくことも多いので、そのときには配布資料の余白にレジュメを書く。やっぱりメモなしでは、まとまった話はできない。

10月23日（水）

有事法案反対の請願パレード

昼、日弁連理事会が午前中に終了し、日比谷公園に集合して有事法制3法案の廃案をめざす請願パレードに参加した。「1000人パレード」というふれこみだったが、いったいどれほどの弁護士が集まるのか正直言って不安だった。しかし、日比谷公園に弁護士が続々と集まってきて、ひと安心した。私も大学生時代にはデモに何度となく参加した。いわば30年ぶりの本格的なデモ行進への参加だった。霞ケ関の官庁街の車道をパレードしながら、銀座の大通り一杯を埋めつくすフランスデモをしたことを思い出した。大学時代に比べると、弁護士会のパレードはおとなしいもの。行進途中のシュプレヒコールもない。先導車にはアナウンサー（小池弁護士夫人、つまり有名な小池アナ）が、パレードの意義を解説するのみ。代わりに、全員が手に手に風船をもっている。この風船は地面におちたとき分解してしまうもので、環境汚染しないようになっているという説明があった。一斉に風船を手放すと、空高くあがっていく。それを見あげている写真が翌朝の新聞にカラーでのった。残念なことに、私はうつっていなかった。

10月25日（金）

九弁連大会における日弁連報告

日弁連は年々、活動領域が広がり、専門化がすすんで複雑・高度なものが求められ、社会的役割を高めている。**第1は**、三権分立の一つである司法改革は、まさに国家的に事業であり、最高裁、法務省、文科省、財務省などの司法・行政官庁、そして政党、隣接専門士業、財界の思惑などが複雑にからみあって進行する政治そのものだということ。私が毎日『Eたより』を書き続けているのも、目の前に展開している政治のナマの姿に触発され、ぜひ会員の皆さんにお伝えしたいと思ったから。たとえば、政権党である自民党も内部を見ると決して「一枚岩」ではない。法科大学院の見方も異なるし、その目的として「法の支配」に役立つ人材養成を入れるかどうかだけでも、真向からケンカするような状況にある。

第2に、司法改革については、いろんな勢力の様々な思惑がからみあい、日々せめぎあいが進行中なわけで、それにしてもそこには一定の方向性がある。それは、司法制度改革審議会の意見書だ。いろいろな評価がありうるが、日弁連は基本的に積極的評価をしている。ただし、意見書は基本的な枠組みを示しただけで具体化はほとんどなされていない。また、あいまいなところも多くあるので、決して意見書に書いてあるから決着したとみることはできない。さらに、意見書を骨抜きしようとする勢力も根強い。たとえば、外弁問題。外国弁護士が日本人弁護士を雇用するというのは、意見書でも将来の検討課題としているのに、今すぐ実現すべき課題としようという動きが今強まっている。私たちは、意見書を決して金科玉条のもの、神聖不可侵のものと考えているわけではない。たたかいは今が真っ最中。あと1年あまりで、すべてが決まる。

第3に、主戦場を検討会として、たたかいは、いま真最中だということ。内閣の下におかれた司法制度改革推進本部が具体的な立法作業を担当してるが、日弁連が要求して、11人の検討委員からなる検討会が11設置された。この11人のうちの多数を獲得することによって日弁連の方針と意見を具体化しようと今がんばっている。もちろん、立法だから、その次には国会がある。しかし、既に今の段階から、政党と国会議員を陰に陽に巻きこんでの検討がすすんでいる。

しかも、同時に数えあげれば20個以上にもなる諸課題が一斉に同時進行ですすんでいる。その一つ一つが、少し前なら2、3年かけて臨時総会を繰り返して決着が図られるべきような重いテーマだ。たとえば、簡裁の事物管轄の引き上げ。私たちが引き上げ反対といっているとき、自民党の有力議員が司法書士会サイドの働きかけを受けて200万円とか300万円とか言い出した。私たちはそこで、10月15日の検討会で100万円までと言い、全体としても130万円以下でおさえようというようにまき返した。ただ、これで決着がついたわけでもない。たたかいは、まだまだ続く。

第4に、たたかいの武器は事実をふまえた理論と粘り強い交渉しかない。日弁連としての会内論議を積み重ね、ヨーロッパ調査なども ふまえて事実を収集し、日弁連の方向を固める。シンポジウムを開き意見書にまとめ、パンフレットやチラシをつくる。これをもって、検討委員に手わけしてあたる。

事実をふまえて説得する。また、最高裁や官僚そして政党・政治家と粘り強く交渉する。弁護士政治連盟にお膳だてしてもらって会食したりもするが、別に政治献金で動かすというのではない。あくまで市民に開かれた司法をめざし、道理で納得してもらう。

第5に、それにしても集中した取り組みが必要だ。自分たちの陣営を分散させることなく、要所要所に精鋭を集めて集中的な取り組みをして短期間のうちに成果をあげる必要がある。

本林会長は次の7つを当面の重点課題とした。裁判員、法科大学院、裁判官改革、公的弁護、弁護士報酬の敗訴者負担、簡判・副検事の準弁護士資格、簡裁の事物管轄問題。もちろん、ADR、仲裁、労働法制、国際化など、当初はあまり重視しなくていいと思われた項目も重要論点として急浮上してきたり、目を離すことができない。執行部は次々に対策本部をたちあげ、会長のほかに本部長代行を置き、事務局を確立して取り組んできた。懸命にたたかえば成果があるし、油断すると負ける。あきらめず、国民の支持を得れば、思わぬ展望も切り拓ける。

第6に、日々刻々と変化する情勢を会員に伝達し、会内討議を十分に保障するため執行部として格段の努力を尽くしてきた。月に2回のFAXニュースは内容の正確さと読みやすさをめざして、4日がかりでつくりあげている。ホームページも大刷新したし、メールマガジンも始めている。月1回の日弁連新聞に折りこみの「司法改革・最前線」もぜひ読んでほしい。たしかに執行部と一般会員の情報量の格差はすごいものがある。毎日の『Eたより』も全部は読み切れないという悲鳴をきかされるが、私の手元に来る情報は、あの10倍も20倍もある。どうぞ、せめて毎日5分間だけ、『Eたより』を読んでほしい。そしてFAXやメールマガジン、ホームページを開いてみてほしい。

第7に、司法改革は、要するに、私たち弁護士みんなにとって毎日の仕事に直結する問題。そんな課題にぜひ自分のものとして関わってほしい。いま、司法改革は「やられっぱなし」だとか「ゼロ勝9敗」という人々がいる。「検討会からの総引き上げ」を声高に主張する人さえいる。権力の土俵で相撲をとっても負けるばかりで勝てるはずがないという悲観論だ。しかし、私は決してそんなに悲観すべきではないと考えている。市民に開かれた司法をめざして日夜大変な綱引き、せめぎあいがなされているとき、さっさと自分から土俵をおりて不戦敗になるわけにはいかない。裁判員にしても法科大学院にしても、私たちの取り組みいかんでは劇的に良い方向に変わる展望が今、目の前に開けている。集会をやり、ビラを配り、デモ行進までした。民間公聴会を成功させた。弁護士任官者を出すことになった。裁判官の任命制度が変わろうとしている。いろいろ積極的な取りくみがすすんでいる。いま世の中は大きく変わろうとしている。日弁連は狭い業界利益から行動しているわけではない。市民のための司法をめざしている。私たちは、このことに大きな確信をもって、ひるまず引き続き前進していきたいものだ。以上をもって私の日弁連報告としたい。

九弁連大会と有事立法

熊本での九弁連大会は見事な成功をおさめた。紫垣理事長のアイデアによる40年表彰のときの「以下同文」をなくし、各先生の前に出向いて表彰状を手渡す趣向も良かった。

質疑のなかでは福岡の高木弁護士が今回も光っていた。本林会長が「あれだけの意見を述べるには資料を十分読みこんでおかなければいけないし、たいしたものだ」と感心していた。ただ、予定時間が大幅に超過し、私の日弁連報告がカットされるかとヒヤヒヤした。休憩時間がカットされ、私は早口で15分ほど報告した。懇親会のとき、熊本の立山弁護士から、なぜ有事立法反対を決議しなかったのかと責められた。日弁連では1000人デモをしたというのに、九弁連は遅れている、というお叱りだった。まことにもっともな指摘で、申し訳ない。

10月20日（土）

『契約型福祉社会と権利擁護のあり方を考える』

日弁連の高齢者・障害者の権利に関する委員会（委員長は北九州の清原弁護士）が「あけび書房」から出版した。これは、昨年の人権擁護大会のシンポジウムの基調報告をもとに全面改訂して、1冊の本（350頁）となったもの。

成年後見の申立件数は2000年度に9007件、2001年度は1万1088件（前年比23%増）。うち、後見開始は、2000年度に7451件（前年の禁治産申立の2・5倍）。2001年度は9297件（前年比25%増）。

保全開始の申立は、2000年度には884件（前年の準禁治産申立の1・3倍）、2001年度は1043件（前年比18%増）。補助開始の申立は2000年度は621件で、2001年度は645件（前年比4%増）。任意後見監督人の申立は2000年度は51件、2001年度は103件（前年比102%増）。市町村長の申立は2000年度は23件、2001年度は115件。

4年ぶりの任官拒否

10月に司法研修所を卒業した55期修習生のうち、裁判官を希望した108人のなかから2人の不採用者がでた。これは1998年4月以来、4年ぶりのこと。採用されたのは男性76人、女性30人。女性が3割。これで全裁判官のうち女性（404人）の比率は13％となった。任官者の年齢は23〜31歳で、平均は25・96歳。これまでもっとも若い年齢。最高裁は拒否理由について、本人の求めに応じて開示する方針。

なお、新任検事は75人で男性53人、女性22人。女性検事は196人で、検事のうち12・4％。ちなみに、弁護士は780人が新規登録し、うち女性は211人。

警察官の懲戒件数

警察庁の発表によると、懲戒免職になった警察官は毎年20人から60人近くいる。定職・減給・戒告処分までを合計すると、年間500人前後。階級別でみると、巡査部長、警部補そして警部の3階級で66・8％。年齢別では40歳代、50歳代で65・7％となっている。40歳代以上の巡査部長と警部補で44％を占める。弁護士の懲戒処分は50歳代の前半が多いが、警察官も同じ傾向にある。ちなみに、警察庁と大阪府警と比較すると、2000年に東京54件、大阪18件で3対1の比率。大阪が目立って非行が多いということではない。

公安委員の高給優遇

国家公安委員は5人いるが、月給134万6000円、日給7万1800円、年額2600万円が支払われている。警察庁長官官房（以前は総務課、今は国家公安委員会会務官）の担当。職員は13人で、警視長1人、警視正2人、警視5人が含まれる。地方の公安委員は、委員長が最高で東京の月55万円、平均25万円弱（福岡は3万2000円）、委員は最高で東京の45万円、平均21万5000円（福岡は30万5000円）。福岡では毎週1回、3時間の会議が開かれている。いずれにせよ、公安委員会は今のような警察の丸がかえから脱却すべき。

10月27日（日）

大原美術館

倉敷駅から歩いて大原美術館に行ってきた。秋晴れの日曜日だったから、観光客で一杯。前を流れる川に大小さまざまの鯉が泳ぎ、ミソハギの紫紅の花が可憐。久しぶりにピカソ、モネ、ルノワールそしてロートレックの絵を鑑賞した。岸田劉生の童女の絵を目近にまじまじと観ることもできた。中国古代の仏像がなぜこんなにあるのかと訝しがりながら、甲骨文字の解読に見入った。やはり、ときどきはホンモノに接して目を洗う必要がある。いつも思うが、絵葉書の色は、なぜあんなにも現物の絵と異なるのか。今の技術水準で、もっと似た色を印刷できないはずはないように思うのだが・・・。

『エミリーへの手紙』

初めは何ということもなかったが、読みすすめているうちに心が熱くなってくる本（NHK出版）。親というのは奇妙で不思議な生き物。自分が小さいころには親は輝いていて、だれよりも強く見える。思っていたようなヒーローではないことが分かる日が来る。親だって、キミと同じで、できることを精一杯やろうとしているただの人間なのだと思い知らされる日が、いつか必ず。私は亡父の伝記を12年かかって書きあげた。おかげで三井の労務課徴用係として朝鮮人の強制連行を担うなど、知らなかったことをたくさん学ぶことができた。

『ジャッキー、エセル、ジョーン』

ケネディ家に嫁いだ3人の女性の生きざまが語られた本（集英社）。ケネディ大統領が暗殺されたとき、私は中学3年生だった（1963年11月22日）。アメリカの大統領が殺されて、世界は一体どうなるんだろうかと不安な気持ちで兄に話しかけたことを今もはっきり覚えている。キューバ危機のあとだったから、戦争になるかもしれないと心配した。ロバート・ケネディが暗殺されたときは、大学2年生だった。アメリカは野蛮な国だとつくづく思った。この本を読むと、ケネディ家に嫁いだ女性が大変な状況をなんとか生き抜いていったことを知ることができる。ジャッキーが64歳で死ぬ前、大手の出版社で本の編集者としての仕事に生き甲斐を見出していたことを知って、親近感を覚えた。

『働きすぎのあなたへ』

この本（海鳥社）の著者である徳永医師は、中学校で私と同じクラスだった。いま、大牟田の不知火病院で院長をしているが、博多駅前でもクリニックをもっている。「海の見える病棟」という素敵な開放病棟がある。私も見学したことがあるが、遠く東京からもサラリーマンが入院しにやってくる。徳永ドクターは、月曜日から金曜日までの仕事に70％のエネルギーをつかい、土曜日、日曜日の休日につかうエネルギーを30％残すことを提案している。私もまったく同感。

明窓浄几

今の豪華マンションには本棚を置く場所は等閑視されている。広告チラシを手にとってもぎっしり本が埋まった豪華書斎と言うのは見かけない。明窓浄几（めいそうじょうき）という言葉は現代日本で死語になってしまった。本のある生活様式、人生の習慣としての読書は、今は理想でも現実でもない。『本の話をしよう』（晶文社）には、たびたびウンウンとうなずくばかり。

情報と読書とは根本的に異なるもの。情報は、それを手に入れるための時間が短いほどいい。時間の切り詰め方。逆に読書は時間がかかることを楽しむ。いわば時間のかけ方。読書は、自分が自分にかける電話のようなもの。自分で自分と話をする方法。ときに自分との闘いだったり、自分で自分を励ますことだったり。本の言葉の向こうに、つねにもう一人の自分を見出していくのが読書。本の言葉を読みとっていこうとする自分と、その言葉に自分を突きあわせていこうとする、もう一人の自分との対話だ。本を読むときに重要なのは、ページをめくる行為。それは自分で決めるスピード。目の向きも大切。まっすぐ前でなく、うつむいて読むのは、一番自然で楽な、自分の内側をのぞきこめる姿勢。本の生命力は、人の最初の友人もしくは最後の友人として、そこにあるあり方を保ちつづけてきたことにある。だから、2000年も3000年も、人が自分の心をのぞきこめるメディアとして発展してきた。読書していると、こんな素晴らしい言葉に出会える。まさに至福の一瞬。

『炎のゴブレット』

ハリー・ポッターの第4巻を2日かけて読み終わった。高2の娘は5時間で一気に上下2冊を読み終えた。私に似て本を読むのが速い。頭の中でイメージが膨れ上がり、物語が繰り広げられる。ローリングは、ひたすらそれを追って空想の世界に遊んだに違いない。これは訳者の解説。本当に微に入り細に入って描き出されるハリー・ポッターを取り巻く世界は、人間の想像力の素晴らしさを心ゆくまで堪能させてくれる。単なる子どもだましの内容ではない。至るところに伏線があり、重層的な組み立てのなかに、人生の機微が語られている。さすがの私もなかなか飛ばし読みができなかった。

福岡の岩本弁護士はとっくの昔に原書で読んだという。たいしたものだ。

ナスとオクラのオロシ蕎麦

10月28日（月）

日弁連会館地下の蕎麦屋に登場した新メニュー。小ぶりの長ナスを焼いて半分に割ったものがドンブリの両端を占めている。星型の切り口のオクラが緑色で、白いダイコンオロシが淡雪のように山盛り。おっと、赤いミョウガがその下に埋もれている。見た目にも涼しげで食欲をそそる。秋ナスは嫁に食わすな。そんな昔のコトワザを思い出しながら、焼きナスを頬ばる。蕎麦はコシがあって骨太。つるりとノドに滑りこむノドゴシも心地よく、またたくまにすべてが腹におさまってしまうのが、よほど残念。蕎麦湯が添えられている。蕎麦湯をドンブリに注ぎこんで、残ったツユを全部いただく。あー、おいしかった。ごちそうさま。

環境省で記者会見

10月29日（火）

東京地裁で東京大気汚染訴訟の判決が出た。自動車メーカーの法的責任（賠償責任）は認められたが、社会的責任（疾病と汚染との因果関係および予見可能性は認められた）ありとしたうえ、結果回避の可能性がないという判決だった。日弁連（公害・環境委員会）は、この日に備えてA案とB案の会長声明を用意していた。自動車メーカーの賠償責任が認められないときに対応するA案をもって環境省14階の記者クラブに大阪の中川弁護士と日弁連事務局の角職員と3人で出かけた。

私は首都・東京で自動車メーカーの社会的責任が認められたことの意義は大きいと述べ、新たな被害者救済制度を創設すべきだという会長声明を説明した。出席した記者から質問もあったが、結局は無視されるのかと心配してたら、翌日の毎日新聞に7行ほど日弁連の意見が紹介されていた。

10月30日（水）

皇居のお濠

秋も深まった。早くもコートを着る人、首に厚いマフラーを巻く人も見かける。久しぶりに朝、ふくおか会館から日弁連会館まで歩いて出勤する。青空が天高く澄みわたっている。お濠の水面が陽射しに眩しいほどキラキラ輝いている。シラサギが2羽、音もなく軽やかに飛び去った。野鴨の群れがいくつも見える。ときどき、一斉に頭からつっこんで潜る。秒針で測ると20秒ほどで水面に浮かんでくる。心の安まる穏やかな朝のひととき。

労働法制委員会

日弁連に労働法制を専門に研究する委員会がなかったのは、不思議でもあり、当然でもある。労使双方の代理人がいて、激しく裁判で対立しているときに、日弁連としてまとまった意見をモノ申すことができるはずがないという見方がある。しかし、企業と組合とが激しく争う集団的労使紛争は今やすっかり影をひそめ、個別的労使紛争が大量に発生している。しかも、そこでは弁護士の関与がほとんどない。司法改革のなかで労働検討会が設置されている状況をふまえて、日弁連でもついに労働法制委員会を発足させようということになり、第1回の会合が開かれ、担当副会長として出席した。福岡の井下弁護士に、福岡でのこの分野における取り組み状況を報告してもらった。

10月31日（木）

文士とは自分のことかと・・・

ゲーテとは自分のことかとギョーテ言い、という言葉がある。私は日弁連のメールマガジンに古井副会長が書いているとおり、文士という源氏名がついている（自分では、「モノ書き」だと言っている)。文士というと三文文士というニュアンスが感じられるし、異端分子という語感もあるので、あまり好きな言葉ではない。あまり文士というネームが定着していないのが救い。

古井副会長はドン・ガバチョ。これは、本人も気に入っているようだし、イメージがぴったり。九弁連大会の懇親会のとき、副会長をアダ名で紹介して、好評だった。小泉首相のメルマガは大人気らしいが、日弁連のメールマガジンもそれなりに面白いと評価されている。

11月

11月1日（金）

アメリカ大使館による日本の人権状況調査

午後、アメリカ大使館から政治部の人が2人、日弁連に来て日本における人権状況をヒアリングしたのに同席した。さすがに会話は日本語。アメリカの国務省は毎年、世界各国の人権状況レポートをつくって発表している。日弁連にも毎年ヒアリングに来ていて、今年は国際人権問題委員会で対応することになったので、担当副会長として立会した。レポートは、かなり詳細。入管拘禁施設における職員による暴行事件、厳正独居拘禁問題なども取りあげられている。目の不自由な野村弁護士が、高齢者・障害者委員会の立場から、障害者への差別と人権侵害問題があることを強調していた。

11月2日（土）

チューリップの球根

午後、チューリップの球根を植えた。モズの甲高いテリトリーコールが聞こえてくる。ジョウビタキが今年もやってきて、尻尾をチョンチョンと上下に振って挨拶してくれた。

ツワブキの黄色い花が咲き、早春に咲く水仙が早くも芽をぐんぐん伸ばしている。エンゼルス・トランペットは黄色い花に続いてピンクの花も一斉に咲いたが、どちらも盛りは過ぎてしまった。四季咲きのクレマチスが赤紫色の花を咲かせている。ビロードの肌ざわりを思わせる花弁が見事だ。途中で小雨が降ってきたが、なんとか畳1枚分だけ植え終った。でも、まだたくさん残っている。

簡裁判事の選考

簡裁判事を選考する第2次選考の人物考査は、従来は選考委員会の委員の面前でやっていたが、十分とはいえないため今年度から改められ、事前に高裁長官が口頭試問をし、さらに一部の委員による口頭試問も行っている。この2回の試問を活用し、法律的な素養だけでなく、人物識見についても充実した考査を行っている。これは最高裁の説明。今年は63人のうち50名が合格した。13名、約20％が不合格となった。

アメリカの軍拡路線

朝日新聞（11月1日）によると、本年度のアメリカの国防予算は軍事関連建設費を除いて３５５０億ドル。これは昨年度より３７０億ドルの増。不況にあえぐアメリカの国防・ハイテク産業は「対テロ・軍需シフト」をとっている。こうやってイラク侵攻作戦につながるのだろうが、恐ろしい。

ちなみに、世界の軍事費が８０００億ドルとみられているので、40％以上をアメリカ一国で占めることになる。アメリカには１３７万人の常備軍がいて、５００万トン、９７０隻の海軍力（11隻の空母を中心とした空母戦闘群）、３５００機の空軍力がある。それでも「力の政策」には限界がある。アメリカこそ世界最大のならず者国家だという見方も、あながち間違っていない。

11月3日（日）

江戸時代の農民の相続と離婚

江戸時代の農民の家督は、戸主の考えによって長男を分家とし、他の子どもを継承者とすることが少なくなく、分割相続の慣習も存在していた。明治民法以前の日本の庶民では長男が単独相続していたとみるのは疑問。これは、『江戸農民の暮らしと人生』（麗澤大学出版会）のなかで宗門改帳によって実証的に裏づけられている。離婚についても、天明期には夫婦5組に1組が離婚した、平均して9組に1組は離婚していた。こんな高率の離婚があったことが宗門改帳によって明らかにされている。日本の女性は昔からよく働き、それなりの経済力をもっていたから、離婚を恐れていなかった。

『権力必腐』

高杉良の経済小説は全部で38冊ある。私はまだ、そのうち何冊かしか読んでいない。最新の『ザ・外資』を読み終えたばかり。この本（光文社）は、経済小説の取材裏話などをまとめたもの。『金融腐蝕列島』が、まさに事実を描いた小説であることが生々しく語られ、大銀行トップの恥を知らない悪業の数々に寒気を感じた。日本企業の生涯雇用、終身雇用は世界に冠たる好制度だ。終身雇用が企業風土をつくり企業にダイナミズムをもたらしている。欧米先進国は、日本企業の終身雇用に実は脅威を感じている。高杉良のこの指摘に、私はそうだったのか、と膝をたたいて叫んだ。

11月1日（月）

顔の見える会議

3連休中にもかかわらず、朝10時半から日弁連会館で正副会長会議。朝10時に副会長室に顔を出すと、既に5人ほど副会長が顔をそろえている。東京の3副会長を除いてだ。秘書も3人が全員休日出勤。冒頭、本林会長が会議の持ち方を提案した。本日から、お互いの顔がよく見える会議にしよう、という。えっ、今まで覆面でもして会議していたのか、なんて思わないでほしい。要するに、机の上にファイルを立てるのを止めようということだ。私はとっくの昔にやめていた（つまり、必要最小限の書類しか机の上には置かない）が、他の副会長が大型ファイルを何冊も机の上に立てるので、お互いの顔が見えにくくなっていた。居眠りするには目立たなくてよかったけれど・・・。みんな机の上のファイルを机の下、つまり自分の足元におろした。これで、会議の雰囲気は一変。お互いの顔がスッキリ見えて会話の障壁がなくなった。本林会長は『会議革命』（ＰＨＰ研究所）を読んだのだ。これは、いろいろ刺激的なアイデアにみちた本だ。

昼休みにカツサンドが出た。前にも食べたが、胸やけしそうになったので、エスケープして日比谷公園に出かける。まさに小春日和。東北地方では早くも雪が降っているらしいが、秋晴れで気持ちがはずむ。松本楼のカレーライスを食べようと思ったが、長い行列を見てあきらめ、Ｕターン。軽くビールでノドをうるおし、１２００円のランチを美味しくいただいた。

あとは夕方6時まで、途中で10分間の休憩のみで会議が続いた。法科大学院3法案の評価、裁判迅速化法案、経済特別区の社労士特例法案など、次々に重要案件について議論していく。先日、お母さんを亡くされたばかりの大川総長が少しお疲れのようで、みんなで心配した。

『まちづくりの法と政策パートⅡ』

私と同期（26期）の大阪の坂和弁護士が出した本（日本評論社）。愛媛大学で坂和弁護士が4日間の集中講義をした内容が、そのままライブ版として本になっている。話し言葉で町づくりが語られ、とても読みやすくなっている。再開発から都市再生のあり方について、経験にもとづいて実践的にも貴重な提言がいくつもなされている。講義が面白いのは、カラオケ好き、映画好きな坂和弁護士の人柄が、そのまま活字になっていることによる。私はカラオケ大嫌いだけど、映画は大好き。坂和弁護士に負けず、大学で集中講義ができて、「日評」から本を出せるようになりたいもの。

『太陽の雫』

大変見ごたえのあるハンガリー映画。19世紀末から現代にいたるユダヤ人一族の3代の歴史が華麗に、また重厚なタッチで描かれていき、3時間あまりの大作だが、一瞬も目を離せなかった。ハンガリーの女性の美しさと行動力にも感心させられる。3代の男たちに不倫を迫る女性の自己主張の激しさに目を見張った。眩しいほど美しかった妻が戦後、老婆になって登場してきたとき、すごく似ていて、北林谷栄のようにメークしているのか、それにしても・・・と不思議に思った。あとでプログラムを読んで、実の母娘だと知り、道理で似ているわけだと納得した。『それでも人生は美しい』ことをたっぷり堪能させてくれ、深い余韻が残る映画だった。

阿波踊り

11月7日（木）

夜、徳島市での四国弁連大会の前夜懇親会に参加した。徳島というと、なんといっても阿波踊り。どうせ盆踊りだろうと、実は、あまり期待していなかったが、今年の民踊大会で日本一をとったというチームの阿波踊りは、実に見事なものだつた。あんなに腰を落として踊るものとは知らなかった。スローテンポでの踊り、滑らかな指の動き、腰と足のふり方は無重力での空中遊泳さながらの優雅さがある。途中、観客席の照明を落とし、青白いランプで舞台のみを照らし出すなかでの踊りも幻想的で、見ごたえ十分だった。さすが本場の阿波踊りだ。福岡の椛島弁護士が奥様の実家の縁もあって阿波踊りにはまっていたのも、なるほどと思い至った。

11月8日（金）

四国弁連も理事長を分離

徳島市で開かれた四国弁連大会で従来の理事長兼任を2004年度から分離することになった。中部弁連が九弁連にならって本年度から分離したのに引き続くもの。日弁連副会長を前年度経験した会員が次年度に、その経験を生かして理事長に選任される。また、四国弁連の事務局を香川県弁護士会内に固定することになった。定期大会の開催も香川、愛媛、高知、徳島の順にまわし、日弁連副会長と理事長も、その順でまわすことになる。四国弁連から出た日弁連副会長は2000年度に130日、2001年度に150日の出張をしたとのこと。本年度の津川副会長は大幅にそれを上まわるはず。

表彰式のやり方も九弁連の新方式をまねて、津川理事長が「以下同文」方式をやめて、一人一人に近づいて手渡す方式だった。九弁連の紫垣理事長のアイデアが広がっている。

11月9日（土）

ビクトル・ユゴー生誕200年

ビクトル・ユゴーは1802年に生まれた。『レ・ミゼラブル』や『ノートルダム・ド・パリ』などで有名だが、パリ・コミューンを支持した政治家でもあった。福岡の日仏学館でフランス語の授業を受けたとき、途中でポスター展に案内された（といっても、4階の教室から5階のホールへ上がっただけ）。そこで初めて、ビクトル・ユゴーの父親が大将まで昇進した軍人だったことを知った。同時に、ビクトル・ユゴーは、女性の権利のほか、子どもの権利を主張してがんばったこと、死刑廃止論者だったことを知った。たいした人物だ。フランス語でそのことを議論した。

11月10日（日）

パンジー・ビオラ・金魚草

さわやかに晴れわたって気持ちのいい日。事務所から帰宅する途中、花苗屋さんで苗を5000円ほど買いこんだ。パンジーは「目あり」と「目なし」で黄色、青色、赤色の3色。花弁の小ぶりなビオラも買った。隣りにあった金魚草にも手が伸びる。あっ、紫色のノボタンがある。前にもらったのは枯らしてしまったが、再度の挑戦。メキシカンセージも紫色の花が鈴なりの枝ぶりに魅かれて買った。さあ、みんな植えなければいけない。畳一枚分を掘りおこし、生ゴミを投げ入れ、枯草をのせ、土をかぶせる。残っていたチューリップ、クロッカス、フリージアの球根をパンジーなどの合い間に植えこんでいく。夕方5時すぎ、陽が落ちはじめた。金魚草を植えるころには陽がすっかり落ちて、うす暗くなってしまった。これで来春が楽しみ。チューリップだけでも300本以上が咲いてくれるはず。

アメリカでは刑務所がビジネスに

アメリカには今、200万人をこえる囚人がいる。1991年には122万人、1999年に193万人だった。しかも、20年以上の終身刑が27万人、死刑囚が3335人いる。1997年から1999年1月までに500人が処刑され、1930年から1998年までの処刑者は4359人。囚人の87％は44歳以下。18歳から44歳までの人口の5％が刑罰法規の監視下にある。1999年に刑罰法規の監視下にある620万人のうち520万人が男性。

アメリカでは重罪宣告を受けて選挙権を失った人が390万人いるが、そのうち140万人がアフリカ系アメリカ人の男性。カリフォルニア州には7000人の囚人を収容する刑務所があり、さらに2万人収容の巨大刑務所を建設しようとしている。刑務所だけを専門に建設する会社が100社以上あり、年間40〜60億ドルの売上高。民間刑務所に収容されている囚人が8万5000人いる。1987年には3000人だった。今後10年間で36万人になる見込み。全米にある3400の地方軽罪刑務所には10万人の人々が職員として働いており、この業界で使われる金額は年650億ドル。そこに目をつけた広告があり、専門の建設業者はアメリカでもっとも有望な投資対象となっている。今後ますます伸びる業界だと見られている。また、民間企業は囚人労働を利用しつつある。新しい巨大刑務所は、その中に数千エーカーという工場群を建設中。

『司法改革への警鐘』(信山社)は、アメリカの恐るべき刑務所ビジネスの内情を紹介している。

現代の死体泥棒

人体ブローカーは儲かるビジネスだ。現代の状況は、19世紀の「死体泥棒」を思いおこさせる。『人体市場』(岩波書店)を読むと、人間の身体(部品)が商品として売買されている、おぞましい実情を知ることができる。アメリカでは、人体をめぐるビジネスは1300の企業と170億ドルの資本を擁するバイオテクノロジー産業の一部として急成長を遂げている。現在、アメリカ国防省では、すべての軍所属者に遺伝子の検査を義務づけ、血液を採取している。軍の血液試料保有数は350万以上になっている。毎年生まれる新生児400万人の血液試料を用いた遺伝子の集団検診プログラムが試行されている。50州で、犯罪者には司法DNA鑑定用の血液提供が義務づけられている。本人も知らないうちに、人間の身体が丸ごと管理され商品化されている。恐ろしい世の中だ。

11月11日（月）

ただ今、最高裁大法廷に係属事件ゼロ

午後、日弁連に東京高裁の新しい今井功・長官そして最高裁の町田顕・新長官が就任挨拶に来た。町田長官は3年前まで福岡高裁長官だった（山口前長官も福岡高裁長官の経験者。福岡高裁長官は最高裁長官へのルートなのか？）。そのときの雑談のなかで出た話。目下、最高裁の大法廷にかかっている事件はひとつもない。違憲立法審査権を積極的に行使しようとしないから、そうなるのではないか。小法廷の方は大変忙しくて、昼間は記録読みに追われて新聞を読むヒマもなかった、宅調日がないから自宅へ記録をもって帰って夜まで読んでいた、とのこと。このところ最高裁判事が相次いで交代している。しかし、その選任過程は相変わらず不透明のまま。アメリカのように事前に国会で経歴が公表され、人格・識見についてテストされてもいいように思う。最高裁事務総長も先日交代した。事務総局に在任中は給料を職員並に引き下げるべきだという意見に私は賛成する。行政官を裁判官と同じ処遇するべきではない。ふだんなら送別会は1人ずつやるんだけど、最近は多いものだから、2人まとめてやることが何回かあったという。日弁連会館にいると、いろんなことが見えてくる。

新しい首相官邸

午後4時半から、首相官邸で顧問会議があり、私も日弁連からの傍聴者の1人として参加した。天井の高い会議室だったので、小泉首相の挨拶はよく聞きとれなかった。裁判迅速化法案が議論され、拙速ではいけないという声もあがって、少しだけ安心した。報道陣がたくさんいて、エレベーターで降りていたところが2階だったのに驚いた。さすがにモノモノしい警戒態勢。

11月12日（火）

朝日新聞の記者と懇談

日弁連会館17階で、朝日新聞の社会部長ほか記者5人と日弁連執行部との懇談会が開かれた。司法記事に強い朝日新聞だが、このところ裁判迅速化法案など、司法関係の記事が光っている。その主力記者の1人は福岡にもいた山口記者。私も、裁判迅速化法案検討WG（ワーキンググループ）の座長として、日弁連のスタンスをレポートした。迅速のみでなく、充実が必要。裁判の現状をきちんと認識すること、人的・物的基盤の充実なしに迅速はありえないと訴えた。そのほか、裁判員などもテーマとして懇談したが、1時間半があっという間に過ぎた。コーヒーとケーキが途中で出るはずだったらしいが、現実には日弁連側の手違いによって何も出ないまま、ひたすら意見交換に終始した。

秋の叙勲祝賀会

夕方4時半から、東京会館11階において、秋の叙勲を受けられた先輩会員の祝賀会が開かれ、参加した。日弁連副会長をつとめられた会員は勲3等瑞宝章、日弁連（常務）理事や司法研修所教官は勲4等。ちなみに、元最高裁判事は勲1等。秋の叙勲では勲3等が7人、勲4等が13人だった。

70歳は遠い先の話と思っていたが、自分がなってみると、あっという間で、感無量だ、という感想に思わずうなずいた。私も弁護士生活30年になろうとしている。月日のたつのは本当に早い。

11月13日（水）

丸1日、事務所で仕事

この4月以来はじめて朝9時半すぎから夜7時半まで、大牟田の事務所で仕事をした。午前中に自己破産の関係で6人、個人版民事再生で2人（1件は受任）、控訴事件の打合せで1人、合計9人と面談した。昼休みは、うなぎ屋さんの小部屋でセイロ蒸しを食べながら所員会議（10月に新人の田上弁護士が入って初めて）。

午後からは破産事件で2人、民事再生で2人の面談を終えて、田上弁護士と一緒に、精神病院へ面会に出かける。いずれも私と同世代の男性。1人は早く退院したい、もう1人は開放病棟に移りたいという希望だった。うち1人は、しきりに不知火町の永尾弁護士と友だちだと訴える。その当の本人を目の前にして、友達なんだと言われても、私としては当惑するばかり（友だちではなかった）。これは、弁護士会からの精神保健当番弁護士としての出動要請。担当の精神科医には会えなかったので、田上弁護士に引き継ぐことにした。そのあおりで、事務所には案の定、戻りが遅くなり30分ほど打合せに遅刻。破産手続中の依頼者が病気を苦に自殺して、お父さんから相続放棄について相談を受け、さらに別件の控訴事件について打合せをした。1日で17人と面談したことになる。これは、私が弁護士会の仕事をしていないときの通常の生活パターン。昼間、席にすわって起案する時間をとれることは、まずない。そのあと、パートナーの中野弁護士と事務所運営について相談したり、拡張中の事務所スペース（60坪ほどになった）の利用方法を協議しているうちに夜7時になった。新しい机が入ったので、机のなかを整理しているうちに、空腹のため失神しそうな気配を感じ、今日はここまでと打ち切って帰宅。

11月15日（金）

司法書士制度推進議員連盟

朝8時15分から総会が開かれた。議員連盟の会長が加藤紘一元代議士から太田誠一代議士に交代した。太田代議士は困ったことに、司法書士会の代弁者であり、事物管轄の上限をなくし、青天井でいいと高言している。この日、簡裁の事物管轄の大幅引きあげが意思統一されると困ったことになると心配していたが、当日は300万円という声はあがったものの、具体的金額は取りまとめのなかで言及されなかった。

前日の14日、日弁連副会長3人で衆参両議院42人に対してロビー活動をした。「大幅引き上げを求めるのは、免許を認められたばかりなのに、大型の免許を要求するようなもの。試運転が必要だ」と訴えると、よく理解してもらえた。ただ、自民党の一部有力議員には依然として、車1台分（300万円のこと）は扱えるようにすべきだという声がくすぶっている。

司法シンポジウム

クレオ（日弁連会館）で開かれた弁護士任官をテーマとした司法シンポジウムは大盛況だった。福岡の作間弁護士が目標の50人には達しなかったけれど、その6割32人が任官することになったと報告し、大きな拍手をあびていた。九州からは1人のみ。オランダのアムステルダム高裁長官のシッパー判事の話は参考になった。パネルディスカッションのとき、最高裁の中山総務局長が、有史以来初めて日弁連のシンポにパネリストになったと紹介された。それ自体が異常ではある。福岡の田辺弁護士と、早く福岡からも任官者を出し、肩身の狭い思いをしなくてすむようにしようと話した。

オランダにおける弁護士任官

オランダには弁護士が1万1800人、常勤裁判官が1600人いる。人口は1545万人。面積は九州と同じ。司法官試補は毎年50人ほどで、合格したあと6年間の研修を受ける。はじめの3年間は共通内部研修で、4年目は裁判官または検察官の研修、そして最後の2年間は弁護士事務所や民間会社で働く。ところが、実務経験6年以上の弁護士や大学教員などからの任官も多く、今では裁判官の7割を占めている。まず、非常勤裁判官になる。面接試験で6割は落とされる。シッパー判事は、8年の弁護士経験を生かしているというユーモアたっぷりの話をした。

蕎麦とラーメン

司法シンポで出た話。パネリストの三木氏（毎日新聞）が、裁判官は廊下を歩くとき、裁判長以下きちんと一列になっているし、食堂に入って料理を注文するときにも裁判長が蕎麦を注文すると残る2人も同じ蕎麦にする。なかにはラーメンを注文をする人がいてもいいと指摘した。

最高裁の中山総務局長は、そんなことはない、自分が裁判長のとき陪席裁判官の方が値の高いものを注文していたとムキになって反論していた。私も、まさか料理まで同じものを注文するとは・・・信じたくない。しかし、似たような話は、実際よく見かける。それは着席順。宴会のとき、弁護士会なら、めいめい勝手。ところが、裁判所は順列組み合せが厳格。どんなに年をとっていても、簡裁判事や副検事は初任の判事補よりも下座にしかすわらない。やっぱり、あれはおかしい。

11月16日（土）

弁護士報酬の目安づくり

先のアンケート回答2000通あまりをもとに弁護士報酬の目安づくりの作業がすすんでいる。名古屋の山田・川上弁護士が部会長・事務局長として大活躍している。本当に地道な作業で、私は顔を出すたびに頭の下がる思い。弁護士法改正が来年の通常国会で予定されている。拘束力のある報酬規定がなくなったとしても、市民にとっての目安はやはり必要だ。アンケートに対する回答の金額が案外低いことに驚く。回答は、平均値というより中央値が示され、市民の意見もきいて目安として発表される予定。

これから30年、弁護士はおいしい

これはサンデー毎日（11月17日号）の見出し。25歳未満の若手弁護士でさえ3人に1人が1000万円をこえる所得を申告している。大学を卒業したばかりで、これほどの高収入をあげられる職業はそうあるまい。全世代に広げても3人中2人が年収1000万円をこえる。「将来も明るい」というのが、最前線で活躍する多くの弁護士たちの一致した見解。だから、法学部志望は急増している。「おいしい」かどうかは、人によりけりだと思うが・・・。

31期なら年収2100万円

31期修習の弁護士が任官したら、判事3号になるはず。判事3号は、月給110万円、調整手当13万3000円がついて、3月の期末調整手当97万円、6月のボーナス255万円、冬のボーナス273万円だから、年収2112万円。退職金とか年金を考えたら、弁護士より断然いいのでは？

免許の更新

11月17日（日）

ＪＲに乗って羽犬塚にある試験場へ免許の更新に出かけた。午前9時前に着いたところ、既に長蛇の列。１日で２０００人ほど更新手続する。窓口で手数料を払うとき、交通安全協会の加入を申し込む人がすごく少ないことに気がついた。前は、加入を申し込まないのには勇気がいったが、今はみんな平気で断わっている。あの交通安全協会というのは本当に市民に役立つ団体なのか。

顔写真はコンピューターで登録できる最新式。スーパーコンピューターに個人情報を一元管理するなかで、顔写真も集中させられるのだろう。優良講習なので、講師の話を聞いて、少しビデオを見て30分ほどで終って、ほっとした。帰りは時間もあり、よく晴れていたので、ＪＲ羽犬塚駅まで30分ほど歩く。気持ちのいい秋晴れ。イチョウが真黄色にほどよく色づき、枯れ葉を踏みしめるたびにカサコソ乾いた音を聞くのも心地よい。

『触法精神障害者の処遇と精神医療の改善』

この本（明石書店）は、福岡県弁護士会の精神保健委員会がシンポジウムや夏合宿など研究成果をまとめたもの。私も福岡県弁護士会の会長として夏合宿に参加していたので、その感想が載っている。

日本の精神障害者は２０４万人いると言われるなかで、精神科の病院に33万人が入院し、うち医療保護入院が18万人いる。５年を超える長期入院が15万人。殺人罪についてみると、一般犯罪者の再犯率は28％に対して、精神障害者は6・8％。放火は、一般犯罪者が34・6％に対して精神障害者は9・4％。つまり、触法精神障害者あるいは重大な犯罪行為をした精神障害者の人が、一般犯罪者に比べてより危険であるとは言えない。

『官僚転落』

厚生省の事務次官までのぼりつめた高級官僚が収賄容疑で逮捕され、最高裁判決を前に自分の事件と官僚としての人生をふり返った本（廣済堂出版）。岡光被告は6000万円を官房長室で受けとったことは認め、これは借金であって収賄ではないと主張している。そして1審の弁護士が接見回数も少なく、早く保釈で出るために認めろというので「自白」したところ、2年の実刑を受けてしまったことに大いなる不満をもらしている。1959年に東大に入学しているから、私より8歳年長だが、私と同じようにセツルメント活動をしていた。場所は本郷・菊坂で、法律相談のほか、子ども会パートにも顔を出していた。「菊坂ハウス」をめぐって代々木系と反代々木系の主導権争いを身近で経験したことが、役所内での権力闘争に役に立ったと書かれていて、首をかしげた。

『アフガン戦争の真実』

この本（ＮＨＫブックス）を読んで、なるほどそういうことだったのかと膝をうった。当時のソ連指導部はアフガン介入に消極的だった。ところが、ソ連の軍産複合体出身のウスチノフ国防相（職業軍人ではない）が、その出身母体である軍産複合体の利益を代弁して、推進していった。また、アメリカのブレジンスキー安保担当補佐官がソ連に罠を仕掛けた。ブレジンスキーはインタビューで次のように述べている。我々がソ連を軍事介入に追いこんだのではない。しかし、意図的に力を加え、ソ連がそう出てくる蓋然性を高めていった。この秘密作戦は傑出したアイデアだった。ロシア人たちをアフガニスタンの罠に引っ張りこむ効果を生んだ。我々は、モスクワをベトナム戦争のような泥沼の戦争に引き込むチャンスだとカーター大統領に進言した。実際、そのとおり、モスクワは、ほぼ10年間、そのシステムには耐えられない戦争をした。その結果、この戦争はソ連帝国の衰退をすすめ、崩壊を生じせしめた。国際政治におけるバランス・オブ・パワーの一端を見た思いがした。

11月18日（月）

日経新聞記者との懇談会

午後3時から、日比谷公園内の松本楼で日経新聞の社会部長ほか3人との懇談会が開かれた。日弁連からは本林会長のほか、副会長は私1人が出席し、あと弁護士6人が参加した。

裁判迅速化法案については、17日の日経新聞「中外時評」に藤川論説委員が「迅速化と充実の二兎を追え」と書いていたとおりの意見が出た。2年内に大半の事件が終了していること、2年を超えるのは民事で7・2％、刑事で125件にすぎないことは記者もよく承知している。しかし、ごく一部の著名事件が世間に目立つので、国民に「裁判は長くかかっている」というイメージを与えている。だから、日弁連は国民に分かりやすくアピールすべきだという意見が出た。埼玉の保険金殺人事件も、円藤・前徳島県知事の刑事事件も早く終った。こんなときには日弁連としてコメントを発表したらどうか。また、甲山事件のように20年もかかるような事件は今後はないかもしれないが、どうやったら迅速化できるのか、弁護士会としての処方箋を示したらどうかという意見も出た。

松本楼の前に「首かけイチョウ」というイチョウの木がそびえている。見事に黄変して落ち葉のじゅうたんを敷いている。4歳くらいの女の子が15枚ひろったよと母親にうれしそうにイチョウの葉をかざしていた。菊花展もそろそろ終りかけだ。

『たそがれ清兵衛』

木枯らしの膚寒さを感じさせる夕闇迫るなか、日比谷公園を通り抜けて映画館へ足早に向かう。ベンチに布団にくるまって寝ているおじさんが2人いる。夜中に寒さのため目を覚ますのではないか。ホームレスに厳しい冬も目前。山田洋次監督の映画を久しぶりに見る。

江戸時代末期。明治維新の足音が聞こえているなか、下級武士の日常生活が隅々まで再現されている。吐く息、体臭までも感じることができる。丁寧な情景描写で、庄内地方の自然の美しさに心が安らぐ。真田広之の凛々しさ、宮沢りえの息をのむ美しさ、子役の愛らしさ、殺陣のすさまじさに、2時間があっという間だった。人生の豊かさを味わいながらも、涙が止まらなかった。

11月19日（火）

日弁連副会長への出席補助

私は日弁連副会長としての活動費を九弁連から補助してもらっている。九弁連の予算では、日弁連副会長への出席補助金は年間260万円。ただし、半分の130万円は福岡県弁護士会が負担しているので、九弁連の負担は残る130万円。出席補助は1日2万円、ただし、2日目からは1日1万円。私は、毎月25万円前後いただいている。このことを他のブロックから選出されている副会長に話すと、うらやましがられることしきり。たとえば、北海道では、年間40万円の補助金しかない。しかも、全国のブロック大会に参加するときの参加費（2万円）や懇親会費（1万5000円）も九弁連が別に負担してくれる。もちろん、そのときの宿泊費の実費も別。北海道は、自己負担。九弁連は、このような日弁連への支援体制がすすんでいるから、心おきなくがんばれる。

11月20日（水）

朝9時から夜10時まで会議

文字どおり朝から晩まで会議をしていた。日弁連会館の16階と17階を移動するのみ。午前9時から窓口会議が始まる。朝8時からの自民党司法制度調査室に参加してプレゼンした成田副会長が遅れて参加した。10時に終って30分間の休憩時間があるが、この間も委任状確保の電話かけであっという間にすぎた。10時半から正副会長会議が始まる。臨時総会を目前にして今日も議題は山積み。昼食は、地階の和食レストランからアジフライ定食が届いていた。あたたかいご飯が食べられて、ほっとする。午後1時、正副会長会が再開。途中、3時に30分間の休憩だが、さらに電話かけの続行。会議は夕方5時をまわっても終る気配がない。司会の大川総長が夜7時から続行を宣言。

私は、午後5時半から労働検討会のバックアップ会議、6時半から仲裁検討会との協議をすませ、頭がボーッとしながら40分ほど遅れて正副会長会に合流した。弁護士会の情報公開、そして裁判迅速化法案などを議論して、会議が終ったのは夜10時少し前。夕食抜きだったから、KKRホテル近くのファミリーレストランで軽く野菜いためを食べ、早々にシャワーを浴びて寝る。

11月21日（木）

国会議員への要請行動

日弁連理事会を午後3時前に切りあげ、国会議員への要請行動に取り組む。私は、福岡の藤井会長・荒牧副会長と組んで衆参3つの議員会館をまわった。幸いにも議員本人にも4人と面談することができた。自民党の原田義昭、松山政司、舛添要一議員と保守新党の泉信也議員。

テーマは簡裁の事物管轄の引き上げは100万円までにしてほしいというもの。単なる弁護士会と司法書士会の職域争いではないことに理解を得られたように思う。福岡・北九州出身の舛添議員は、私と大学同期で同じクラスだった。30年ぶりに会ったが、さすがに私を覚えてくれていて、すごい出世ですねと言われたので、そちらこそと切り返した。彼は私の髪の毛が黒いことにも言及し、自分の方は薄くなって・・・、とこぼしていた。この日、議員会館は年末の予算折衝を控えて、大勢の陳述団で溢れ、入り口に行列ができるほど。男ばかりの集団で、異様な光景。日弁連としての統一要請行動だったから、議員会館内で弁護士が何人も行ったり来たりするのを見かけた。終って日弁連会館での報告会のとき、沖縄の幸喜会長は事前のアポを取りつけ、議員本人と7人も会ったという報告をして、大きな拍手をあびていた。

90度の挨拶

日弁連の統一要請行動で国会議員に面会したときの印象。先日当選して国会議員になったばかりの荒巻隆三議員（30歳。久留米の富永弁護士と同級生）は、話が終って帰ろうとする私たちを深々と90度に腰を曲げて見送った。松山政司議員も同じ。さすがにベテラン議員はそんなことはしない。私は、亡父が47歳で脱サラして小売酒屋をはじめたころのことを思い出した。当時、私は小学1年生。どうしてうちのお父ちゃんは、もっとお客さんに頭を下げないのか、不思議に思っていた。頭が前方へ5度か10度ほどしか傾かない。90度なんて、とんでもない。ちなみに弁護士としての私は、前に30度くらい倒れるのが精一杯。管理職として長くひとを使う立場で過ごしてきた父は、お客さん（炭鉱労働者や失対事業のおじさんが主）に頭を下げるなんて、プライドが許さなかった。挨拶の仕方ひとつをとってみても、その人のおかれている状況がよく分かる。

AGATSUMA

11月22日（金）

津軽三味線がこんなにも軽快で現代的なリズムを奏でるとは、予想もしていなかった。若い上妻宏光のビートのきいた三味線を聞いていると、何かしら心の奥底からわきあがるものを感じる。ひょっとしたら、まだ私も案外ビートに乗って踊り狂うことだってできるんじゃないか。そんな錯覚すら与えてくれる。夜、ホテルで寝る前に、シャンソンとともにMDで聞くのが楽しみ。

初霜

11月23日（土）

モズの甲高い鳴き声が聞こえてくる。初霜にエンゼルス・トランペット、バジル、カンナがやられ、黒くしおれてしまった。大きな庭バサミで枝を切る。すっかり見通しが良くなった。大きな枝をそのままにはしておけないので、なるべく小さくしようとハサミをふるうが、慣れないこともあって腕が痛くなる。2つのコンポストがたちまち満杯。

いまごろジャーマンアイリスが薄い青紫色の花を咲かせている。あたたかいので季節を間違えたみたい。鮮やかに咲いていた赤紫色の四季咲きクレマチスも霜にあたって、元気がない。ツワブキの黄色い花は今が盛り。庭にチューリップ、クロッカス、ムスカリの球根を植えた。陽が落ちて、カラスが鳴きながら空を飛んでいく。それを作業止めの合図と受けとめ、家に入った。気持ちのいい小春日和に庭仕事をすると、心身が本当にリフレッシュする。田舎で自然とともに生きるのは、本当にいい。

仏検1級を受験　11月24日（日）

今日も爽やかな秋晴れ。前日、一夜漬けの勉強をして、フランス語検定試験を受けに福岡へ出かける。案の定、まったく歯がたたない。形容詞を名詞に変えて、同意の文章をつくれというのだが、さっぱり分からない。いったい今日、私は、ここへ何しに来たのだろうか…。そんな自己嫌悪に陥った。お腹も痛んでくる。それでも我慢して、最後の仏作文まで、なんとかやりとげた。書いたものを見直す時間もなく、2時間たった。15分ほど休憩して、再開後に書きとり・聞きとりの試験。こちらは毎朝のヒアリングと書きとりが効を奏して、少しは、まともに書けた。

地獄の3時間がたち、正解プリントをもらって早速、自己採点する。１５０点満点の44点。とてもとてもの成績。それでも、3時間みっちりやったから、少しはフランス語が身についたかな・・・。そう自分をなぐさめた。やれやれ。いつの日か、フランス語を思う存分に話せ、フランス語で小説を書いてみたい。

『読書について』

19世紀のドイツに生きたショウペンハウエルは、この本（岩波文庫）で、多読をつつしむべきだと指摘している。他人の踏み固めた道になれきって、その思索のあとを追うあまり、自らの思索の道から遠ざかるのを防ぐ必要がある。読書のために、現実の世界に対する注視を避けるようなことがあってはならない。多読乱読を好む私にとっては耳の痛い話で、まさに頂門の一針。ただ、読書と同じように、単なる経験もあまり思索の補いにはなりえないとも言っている。経験主義者ではない。無知なる富者は、ただ快楽に生き、家畜に近い生活をおくる、と警告している。

この『Eたより』を読んでいる福岡の某有力会員から「小学生の作文」だと酷評されたり、東京にいる長男からは「読み返してみようという深い味わいに欠ける」文章だとけなされたり、それでも、なにくそ、どんな誹謗中傷にも負けないぞ、そんな気持ちで書き続けている。明日はヒノキになろうというアスナロの心もち。

『定年ゴジラ』

重松清はなかなかのストーリーテラー。この本（講談社文庫）も読ませる。私も、とうのたった団地の一角に住んでいるので、身につまされるところがある。分譲団地から、子どもたちが大きくなって次々と巣立っていく。あとに残されたおじさん、おばさんたちの定年後に何もすることのない哀れな生態が活写されている。弁護士には定年がないが、それにしても、仕事がなくなったらどうしようという思いが、いつもつきまとう。

『二〇〇万都市が有機野菜で自給できるわけ』

キューバについては、正直いって私にも多少の偏見があった。しかし、この本（築地書館）を読んで、キューバって、案外いい国なんじゃないかと見直した。ソ連が崩壊し、アメリカから厳しい経済封鎖を受けて食糧危機に陥ったキューバが始めたのが、都市の空き地を全部農地にかえることだった。そんなにうまくいくものかと疑問に思うが、今では立派に有機野菜で自給できるまでになったという。キューバにはカストロ首相をふくめて特権階級がいない。官房長官が自転車通勤しているなんてとても信じられない。社会主義にノーメンクラトゥーラ（支配官僚層）にはつきものだと思っていたが、キューバではそうではないようだ。

『極限に生きる植物』

こんな写真集に出会うと、乱読して良かったと叫びたくなる。新書版（中公新書）なのに、カラー版。苛酷な環境に生きる個性的な植物たちを拝む（！）と、その見事さに感嘆し、言葉を忘れてしまう。有名なバオバブは、葉を落とす乾期には幹が光合成する。ペルー南部の標高4000メートルの高山にいるセンチュリープラントは、100年生きて、最後に高さ10メートルもある巨大な花茎を長く伸ばし、種子をつくったあと枯れて死ぬ。

『エルヴィスが社会を動かした』

テネシー州メンフィスにエルヴィス・プレスリーの自宅が博物館として残っている。5年ほど前に私も見学したことがある。専用機まで展示されていたが、観光客で一杯だった。エルヴィス・プレスリーは、私が弁護士になって大牟田にUターンしてきた1977年に42歳で亡くなった。ストレスと肥満による心臓マヒ。私が小学生のころ、ロカビリーそしてロックンロールが大変な人気だった。自宅の前にあった三池工業高校（高校野球で優勝した原監督も有名）の運動会の応援合戦のとき、派手なパフォーマンスでロカビリーが演じられているのを見て、高校生ってすごいんだなと幼心に大いに感心したことを鮮明に覚えている。

この本（青土社）を読むと、エルヴィス・プレスリーは貧しい白人の労働者階級に育ち、黒人音楽を自分のものとして取り入れていたことがよく分かる。エルヴィスは黒人に対して差別せず、敬意をもって接していた。

11月26日（火）

日本経団連との懇談会

夕方から、日弁連会館で、日本経団連との第1回懇談会が開かれた。これは本林会長のアイデアにもとづくもので、弁護士が各方面へ進出していくためのきっかけをつかむという戦略日標による。

企業側からは、弁護士の資格といってもなんぼのものか、弁護士といってもピンキリあり、当然に「つかいもの」になるとは限らない。独立性とか弁護士倫理といっても、それは企業法務部であっても同じことだ。そんな反論があった。お互いのカルチャーの違いを再認識させられた会合だった。

11月27日（水）

刑事法制委員会

午後からの刑事法制委員会に「裁判迅速化促進法案」の審議の関係で出席し、報告した。

福岡の高木弁護士から、小泉首相への対応が甘い、だまされないようにすべきだと鋭い指摘を受けた。裁判の充実と迅速をセットに考え、なんとかいわゆる抵抗（反対）勢力というレッテルをマスコミから貼られないようにしたい。そんな説明に対して、厳しい批判が相次ぎ、頭を悩ます。

自民党代議士を囲む会

夜6時から、芝公園前の東京プリンスホテルで開かれた高村正彦議員を囲む会に出席した。広い会場は文字どおり立錐の余地もない。会費は2万円（弁政連の負担）。3000枚以上パーティー券は売れてるんじゃないか。須須木副会長と、そんな無責任な噂話をした。

高村議員は外務大臣なども歴任した実力者だが、弁護士でもある。日弁連の主張にも理解を示してくれることが多いこともあって、本林会長は来賓挨拶で「韓国と同じように、久しぶりの弁護士出身の首相が待望されている」と述べた。

京のお茶屋　11月28日（木）

夜、近弁連人権擁護大会の前夜夕食会のあとの二次会で、京都・宮川筋にあるお茶屋「たけもと」に繰り出した。あんたが二次会につきあうのは珍しいな、と河原副会長に冷やかされた。京の舞妓はんを見たかった。これも社会勉強のつもり。宮川町は、格からいうと5番目くらいかなとは川中副会長の解説。小さな格子戸を入って2階に上がる。30人ほどの団体客だから、どうなるのかと思っていたら、水割りとピーナッツのあと、やがて日本舞踊が始まった。2曲で終わり。舞妓さんは20歳までということだが、顔の白粉が厚すぎて、気味悪いほどの白さ。これで会費1万円は、やっぱり高い。

琴と尺八　11月29日（金）

夜の近弁連人権擁護大会のあとの懇親会で、ジョン・海山・ネプチューンというアメリカ人の尺八を聞いた。流暢な日本語による洒脱な解説をまじえながらの見事な演奏に聞きほれた。ときには尺八を横笛のように吹いたり、ドラムのように叩いたり、縦横無尽に、さまざまな音色を出して楽しませてくれる。共演の和琴を弾いてくれた福原左和子氏は、ゾクゾクするほどの色気を感じさせる女性だった。最後には、熱演のあまり、爪が6メートルほど離れた私のテーブルまで飛んできた。

私は、一番前のかぶりつきで、赤ワイン片手に生演奏をたっぷり堪能することができた。たまに生の芸術を鑑賞すると、なんだか心が洗われる気がする。

夜の京都

近弁連大会の懇親会のあと、二次会の会場まで歩いていくことになった。少し寒さを感じる夜だったが、大正解だった。知恩院も八坂神社もライトアップされ、神々しさすら感じた。30分ほど足がきつくなったころにたどり着いた。お茶屋を改造した居酒屋。日弁連副会長の夫人連が4人参加され、いつものように、古井副会長による軽妙な司会進行のなか、腹をかかえる大笑いの夜となった。

11月30日(土)

グローバル・コンパクト

午後から、日弁連会館17階で「企業の行動基準と人類を考える」シンポジウムが開かれた。日弁連副会長として挨拶をし、途中まで参加した。福岡の近藤弁護士は、国際人権問題委員会の主要メンバーで、今日もコーディネーターとしてがんばっていた。

グローバル・コンパクトとは、アナン国連事務総長が提唱したもので、世界各国の企業に対する要請項目のようなもの。すでに世界の数百の企業が受けいれている。このシンポジウムでは、企業のコンプライアンスをすすめるなかで、内部告発の位置づけについても議論された。

11月の日弁連理事会において、内部通報前置は相当でないという意見は、まだ関連委員会での協議がなされていないので先送りすることになったと執行部が報告したところ、福岡の藤井会長から先送りすべきでないとの強い異議が出た。私は、国際人権・労働法制の両委員会との協議を尽くしたうえで必ず提出するから猶予して欲しいと改めて訴え、なんとか理事会の了承を得た。あとで、数人の理事からさっきの福岡対決は面白かったな、とからかわれてしまった。

法律相談事業に関する九州ブロック協議会

唐津シーサイドホテルで会合があり、私も遅れて夜の懇親会から参加した。海に面した見晴らしのいいホテル。対外的配慮と事務の煩雑さから事務手数料をなくし、会費増額の方向で検討中だという会がいくつかあった。ただ、あまりに会費が高いと新規入会者の参入障壁にならないか、心配だ。

九弁連の都市型公設事務所の構想

福岡の幸田弁護士が、次のプランを提起した。

○ 弁護士4人、事務員4人からなる法律事務所をつくり、九弁連が支援し、監督する。
○ 過疎地の公設事務所に赴任する弁護士を育成する。幅広い業務を扱い、受任制限しない。
○ 所長の弁護士は経験10年以上とし、年収1500万円（税こみ）。任期5年（延長可）。
○ 指導担当弁護士も経験10年以上、年収800～1200万円。任期5年（延長可）。
○ スタッフ弁護士は過疎地の公設事務所にいくことを条件として採用。600万円（交通費別）。任期2～3年。
○ 開設費用は3000万円、年間支出予測は8000万円。

東京では、東弁と二弁がつくっている。九州でも必要になっていると思う。

難民認定

日本は、1998年まで難民として確定したのは毎年わずか1人。その後、少し増えて年に10～20人ほど。難民申請は、ドイツ16万人、アメリカ12万人、イギリス6万人、カナダ3万人、フランス3万人、イタリア8000人に対して、日本はわずか15人。

難民とは、人種・民族・宗教・特定の社会集団・政治的意見を理由として迫害を受けるおそれがある人のこと。経済難民は、経済的困窮により本国を離れた人で、難民条約上の難民にはあたらない。移民は、よりよい生活を求めて国境を越えた人。

サラ金の広告

日本の広告主1位はトヨタ自動車で952億円（過去10年間トップ）、2位は本田技研540億円（過去5年で4回2位）。大手サラ金のテレビ広告は目に余るが、1位プロミス210億円（対売上高比7・1％）、2位アコム202億円（同5・55％）、3位アイフル170億円（同6・3％）。3社あわせるとホンダを上まわる。サラ金のテレビコマーシャルは「これを使ってください」という商品広告ではなく、「ウチの会社を信頼してください」という企業広告。もし、「これを使ってください」と言ってしまうと、メディア側は受けつけないだろう。サラ金のテレビコマーシャル野放しは直ちに止めさせなければいけない。といっても、私は、自宅にテレビがなく（ビデオは見れる）、外でもテレビはほとんど見ないので、テレビコマーシャルの実物は見たことがない。そんな私が言っても説得力に欠けるが、テレビCMを見て借金しに行ったというアンケート回答が多いのを見ると、やっぱりサラ金のCMは止めさせるべきだと痛感する。

12月

12月1日（日）

菜畑（なばたけ）遺跡

JR唐津駅から歩いて10分のところにある。法律相談事業に関する九州ブロック協議会が昼前に終わったので、寄ってみた。今から、2600年前の縄文時代晩期の日本最古の水田跡が畦とともに発掘された。焼けて黒こげになったお米も出土した。祭りに使われたと思われる、3頭のブタの下顎に棒を貫いたものも発見された。稲作は中国大陸から朝鮮半島を経て、九州に上陸したことを裏づける貴重な遺跡。ビデオやジオラマを見て庭に出ると、メジロがしきりに鳴いていた。

『ザ・フィフティーズ』

1950年代のアメリカの光と影をたどった本（新潮OH文庫、1〜3巻）。大変読みごたえがある。反共を売りものにしたマッカーシズムに手を貸したワシントンの記者たちが厳しく批判されている。しかし、今の日本のマスコミも同じようなもの。彼らは、ともかくニュースが欲しかった。『アイ・ラブ・ルーシー』は、私も子どものころテレビで見て、アメリカ式の文明生活にあこがれた。ロサンゼルスのユニバーサル・スタジオの展示館に入ったとき、なつかしく思い出した。

12月2日（月）

裁判迅速化法案についてのプレゼンテーション

夕方4時から永田町庁舎第1共用会議室で裁判迅速化法案についての法曹3者のプレゼンテーションが行われた。日弁連を代表して私が15分ほど意見を表明した。あと、法務省・最高裁と続いた。それなりに広い会場に、佐藤幸治座長のほか、伊藤眞・井上正仁・青山善充・高橋宏志の各座長、そして大宅映子・奥島顧問が前方にズラリと並ぶ。まるで口頭試問を受けているような状況だ。奥島顧問（前早大総長）から、日弁連の責務を法律に明記した方がいいのではないかとしつこく喰いさがられ、困惑させられた。具体的な裁判の審理に関することなので日弁連の責務を明記するのは適当でないと答えたが、なかなか納得してもらえない。佐藤座長が、その点については、2つの考え方があるということにしておきましょうとまとめた。予断を許さない。緊張したせいで、ノドが乾いてしかたがなく、机上のお茶で何度もノドをしめらせた。

精密司法を見直す（？）

最高裁が従来の精密司法を見直すようなことを言ったので、翌朝の新聞に大きく報道された。私もその場で聞きながら、おやっ、何か目新しいことを言い出したなと思った。それでも、マスコミが大々的に報道するほどのこととは思っていなかった。これが恐らく私のセンスのなさなのだろう。ところが、ずい分あとになって、最高裁は、あの記事は誤報だと言っているということが伝わってきた。裁判迅速化法案に抵抗する意味から、そんなことになれば、従来の精密司法が維持できなくなるかもしれないが、それでいいのかと言いたかった（ブラフをかけた）のだという。なるほど、そういうことだったのか。現場の裁判官が反撥しているほか、検察・警察サイドから猛烈な批判をあびているという。最高裁は抵抗勢力というレッテルをマスコミから貼られないように知恵をはたらかして、あんな表現をしたらしい。

さとうゴーダン議員を励ます会

夜、自民党の佐藤剛男代議士の「飛躍を期待する集い」が東京プリンスホテルで開かれた。佐藤議員は自民党の司法制度調査会の副会長で、法科大学院問題に関わっているから、日弁連と密接な関係にある。議員本人も司法試験に合格している。先日の高村議員の会合と同じホテルだが、別の部屋。広い会場に大勢の人がつめかけているのは変わらない。大変な吸引力をもっている。福島1区選出で、企業誘致のかわりに刑務所を誘致するという挨拶をしていた。本林会長が、佐藤議員と大学同級生ということで挨拶した。この日の会費2万円も、弁政連の負担。

12月3日（火）

うまいもの屋

ふくおか会館の近くに「うまいもの屋」という洋風居酒屋がある。いつ行っても近辺のサラリーマンで一杯。私は、そこで一人遅い夕食をとりながら、本を読む。ダイコンのおいしい季節。おでん味で煮こんだダイコンは、ほどよい歯ごたえ。ナスビのピリ辛炒めも、食欲をそそる辛さ。口の中に辛さが広がり、赤ワインを少し飲んで舌をなだめる。ジャガイモの細切りとベーコンいためは、あっさり味。ボリューム満点なので、ますます太りすぎが心配になる。東京にいると、移動時間がほとんどないため、本を読む時間がとれないのが悩み。この夕食時の小1時間のみが、貴重な読書タイムだ。

弁護士報酬の目安づくり　12月4日（水）

午後から、日弁連17階で弁護士制度改革推進本部の第3部会が開かれた。先日のアンケートの回答2000通をもとにして、目安づくりをすすめている。いったい誰のためにつくるのかが再び議論になった。要するに、裁判を利用したことのない市民向けだけなのか、弁護士にとっても報酬請求の算定に役立つものとするのか、ということ。結論として、市民向けをめざすことになった。

日本司法書士連合会との協議会

午後3時から法曹会館で日弁連と日司連の協議会が開かれ、岩本副会長とともに参加した。司法書士会側が政治連盟をつかって自民党に猛烈な働きかけをして、簡易裁判所の事物管轄が90万円から150万円以上に引き上げられようとしているなかで、協議会を延期すべきだという声もあがった。しかし、それはいかにも大人げないということで第1回の会合がもたれた。

来年4月から司法書士が簡裁での訴訟代理権をもつための特別研修が始まる。簡裁で敗訴したときの控訴人の代理権までは認められないので、その引き継ぎが必要になる。100時間の特別研修について、講師の確保が必要で、そのペイをどうするかも未定。講師1人で30時間も受け持ち、1時間2万円では安すぎる。午後4時ころ、途中で抜け出し、日弁連会館に雨のなか戻った。裁判迅速化法案の対策WGの座長をしなければいけない。連日、会議を渡り歩き、頭が空まわりしそう。

執行部は寝ていた方がいい（？）　12月5日（木）

クレオで開かれた日弁連の臨時総会は7時間のロングランだった。それでも、予定した時間どおりに終った。昼12時半に始まり、終了が夜の7時半。綱紀審査会に関する1号議案が7500対1400の大差で可決。法科大学院にからむ修習期間短縮の2号議案も6800対1400で可決された。本林執行部の、これまでの地道な努力が信任されたものと受けとめている。

反対意見を述べた福岡の某弁護士が、執行部はいろいろ努力してきたというけど、その方向が間違っているから、むしろ何もしないで寝ていてくれた方がよかった。そんな意見が表明され、びっくりした。また、努力したといっても、密室でやってもムダ。経団連や連合のみを相手に働きかけても意味がない。それより国民に直接訴えかけ、弁護士1万人を集めてデモかパレードをすればいい。荒唐無稽としか思えない、こんな無責任な意見も飛び出した。壇上の執行部席に坐っていると、会場内がよく見渡せる。自分の足もとをもっと見て発言してほしいと願った7時間だった。

日弁連臨時総会

いま日弁連の会員数は1万9587人。臨時総会に寄せられた委任状は、賛成7571通、反対1279通。ちなみに、棄権は31人で、反対は84人。

東京3会は、本人出席をふくめると半分近く。ところが、会員数755人の横浜弁護士会は、賛成116人、反対22人で、合計しても151人しかない。たったの2割。兵庫県も438人の会員がいて、賛成97人、反対24人で、合計121人しかいない。2割強、関心が薄い。名古屋は891人の会員で、賛否が拮抗し、賛成175人、反対148人となっている。合計は337人。常議員会でも可否同数となって賛成になった。福岡県は会員628人で、賛成279人、反対29人の合計308人だが、これは委任状が1人30票までしか行使できないこと、出席者が10人以上は確保困難だということによる。1号議案（綱紀・懲戒）に会として反対したのは4会（栃木・群馬・秋田・釧路）、2号議案（修習期間）に反対した会は秋田のみ。

12月6日（金）

15分間マッサージ

日弁連会館14階の突きあたり奥の部屋に小さな保健室がある。そこで15分間のマッサージが無料で受けられる。若い男性が首、肩、背中などを上手にマッサージしてくれる。副会長室に割りあてがあって、希望すると受けられる。私は2度してもらった。会議の最中に抜け出してマッサージしてもらう。15分間だと、気持ちよくなって少しウトウトしかかったところで終わる。それでも、会議で居眠りするより、よほど身体にはいい。

12月7日（土）

久留米部会の忘年会

夜、久留米部会の忘年会に参加した。久留米部会は、この10月に5人の新入会員を迎え、意気軒昂。部会員も総数50人となった。かつてはお隣りの佐賀県弁護士会と人数を競いあっていたが、今や50人対38人と大差がついている。これも弁護修習のときに久留米部会に配属されるようになった成果。

法律事務所の共同化の実情

日本の弁護士の半数が個人で仕事をしている。ただし、弁護士が11人以上いる法律事務所に所属する弁護士も11・4％いて、こちらは年々増加している。個人経営の弁護士が半数いるというのは、実はアメリカでも同じこと。日本の特徴は、事務所の規模が大きくないこと、巨大事務所がないこと。

10月16日現在で、弁護士法人は53法人。うち従たる事務所を有するのは11法人。そのうち過疎地型の非常駐は4法人。1人法人が13あり、弁護士が10人以上いる法人は4つある。今のところ、大事務所は、あまり法人化していない。また、過疎地常駐型もまだない。

ゼロワン地域

10月10日現在、全国の「ゼロワン地域」が61ヶ所ある。これは昨年より3ヶ所だけ減った。

「ゼロワン地域」とは、裁判所の支部のある地域に弁護士がゼロまたは1人しかいないところのこと。弁護士ゼロの地域が25ヶ所、1人しかいない地域が36ヶ所。九州では、人吉と日南支部に公設事務所ができて「ワン地域」になったが、加治木支部が最近「ゼロ地域」になった。

12月8日（日）

『リーガル・コミュニケーション』

「冷たく突き放された」「六法全書は分かっても人の心が読めない法律家」と言われたことが私は何回もある。いつも忙しいので、「要するに何が聞きたいのですか?」と、ついつい口癖のように言ってしまう。そのたびに反省はするが、なかなか改まらない。この本（弘文堂）は、高名な加藤判事などが法律実務家が習得すべきコミュニケーション・スキルを展開したもの。若手弁護士にとっての入門書というだけでなく、私のように失敗をくり返している弁護士にとっては、いい反省の材料となる。これからはクレサラ事件や家事関係など、リーガル・カウンセリングが求められることも多い。

『非行少年と弁護士たちの挑戦』

西日本新聞でも大きく紹介された。福岡県弁護士会の子どもの権利委員会の意欲あふれる活動が、

NHKテレビで全国に紹介されたのに引き続き、本となった（NHK出版の『生活人新書』）。本屋の店頭で平積みされているのを見て、我が子のようにいとおしく、本の表紙をそっとなでてやった。17編のドキュメントが実にいい。どうしたら少年たちが本当に立ち直れるのか、世代を問わず弁護士たちが悩み、考えながら行動していく有り様が生き生きと描き出されている。

『立花隆先生、かなりヘンですよ』

この本（宝島社文庫）を読んで、立花隆の実像を初めて知った思い。ギリシャ語でプラトンを読み、ラテン語でトマス・アクィナスを読み、フランス語でベルクソンを読み、ドイツ語でヴィトゲンシュタインを読んだ。まだまだ、ある。ヘブライ語の旧約聖書を読み、漢文で荘子も読んだ。東大の仏文科と哲学科を卒業した。こんな語学の天才に、語学力のない私はひどいコンプレックスを感じてきた。ところが、立花隆は、たくさんの初歩的間違いを犯しているという。「教養のない東大生」にコテンパンにやっつけられている。なーんだ、その程度のものだったのか。立花隆もただの人だったんだ。

12月9日（月）

職員を6人採用

午後、夕方からの顧問会議に向けて私が副会長室で書類づくりをしていると、福島次長がちょっと時間をお貸し下さいと声をかけた。今度、日弁連職員として採用した6人の挨拶まわりだという。びっくりした。一度に6人も途中採用するなんて・・・。聞いてみると、綱紀審査会が新設されることになって、綱紀・懲戒事案の処理のために職員を増やすしかないという。

顧問会議

裁判迅速化法案も議論されるので、担当副会長として顧問会議を傍聴した。行く前に、日弁連としての意見を求められることもありうるから用意しておくようにとの本林会長の指示を受け、ペーパーも準備してのぞんだ。小泉首相が入ってくる直前にテレビカメラが入り、その挨拶の様子を撮影する。5分ほどでカメラが出ていくと、会議の中味が進行しはじめる。

前回は沈黙を守った志村顧問（津田塾大学学長）が、真っ先に個々の弁護士の協力義務と日弁連の責務とはどう異なるのかと発言しはじめたのには驚いた。日弁連の義務は入れてほしくないと私も、発言したかったが、機会がないままつぎの話題に移っていった。弁護士報酬の透明化と報酬規定を法律上の会則でないようにするというのは別の問題ではないのか、という疑問を投げつけたのも志村顧問だった。このときは、佐藤座長も報酬の目安づくりは必要だと助け舟を出してくれたので、私が日弁連は目下、独禁法違反と言われないような目安づくりをめざして作業をすすめていると発言した。

首相官邸の雪ダルマ

東京は朝から大雪だった。11年ぶりの大雪で、電車は大幅な遅れを出した。夕方まで雪は残り続け、ミゾレのなかを首相官邸に向かい、顧問会議を傍聴する。今日は4階の大会議室。前回より少しましな会議室。廊下はフカフカの青じゅうたん。日弁連からは4人出席し、私1人だけテーブル席。ガラスのコップに温かい緑茶が私だけサービスされた。壁際のイスに坐っている随行者は、お茶のサービスも受けられない。私は、1度だけ手をあげて日弁連の考えを説明する機会があった。終って外に出て帰ろうとすると、守衛所の脇に小さな雪ダルマが2つ並んで、ご苦労さま、と見送ってくれた。

首相官邸

新しい首相官邸は、国会のすぐ近く、古い官邸の裏側にある。建物の入口は奥まったところにあり、道路には面していない。守衛所には警察官が10人ほどいる。事前に連絡がいっているので、守衛所のところに空港で待ちかまえている人がもっているようなプレートを胸のあたりにかまえた人が待っている。そこで胸につける名札を受けとる。建物の正面から入っていくと、いきなりフラッシュをあびせかけられる。なかには20人ほどのカメラマンや記者たちがラインの内側に立って入ってくる人を待ちかまえている。建物に入ると、なかはガラスばりの大きな吹き抜けとなっていて広々としている。竹林が石庭にあり、まったく和風のつくり。左手に、ゆるやかな長いエスカレーターがある。前回は下へ降りていったが、今回は上へのぼっていく。着いたところが4階の大会議室。入口からすると、2階でしかない。廊下には青い縞もようのふかぶかした絨毯が敷きつめられていて、歩きにくい。会議室の出入り口には10人ほどの男性がチェックしているが、名札をつけていると、誰何されることもない。首相が入ってくるときには、前後左右を6人ほどの屈強な男たちが固めている。カメラマンが入ってくるときにも、一定距離以上は近づけないよう、2人ずつ構えている。柔道の山下選手みたいなどっしりした体格。コップのお茶を運んでくるのも男性。

帰りは、記者団の立っているあたりで名札を返却する。あとはご自由に、ご勝手にお帰りください、そんな感じ。ＶＩＰは、黒ぬりの車が玄関のところに来る。そんな車とは縁のない私は、少し歩いて守衛所を通り抜け、国会議事堂に面した大通りに出てタクシーをひろう。やれやれ。

12月11日（水）

東京の残り雪

朝9時からの窓口会議、10時からの司法改革実現本部の運営委員会に出たあと、途中で抜け出して福岡へ出かける。青空が広がり気持ちのよい天気。日比谷公園のあちこちに残雪を見かける。福岡高裁で2件、和解期日が入っている。どちらも話し合いが難航したが、1件については、依頼者への私の説得力の不足を改めて実感させられた。珍しく2日続けて福岡に行った。途中ですれちがった福岡の松原弁護士から、「毎日メールを読んでますよ。継続は力なりですよね」と励まされた。うれしい気持ちになって夕方の便で東京に戻る。

ウォーキングラリー

12月2日から11日までの10日間、日弁連会館内でウォーキングラリーがあった。初めはどこかに出かけるのかと思って敬遠していたが、要するに万歩計を身につけて記録するだけというので参加した。ガバチョや村長など、何人かの副会長が参加して、毎日、お互いの記録を比べあう。私は、最高で1万5000歩、最低5000歩。1万歩をこえた日が7日間あった。やっぱり人間、歩くのが大切。

12月12日（木）

条約の生成過程

夜、国際人権問題委員会の研究会に参加した。福岡の近藤弁護士が司会者。わずか10人の参加者だったが、中味は濃い。国際的なテロ組織対策として条約がつくられ、日本政府はそれを受けて国内法制化を急いでいる。しかし、その内容は実行要件を不要とする共謀罪を新設するなど、従来の共謀共同正犯理論を大きくはみ出すという大問題がある。この日の研究会では東京の海渡弁護士が学者の文献などを紹介しながら、条約の生成過程を解明していく。もちろん原文は英文。英語がスラスラ読めて、問題点を見事につかみ出せるって、すごい。感心しながら聞いていた。

12月13日（金）

切りむすびか、取りこまれか（？）

小泉首相が2年内に裁判は判決まで終らせるようにするとブチあげた。国民うけを狙ったものであることは間違いない。平均すると民事裁判は8・5ヶ月、刑事裁判は3・3ヶ月で終っている。だから行政事件（その4分の1は2年以上かかっている）とか医療・建築・家事・境界裁判などの専門的事件がターゲットになる。刑事でいえば、オウムやカレー事件など。しかし、訴因多数で被告人が否認している事件を2年内に終らせることができるはずがない。そこで、日弁連は、そんなことできっこない、その実情を国民に訴えればいいんだ、端的に「2年以内」を目標にすることに反対せよ。そんな意見がある。まことに「正論」。しかし、顧問会議の佐藤座長や司法改革国民会議（須網弁護士が事務局長）は、これを突破口として制度の改革や司法予算の増大をめざすことを提起している。

そうである以上、日弁連執行部としては、そこに矛盾点があるのを承知しながらも切りむすんでいくしかない。顧問会議のメンバーや推進本部事務局に向けて水面下で要請行動をくり返す。反対を宣言して終わり、とするわけにはいかない。それでは執行部は存在する意味がない。

それでは小泉首相に騙されることになる、国民を騙す片棒かつぎだ。権力に取りこまれてしまうだけ。そんな厳しい指摘を受ける。いいえ、あくまで日弁連として言うべきことを主張していきたい。

刑事司法改革についての意見交換会　12月14日（土）

昼から、福岡県弁護士会館で「裁判員と公的弁護」をテーマとした意見交換会が開かれた。福岡の美奈川・中島の両弁護士のほか、大阪の西村弁護士が状況と問題点をレポートした。

福岡の大谷弁護士から裁判員制度が十分なものとはとても思えないが、日弁執行部はいったいどこまで譲歩するつもりか、という手厳しい質問が投げかけられた。私は、たしかに捜査過程の可視化など、容易に実現できるはずもない刑事司法制度の改革をめざしているわけだが、今は市民に制度改革の意義を訴え、目標達成に向けて全力を尽くすべきであって、どこまで譲歩するのかということを議論するような段階ではない、市民とともにより良い裁判員制度をつくりあげる、前提としての刑事司法制度の改革をめざしてがんばりたいと答えた。中島弁護士は自作の短歌を引用しながら、公的弁護の体制充実について理想論と現実論とのあいだで苦悩している状況をレポートした。

九弁連理事会

福岡で開かれた九弁連の理事会で、私は日弁連報告として、簡裁の事物管轄の引き上げ問題、国際化検討会における外国弁護士による日本弁護士の単独雇用の是非、裁判迅速化促進法案の問題点、政府による司法サービスセンターの全国展開構想、ＡＤＲセンター基本法と弁護士法72条の「解禁」の5点について報告した。

懇親会が六本松の「しばこ」で開かれた。私の誕生日だったので、紫垣理事長から乾杯のときに、あわせてお祝いの言葉をいただき、うれしかった。

外国法事務弁護士

外国法事務弁護士は186人。これは、1988年に31人だったのに比べると6倍。1992年から1997年の5年間は、80人前後だった。その後、急増して、2倍となった。このところ毎年30人の増。アメリカ112人（ニューヨーク州49人、カリフォルニア州31人、ハワイ州15人）、イギリス30人、中国13人。これを国籍別でみると、アメリカ人84人、イギリス人26人、日本人28人、中国人12人、フランス人6人。韓国人は2人のみ。特定共同事業を営んでいるのは、26事業所、54人。

パブコメ

パブリック・コメントの略。4月に日弁連副会長になって初めて知った単語。政府は立法化にあたって国民の声を聞くようにしている。メールや手紙で寄せられた声がどれだけ立法化のなかに反映されるのか保障の限りではないが、少なくとも国民の関心度のバロメーターにしていることは確か。裁判員制度についてパブコメを求めたが、ちっとも集まらない。結局、7000通ほど集まった。

受刑者の作業賞与金

刑務所内で働く受刑者に与えられる作業賞与金は、平均月4000円、低いと月1000円ほど。受刑者を4万3000人とすると、年間17億円が支払われていることになる。平均賃金の1％弱にしかならない。日弁連は大幅な引き上げを求めている。

12月15日（日）

『ハリーポッター』

映画を見た。召使のドビーなど、本当に最近のCGはすばらしい出来具合。本を忠実に再現してある。やはり映像より本の方が断然面白い。様々な伏線がはられ、複雑な人間模様がからみあいながらストーリーが進行していく。映画だと視覚の強烈な印象はあるものの、味わい深さは本にとうていおよばない。2時間半の大作で、少し疲れた。

『健康な住まいを手に入れる』

この本（コモンズ）によると、「ツーバイフォー」の家は良くないらしい。化学物質過敏症の人にはとくに問題とのこと。理由は「ツーバイフォー」は、たっぷり防腐・防虫剤が使用されていること、SPFからなる頼りの壁が腐りやすい危険があることによる。SPFは、エゾ松（S）、松（P）、モミ（F）の三種類を混ぜてつくっている。工程管理の容易さと見ばえの良さから新建材をつかっている建売住宅も買うべきではない。私は、日弁連公害・環境委員会主催のシンポジウムで挨拶したが、建物の内外に、こんなにも有毒物質があることを知って恐ろしくなった。

『ヘスースとフランシスコ』

「エル・サルバドル内戦を生きぬいて」というサブタイトルのある本（福音館書店）。私より4歳年下の写真家が、今から20年前に戦火の中に飛びこみ、3歳の女の子に出会った。その子が、難民キャンプのなかを無事に生き抜いて、今や堂々たるお母さんになっている。読んでうれしくなる本。

『商道』

韓国で300万部も売れたという大ベストセラーの本（徳間書店）。なるほど読みごたえがある。歴史小説のダイゴ味をしっかり堪能することがでる。今からちょうど200年前、19世紀後半の李氏朝鮮に実在していた商人の生きざまが描かれている。生きのびていくためにはどうしたらいいか、人生の意味はどこにあるのか、次々に問いかけられ、そのこたえを知りたくて、わくわくしながら頁をめくっていく。勤勉な人は飢え死にはしないけれど、大金持ちにはなれない。商売というものは目の前のことだけにとらわれていると、不覚を取ることになる。時節を察知できる商人は、一時的には成功するかもしれないが、他ならぬ時節ゆえに失敗する危険性がある。だから、時節を察知する商人は金持ちにはなれるかもしれないが、一夜にして破産することもあるし、富豪にまではなれない。お金というものは、仕事をしていれば自ずとついてくるもので、お金を追いかければ、仕事をしくじってしまう。なかなか含蓄の深い言葉だ。

12月16日（月）

ライトアップ議事堂

ウォーキング・ラリーに参加して以来、そのときもらった万歩計をベルトにはさみ、なるべく歩くようにしている。肥満の進行を少しでもくい止めたい。夜おそくなると雨が降りだすというので、いつもより早めの夜7時、日弁連会館を抜け出し、ホテルに歩いて向かった。国会議事堂は、夜になってライトアップされて荘厳さを演出している。その内部の住人には軽佻浮薄な人が多いように思うが…。

朝も、歩いて出勤した。右手には最高裁の石棺そして国会議事堂、左手は皇居のお濠。なだらかな下り坂なので、絶好のウォーキング。コートなしで歩いて20分。汗ばむほど。惜しむらくは走行する自動車が多過ぎること。ともかく騒々しい。もっと静かであれば、本当にいうことなし…。

12月17日（火）

外務省へ拷問禁止条約に賛成を求める

朝9時すぎ外務省へ出かけた。本来の外務省は建てかえ中で、いまは芝公園のビルに入居している。警戒が、なぜか他省庁より格段に厳重。人権人道課の渡辺課長補佐に面会し、拷問禁止条約に賛成することを求める会長声明を手渡した。同行した海渡弁護士が、原発問題のときと同じく、鋭くつっこむ。渡辺補佐は日本政府が反対しているのは拷問禁止そのものではなく、条約の制定過程で十分な審議が尽くされていないからだと釈明する。しかし、いかにも苦しい弁明で、アメリカが反対しているのに今度も追随しているだけ。この条約が国内に適用されると、名古屋刑務所の事件のようなものが起きたときには、国連からも査察が入ることになる。日本政府は、それが恐ろしいようだ。

内部告発者の保護と労働法制

夜6時半から、千代田公会堂で日弁連の労働法制委員会の発足を記念するシンポジウムが開かれた。師走の夜に、いったいどれだけの参加があるか心配したが、ダイレクトメールを送った企業から法務担当者がつめかけ、200人もの参加者があり、ほっとした。日弁連のホームページを見て参加したという人も多く、ホームページの威力を知った。

内部告発者はホイッスル・ブロウアーといい、密告者はスニッチと呼んで、両者は違う。内部通報を前置するかどうかについては、企業の自浄作用を期待する立場からは当然だ。アンケート回答が45通もあり、さすがに師走の夜に勉強に来た人たちだけあって、真面目な人が多いことに改めて感心。

12月18日（水）

「都市再生・経済フォーラム」

午前11時から全共連ビル6階ホールでの保岡興治議員の主催するセミナーと懇親会に出席した。会費2万円で、150人ほどの男性が参加している。大会社の上級管理職が大半なのだろう。講師は、八代尚宏・川本裕子の両氏と吉田修平弁護士の3人。八代氏は経済学者、川本氏はマッキンゼーの研究員。八代氏は規制緩和論者で、駐車違反の取り締まりは警察ではなく民間業者にまかせることを提唱した。混合診療自由化も提案していたが、お金のある人は濃密な医療を受けられるようにしようというもの。まさにアメリカ型の医療だ。川本氏は過去のアンシャン・レジームを断ち切れと、フランス革命前夜のような言い方。吉田弁護士も優勝劣敗をすすめろと強調していた。お金も権力もない弱者はいったいどうなるのか話を聞きながら心配した。懇親会には、本林会長と大川総長も参加。

喜多方ラーメン

東京には本当にラーメン屋がたくさんある。最近、目立つのが喜多方ラーメン。ネギ・ラーメン（650円）は、白ネギを輪切りでなく、生のままタテに細く切りそろえて、山盛りにのせている。シャキシャキとした歯ごたえがうれしい。スープは博多ラーメンほど油ぎっていない。東京人にうけそうなあっさり系の上品な味つけ。ただし、唐辛子も入って少しばかりピリッと辛い。メンマも少しだけ入っている。チャーシューはたっぷり入っていて、肝心のメンは太目のちぢれメン。ツヤがあってコシがある。うーん、なかなかいける味だ。

12月19日（木）

リーガルサービスセンターの全国展開

法務省は、司法制度改革審議会の意見書と小泉首相の挨拶を受けて具体化をすすめている。日弁連に何の相談もないというのもけしからんけれど、簡判・副検事退職者へ準弁護士資格を付与したときの受け皿ではないか、また、公設弁護人事務所に重なるものではないのか、などが問題点として指摘されている。法務省は、日弁連が法律相談センターや公設事務所をつくらないところに設置を考えているとも言っている。日弁連の過疎地・ゼロワン対策がますます急がれる。

寒ブリを食べる会

午後、副会長室に大きな箱が届いた。富山の澤田弁護士から氷見の寒ブリが贈られてきた。20キロもある巨大な寒ぶり。今朝も9時から窓口会議、正副会長会そして広報総合チームの打ち合わせ会と会議が夕方まで続いた。それでも定刻の6時半になると、地階の「桂」に副会長連がいそいそと降りていく。寒ぶりを持ちこんである。甘くとろけるような舌ざわり。にぎりも出てきた。わさびを抜いてしょうがを少し上にのせて味わう。産地直送、あぶらの乗った旬の寒ブリ。絶品。もちろんテリ焼きも出てくる。タレもほどよくあって、口中に幸福感が広がる。最後にゴボウやニンジンもたっぷりはいったケンチン汁。寒ブリがこんなにも美味しいものとは・・・。忘年会シーズンも最後。引き継ぎをネタにして、本林会長と12人の副会長で美味しくいただいた。ごちそうさま。

12月20日（金）

会長声明

朝日新聞に日弁連会長が「在日へのいじめ、許さない」と異例の緊急アピールをしたと大きな記事がのった。朝鮮学校に通う子どもたちへの嫌がらせが続発しているのをやめようという国民向けのアピールを採択した。55期を中心とした若手弁護士が会をつくって全国でこの問題に取りくんでいる。代表として名前の出た杉尾弁護士は福岡修習で顔なじみだった。

実は、この会長声明は当初の案では政府に防止策を求めるものだった。正副会長会のとき、川中副会長が、国民に向けて緊急アピールを出したらインパクトがあるのではないかと提案した。本当に素晴らしいセンスだ。私も見習いたいと思っている。

仏検1級の不合格

夜、5日ぶりに帰宅すると11月に受けたフランス語検定試験の結果を知らせるハガキが着いていた。恐る恐るシールをはがす。残念ながら不合格。それでも56点。自己採点より少し高めだ。合格は90点だから、まだまだ。合格率は9・9%。毎朝、ともかくフランス語の勉強は続けている。

12月21日（土）

今期最大にもめた理事会

今年最後の日弁連理事会が開かれた。私は1日目に「裁判迅速化促進法案」の責任者として状況報告して質疑に加わったあと、労働検討会に出かけた。

2日目。法科大学院の重点支援対象を4校に絞るという執行部の提案をめぐって、揉めに揉めた。私自身にも執行部の一員として読みの甘さがあったと反省している。4校というのは、岩手・静岡・山陰・沖縄。選にもれた熊本・鹿児島はじめとして、なぜ日弁連が支援をしぼるのかと猛烈な反撥がおこった。執行部は、昼休みと、午後の休みをとって2回協議した。結局、支援中出のあったところは基本的に支援することで落ち着いた。熊本の建部会長が理事会の終了後、当初から全部を支援するとして、そのうえでとくに4校は重点的に力を入れるというニュアンスで提案すればよかったと指摘した。考えてみればもっとも。センスのなさを深く痛感する。

法科大学院の専任教員を確保すべき全国の大学で引き抜き合戦が展開されているという。日弁連が支援しないということになったら、設立の目途がなくなり、他大学からの草刈り場になってしまうらしい。これでなんとか首の皮1枚つながったという建部会長の言葉が印象的だった。

検察官の国際比較

日本の検察官は総数2235人。検察庁に2027人いて、法務省に183人、法務局に25人いる。検察庁にいるのは、検事1158人、特任検事44人、副検事825人。人口1億2700万人だから、人口1万人に対して0・16人の比率。**アメリカ**の検事は2435人（連邦94人、州2341人）。検事補が2万8800人（連邦4773人、州2万4000人）いるので、人口1万人に対しては1・1人となる。総人口2億8142万人。**ドイツ**は、人口8200万人で、検事は4998人（連邦80人、ラント4918人）。人口1万人に対して0・6人。ただし、このほか副検事が965人いる。**フランス**は、人口6000万人で、検事は1400人。人口1万人に対して0・23人。ほかに検事職務代理の制度がある。

検察官の全国配置

全国に検事が1158人いる。最高検に18人、東京高検管内に513人、大阪高検管内に192人で、福岡高検管内は136人。特任検事は全国に44人、福岡高検管内に4人いる。副検事は全国に8

25人いて、福岡高検管内は110人。法務省にいる検事は182人、裁判官出身が94人、副検事出身が1人いる。法務局には、検事出身25人、裁判官出身が38人いる。

プロテストレター

IBA人権行動計画というのがある。世界各国で人権侵害が起きたとき、IBAから日弁連にプロテストレターを出すように要請がある。国際人権問題委員会で事実の裏づけ調査をして国際室が確認したうえ、担当副会長（本年度は私）がゴーサインを出す。もちろん、問題がありそうなケースについては正副会長会で審議する。今回は3件あった。シリアのアル・マレー氏が弁護士資格を奪われ、軍事法廷にかけられている。ブラジルの汚職摘発した裁判官の自宅に銃弾4発がうちこまれた。エジプトの大学教授が人権活動をしていることで有罪となった。それぞれプロテストレターを日弁連会長名で発送した。

12月22日（日）

夕暮れに百舌鳥が鳴く

冬至。午後遅くから庭仕事をはじめた。穴を掘って生ゴミを投げ入れ、コンポストの枯草も入れて土をかぶせる。タヌキ（？）が掘り返さないよう、足で踏み固めておく。水仙の白い花が庭のあちこちに咲いている。金魚草、ナデシコ、パンジーも咲いているが、もっと花を増やさないと寂しそう。さすがに陽が落ちるのが早い。クワとスコップを手にして、しばし暮れゆく風景を眺める。遠くに雲仙岳の山並みもくっきり浮かびあがる。百舌鳥が甲高い声で今日の仕事は終わりだよと告げる。柚子のはいった風呂に入り、身体をあたためる。島根の妻波弁護士から贈ってもらった山芋をすって、トロロうどんを食べ、南瓜を食べる。娘の風邪は治った。おかげで、私は風邪もひかない。

朝刊シンドローム

サラリーマンが毎朝読んでいた朝刊を数日間読みたくないという状態が続いたとき、軽症のうつ病にかかっている。私は、自宅では朝刊2紙を毎朝丹念に読んでいる。ところが、ホテルに泊まると、どうしても1紙を軽くしか読めない。自宅に夜帰ると、さらに別の朝刊2紙をじっくり読むが、ホテルではそれもできない。逆の朝刊シンドローム。世の中の動きが、ぴったり来なくなる。

『ストレス専門医の処方せん』（昭和堂）は私の同級生、徳永雄一郎医師の最新刊。日本の年間の自殺者が3万人をこえ、50歳代の男性が急増している。遺書を残した1万人の自殺動機調べでは、健康問題が41％、経済生活問題が30％となっている。不知火病院には有名なストレス病棟があるが、13年間で1700人の入院患者のうち、入院中の自殺はわずか5例だった。うつ病も治る。

『知らないと危ない有事法制』

12月の日弁連総会のとき、執行部案に反対する会員が、日弁連執行部は戦前と同じ間違った道を歩いていると意見を述べ、本林会長が閉会挨拶のなかで次のように反撃した。私も昭和13年生まれで、戦争体験もあり、平和の大切さは身をもって知っている。日弁連は有事立法に反対して、先日も弁護士1000人のパレードを成功させた。私は、その先頭に立って取りくんでいる。

あとで、本林会長は反対意見を聞きながら腹がたって仕方がなかったと述懐していた。世界と日本の平和と人権を守るためにも、ゲートキーパー問題など、日弁連執行部は全力をあげている。

この本（現代人文社・ブックレット）は、福岡の馬奈木弁護士の長男・巌太郎君も著者の1人。むかし巌太郎君が幼いとき、同年輩の私の長男が何かの拍子に彼の顔にがぶりとかみつき、大きな歯型が彼の顔に残ってしまった。親の監督責任が追及されても仕方のない「事件」だった。

『遅読のすすめ』

私にとっては耳の痛い題名の本（新潮社）。私は寸暇を惜しんで、ひたすら本を読んでいる。「一日不読書口中生荊棘」（1日だけでも書物を読まないと、口のなかにイバラが生えたような荒涼たる気分になる）というのは、韓国の義士・安重根の遺墨の1つ（『記者市長の闘い』より）。私も同じ気持ち。「たそがれ清兵衛」ではないが、副会長室にいて、夜になって他の副会長からの飲みに行く誘いを私が断わるのは、1人で本を読みたいから。読書だけ充実していて、暮らしの全般は気力も失せて衰え気味である、ということはありえない。読書は、暮らしのさまざまな起伏とともにある。

12月24日（火）

中国の学者に応対

昼すぎから副会長室にいてパソコンでメールチェックをしていると古井副会長から、中国の学者が来るので同席してほしいと声をかけられた。西南政法大学の龍宗智学長、貴州民族学院の呉大華院長など5人の学者が日弁連にやって来た。佐賀女子短大の北原教授が同行。日弁連とはどういう団体で、何をしているか、日弁連の活動を紹介する中国語のパンフレットを使って説明する。

共同通信社との懇談会

午後2時から、共同通信社の社会部記者5人と日弁連との懇談会があった。裁判迅速化法案の担当副会長として日弁連の考えを説明した。最高裁は運用ですべてを2年内に終らせるのには限界がある、集中審理が必要だが弁護士の側に体制がないと言っている。日弁連はその点についてどう考えているか質問があった。それに対しては、運用改善だけでは解決しない、たとえば検察官の手持ち証拠の全面開示、捜査過程の可視化が実現しなければ無理だと答えた。日弁連の責務についても質問があった。日弁連が裁判を早く終らせること自体に消極的だというマイナス・イメージがあるが、それは違うということを大川総長を先頭に釈明につとめた。裁判員制度についても議論し、裁判員の考えを左右しかねない犯罪報道のあり方も深めるべきテーマだということを確認した。

12月25日（水）

クリスマスの日に1万4000歩あるく

朝から日弁連会館に顔を出し、ニュースの校正をすませ、迅速化法案検討WGの座長として打ち合わせしたあと、飛行機で福岡に向かった。昼食は立ち喰いの店でとろうと思っていると、その時間がとれず、福岡に着いてメロンパン1個を買って、3時ころ弁護士会館で食べた。交渉1件、打ち合わせ1件、免責審尋1件をこなしたあと、30分ほど遅刻して常議員会に出席した。福岡の田中会員から久しぶりだねと声がかかった。福岡の常議員会に出席したいのはやまやまだけど、東京の会議と重なっていて無理。常議員会では迅速化法案やADRセンターのことなど、10分間ほど報告した。師走も押し迫った常議員会なので、欠席が目立ったのが残念。春山議長が、すべての議案を事前に丹念に検討しているのを知り、見習う必要があると思った。

裁判所で、同期の滝弁護士の元気な顔を久しぶりに見ることができて、うれしかった。やっぱり、いつまでも同期というのはありがたいもの。夜6時すぎの飛行機で東京に戻り、夕食は遅くなったのでラーメンですませる。結局、朝食と夕食は９００円、昼食のパンが１０５円だったから、１日の食費はなんと合計１９０５円。学生時代を思い出す。この日、コートなしで１万４２３９歩あるいた。

12月26日（木）

恐れ入り谷の鬼子母神

夜、本林執行部の忘年会が浅草の割烹「ひさご庵」であった。佐伯副会長の還暦と有吉次長の退任のお祝いを兼ねる。私は遅れてタクシーでかけつけたが、途中で鬼子母神あたりを通った。カラオケで座は盛りあがり、東京音頭は総踊り。最後の締めは例によって河原副会長の応援団エール。ところが、なんとしたことか、河原副会長の声はかすれ、続かない。河原副会長は、民主党の江田五月議員と同級生で、後援会長もしている。江田議員がまだ裁判官だったころ、横浜で修習していた私は一度講義をうけたことがある。河原副会長は東大応援部の出身で、政界にも驚くほど顔が広い。

12月27日（金）

正副会長会45回

今年の正副会長会は既に45回あった。この会議には、他の公用とぶつからない限り、副会長の全員が出席。ほかの出席メンバーは、総長と5人の次長（1月から新任の小笠原次長も見習いとして参加）、広報・国際・司法・調査の4室長（室長が差し支えのときには別のメンバー）。テーマによって説明員が入って説明し、質疑と意見交換をする。司法改革問題を議論するとき、司法改革実現本部のメンバーを加えていないため、相互の意思疎通が十分でないという問題もある。

12月28日（土）

無期懲役受刑者の仮釈放

平均すると20年以上たたないと仮釈放されない。１９９６年に18人のうち７人が仮釈放され、平均20年５ヶ月、１９９７年は20人中12人で、21年６ヶ月、１９９８年は18人中15人で20年10ヶ月、１９９９年は11人中９人で21年４ヶ月、２０００年は12人中７人で21年２ヶ月。

検討会と顧問会議と司法制度調査会

司法制度改革審議会の意見書にもとづいて政府の立法化作業を担当しているのが司法制度改革推進本部。その作業をすすめるにあたって11の検討会がおかれ、論点ごとに骨子をつくっている。この検討会は当初は予定されていなかったものを日弁連が要求して設置させたもの。

顧問会議は、これまで８回開かれた。これも、名ばかりのものになる危険もあったが、意見書の趣旨に照らして実質的にチェックする機関として、かなり機能している。顧問会議の前に推進本部事務局が根回しにまわっているので、日弁連も負けじと顧問に働きかけている。

ところが、もうひとつ重要な機関がある。それは自民党の司法制度調査会。政務調査会のなかにおかれている。この会議は朝８時から自民党本部で開かれることが多く、これには推進本部の山崎事務局長などが参加するほか、最高裁や法務省も局長・課長クラスが参加する。たとえば、簡裁の事物管轄引き上げ問題や外国弁護士による日本弁護士の雇用問題などでは、自民党の議論の動向を見ながら検討会は意見をまとめているのが現実。そこで、日弁連としても、自民党の司法制度調査会に出席し、また個別の議員への事前の働きかけをすることになる。これが副会長の主要な仕事。この分野での古井・須須木の両副会長の活躍ぶりには頭が下がる。

『K-19』

12月20日（日）

1961年に北大西洋で実際に発生したソ連の原子力潜水艦の事故を再現した映画。ハリソン・フォードとリーアム・ニーソンが好演している。最近のロシアはクルスクを沈ませてしまったが、アメリカも2艘の原潜を失っている。非情な軍隊生活にはとてもなじめないが、こんな危険な兵器をオモチャのようにもて遊ぶ支配層は許せない。

『司法における性差別』

この本（明石書店）は、日弁連の両性の平等に関する委員会が2002年3月に開いた「司法改革にジェンダーの視点を」というテーマのシンポジウムをまとめたもの。ドイツでは下級審の新任裁判官の半数は女性、フランスでは、全体の半数を既に女性裁判官が占めている。カナダの最高裁長官は女性であり、女性裁判官は24％。アメリカは、連邦裁判官の15％が女性（ちなみに、弁護士の30％が女性）。ロースクールの新入生の半数は女性。日弁連でみると女性弁護士はまだ11％。日弁連副会長になった女性弁護士はいない（03年4月から、広島の大国弁護士が日弁連副会長となった）。福岡県弁護士会の副会長には女性弁護士がこれまで2人だと思うが、九州で弁護士会長になったのは、宮崎と沖縄のみだったかな？

アメリカの世界司法戦略

12月30日（日）

さる会合で福岡の成富弁護士がすすめていた『司法占領』（講談社）を読んだ。時代は2020年。日本の法律事務所がアメリカのローファームに占領されてしまい、日本企業同士の契約書も英文となり、なんと準拠法までもニューヨーク州法になっている、そんな想定。ロースクールの質が落ち、卒業生は行く先を捜すのに必死。大ローファームに入ると、過労死するまで働かされ、売上ノルマを達成するようトップに毎日尻を叩かれる。それが嫌ならサラ金の債権取立しかない。そんな悲惨な若手弁護士が描かれている。こんなことにならないよう、日本の弁護士はがんばりたいもの。

まずは撃て、あとで問え

昔の西部劇のカウボーイの格言。私とほとんど同世代のブッシュ大統領がイラクを攻撃しようとしているが、まさに、この格言どおりで悲しくなる。『だからアメリカは嫌われる』(草思社)は、アメリカ人(白人)のジャーナリストが、世界のあちこちを取材しながら、アメリカ式生活にみんなが憧れながらもアメリカを嫌っている原因を考えた本。

アメリカ人は世界のことを知らない。国際ニュースも30分の夜のニュースのうち2分足らず。新聞を読まないアメリカ人がほとんどだから、テレビに出てこなければ知ることもない。新聞は営利本位だし、支配層の喜ぶことのみ報道する。アメリカ人はテレビを毎日7時間みる。その3分の1はコマーシャル(子どもが標的にされる)。アメリカの平均的な子どもは、12歳になるまでにテレビで殺人を8000回見ている。アメリカの中産階級は減少しつつあり、有権者の半分以上は投票所にいかない。黒人から投票権を奪い、「2大政党」は投票所に行く意欲を喪わせている。

百万本のろうそく　**12月31日(土)**

「百万本のバラ」という歌があるが、韓国では12月31日に百万本のろうそく平和大行進があった。

アメリカ軍兵士が韓国の女子中学生をひき逃げしたことに抗議して、ソウルで若者を中心とした10万人がアメリカ大使館まで抗議のデモ行進をした。アメリカ軍兵士が無罪になったことから韓米地位協定の改定も求めている。日本でも同様の事件が起き、沖縄では大きな盛りあがりを見せたが、本土の方はいまひとつだった。沖縄弁護士会では日米地位協定の改定を粘り強く求めている（九弁連も決議している）が、日本政府をゆり動かすまでにはなっていない。

お鐘餅（おかねもち）

12月31日の夜は、毎年10時半すぎに自宅を出て近くの山寺（普光寺）に向かう。除夜の鐘をつかせてもらう。今年は高2の娘の友だちが泊まりこみに来ていたので、一緒に出かけた。境内に古材などが組んであり、火がつけられた。生竹がポンポン爆竹のように大きな音をたてながらはじける。

先頭から20番目くらいで鐘をつくことができた。つき終って紅白の餅がもらう。除夜の鐘をついたあとの餅なので、お鐘餅（おかねもち）という。お金持ちになれますように、というわけだ。

1月

1月4日（土）

『草ぶきの学校』

見ているだけでなつかしさの広がる映画。舞台設定は1962年。私が中学2年生のころ。まだ中国では文化大革命が始まっていない。主人公は私より3つ年下の男の子。金持ちの子どもが自転車を乗りまわし、みんながうらやましがっているシーンがある。私のときには自転車もそうだったが、なんといってもテレビ。小売酒屋をしていたわが家にテレビが入ったのは、かなり遅く、自宅に風呂があるのに、月光仮面のテレビ見たさに銭湯に行ったこともあった。『初恋のきた道』、『あの子をさがして』、『山の郵便配達』。本当に中国映画には素晴らしい映画が多い。子どものときの純粋な気持ちを失いたくない。小学校低学年のころ、学校の休み時間に友だちとケンカして、そのまま泣いて家に帰ったことがある。しばらくして戻ったとき、教室に入るのが恥ずかしかったことは今も心の片隅に顔の火照るような思い出として刻みこまれている。

1月5日（日）

『モンテ・クリスト伯』

福岡まで映画を見に出かけた。アレクサンドル・デュマの傑作が華麗な画面で展開し、ハラハラしているうちに2時間あまりがあっという間に過ぎた。昔なつかしい夢とロマンの大活劇映画が堪能できる。ただ、フランスが舞台で、ナポレオンも出てくるのに、英語を話すのが残念だった。

『オリガ・モリソヴナの反語法』

著者の米原万理は父親が日本共産党の国会議員で、その関係でプラハに駐在していた。その体験をふまえて書かれた2冊目の小説（集英社）。1作目の『嘘つきアーニャの真っ赤な真実』（角川書店）も大変面白かったが、この2作目も言葉のすさまじさに圧倒され、読み終えたあとに深い余韻が残った。それにしても、日本人は、ロシア人ほど反語法に習熟していないように思う。

ああ神様。これぞ神様が与えてくださった天分でなくてなんだろう。長生きはしてみるもんだ。こんな才能はじめてお目にかかるよ。あたしゃ嬉しくて嬉しくて狂い死にしそうだね。

これが出来の悪い生徒を叱るときの怒りの言葉。ロシア語は世界に類を見ない罵り言葉の宝庫だという。『悪童日記』（早川書房）を読むと、フランス語の方も、かなり罵り言葉は発達している。

1月6日（月）

半日ドッグ

朝から人間ドッグに出かける。気持ちよく晴れている。昨年も、正月明けに同じように人間ドッグに入った。40歳になってから、年に2回、1泊ドッグを利用している。これは検査を受けるというより、人間ドッグの名目で休養し、たまっている本を読むことが目的。弁護士会の要職にいるので、昨年と今年は年に1回の半日ドッグで我慢。胃カメラと大腸カメラの検査も受けた。麻酔がよくきくので、それほどの苦しさはない。心配していた肥満も、体重は昨年と同じことが分かり、少しだけ安心。それでも肥満であることには変わりない。ドッグが終わり、三池山を眺めながら、田んぼのなかの道を健康であることに感謝しつつ歩いて自宅へ帰った。

タンタンメン

芝大門の交差点の近くにあるラーメン屋。いつ行っても小さな店内は客で埋まっている。若い女性の一人客も珍しくない。深目のドンブリにメンが見えないほど緑々した生きのいいキャベツが大盛り。まずは、このキャベツを片づける。シャキシャキした歯ごたえが、いい心地で食欲をそそる。チャーシューの代わりに豚バラの煮込みが5、6片ほど厚い固まりのままのっている。とろけるような舌ざわり。半分に割ったゆで卵が白と黄色の色どりを添える。さらに、黒い浅草ノリも1枚のっていて、かむと海苔の香りが口中をつき抜ける。上の方をかたづけると、やっとメンにたどり着く。メンは細目。ところが、面白いことに太目のメンも混じっている。コシがあり、ツルツルとしたノドごしで、腹にしっくりおさまっていく。スープはごまだれ。カラシ味噌ともほどよく溶けあい、赤いタカの爪のカケラもところどころに浮いていて、口の中にピリリとした辛さが広がる。これで900円。おなか一杯になる。ニンニク抜きの大きなギョーザ（2個で400円）もおすすめ。

1月7日（火）

新年挨拶交換会

午前11時から、クレオで、日弁連と東京3会の合同主催による新年挨拶交換会が開かれた。本林会長を先頭に、副会長13人全員が15分前から出入り口に立って、お客さんを待ち受ける。町田最高裁長官、原田検事総長そして森山法務大臣が入院中のため代わりに法務副大臣が来て、会場は200人をこえる人で埋まった。

本林会長の挨拶は実に堂々たるもので感心する。イラク・北朝鮮の国際情勢から自己破産20万件の国内不況とヤミ金被害を語り、司法改革、弁護士法改正問題、そして8ヶ所の公設事務所開設など、原稿を読みあげるのではなく、見事に日弁連の考えを展開していく。2年目に入ろうとする現在、心にゆとりがあるようだ。町田長官はB5版を4つ折りしたものを読みあげた。裁判官の任命諮問委員会が最終結論を出したこと、非常勤裁判官も始まろうとしていることなど、裁判所も変わりつつある、そんな挨拶だった。原田総長は原稿なしで挨拶。日本の拘禁施設の収容者は長く5万人台だったが、今や6万人をこえようとしている。近く7～8万人になるのではないかと心配している。ところが、人口が日本の2倍でしかないアメリカでは200万人となっている。それにしても日本における犯罪の急増にどう対処すべきか、協力してことにあたっていきたい。そんな内容だった。食事をしている途中で、弁護士業務改革委員会の高橋委員長から至急打ち合わせたいとの電話が入った。

推進本部への申入れ

裁判迅速化法案について新聞で大々的に報道されたので、条文にそって修正を求める意見書をまとめ、夜7時に司法制度改革推進本部事務局へ出かけた。古口次長と笠井補佐官が応対する。推進本部の方では9日に内閣法制局と条文のすりあわせを行うので、その前に日弁連の意見を聞いておきたいという。朝9時からの窓口会議で大川総長がそのように報告した。誰がペーパーをつくるのかなと他人事みたいに思っていたところ、午後1時半からの正副会長会で議論をしたあと、文章化は私にまかせられた。おかげで、3時の休憩以降は会議に出ずに作業した。2時間ほどかけてペーパーをつくり、会長・総長などと字句の点検・訂正をして、やっと夜7時に間に合わせた。

本林会長の誕生会

夜、広尾にあるイタリアンレストラン「イ・ピッセリ」で執行部の新年会兼本林会長の誕生会があり、少し遅れて参加した。広い店内の奥まったところに大きな楕円形のテーブルがあり、15人ほどで囲みながら会食する。本林会長は65歳になった。私より11歳年長。学生時代、セツルメントに入っていたほか、サッカーもやっていたので、小柄の身体でも本当に心身ともにタフだ。

東京では中規模事務所同士の合併もすすんでいる。伊藤次長の弁護士30人の事務所が20人の事務所と合併して50人になる。企業側に、大きくなることでの安心感を与えるメリットがあるという。福岡には、まだ弁護士20人の事務所はないが、いくつかあってもいい。

1月8日（水）

大量破壊兵器を一番もっている国

アメリカによるイラク攻撃の日が近づいている。報復の連鎖の拡大が心配。

正副会長会が2日間続いた。8日の昼食は、地階の「桂」から取り寄せた焼き魚定食。卵をたくさんもった大きなニシンがドーンとのっている。副会長室の楕円形のテーブルで本林会長もまじえて、副会長みんなで昼食をとる。そのとき話題になったのがアメリカのひどさ。

イラクが大量破壊兵器を持っていることを問題にしているけれど、それはアメリカが売ったものではないのか。そもそも大量破壊兵器を世界で一番もっている国はアメリカだ。どうして、よその国が危険な兵器をもっているからといって、攻めこんでいいのか。それだったら、アメリカに攻めこむ国があってもいいことになるではないか。イラクと北朝鮮への扱いを違えていることに、合理的な理由があるのか。アメリカの支配層は石油会社の幹部であり、固く結びついている。石油利権と戦後復興名目のゼネコン進出が隠れた意図ではないか。話は盛りあがった。イラク攻撃に絶対反対。

ムードメーカー

何回も事故を起こしたソ連の原潜「K-19」はウィドウメーカーと呼ばれていた。ムードメーカーは楽しい雰囲気を盛りたてる人のこと。ドン・ガバチョこと古井副会長は飲み会を楽しくもりあげるのに長けている。お酒（私は日本酒は体にあわないので飲まない）は楽しく飲みたいもの。日頃のグチをこぼすというより、罪のないバカ話で笑いに興じるひとときを過ごせば、ストレスも飛んでく。かといって、カラオケは私にとってはストレスのもと、二次会はご免。早くホテルに帰って風呂に入って頭を洗ってさっぱりしたあと、静かにシャンソンを聞きながらベッドで寝ている方がよっぽどまし。

タイムキーパー

ゲートキーパーは、弁護士が依頼者の情報を当局に通報する義務を負うという、とんでもないもの。タイムキーパーとは、キタローこと岩本副会長のこと。いつもロングランの正副会長会だが、途中の休憩時間をいつとるかの発議はキタロー副会長にまかせられている。ブロック大会のときの正副会長会の開始時刻を朝8時からに早めたのもキタローの提案だった。また、正副会長会が毎週のように開かれるようになったのもキタローの指摘によるもので、次期執行部への引き継ぎスケジュールを早々と提起したのもキタローだった。いつも適切な時間設定をするキタローは、驚くほど心が優しい。その憎めない人柄とあいまって、わが執行部には欠かせない存在。

社内弁護士の処遇・・・「バッジは買わない」

1月9日（木）

午後4時から、大手町の経団連会館8階の会議室で日本経団連との2回目の意見交換会が開かれた。経団連側は主として企業法務部の責任者クラスが出席している。この会合は日弁連が申し入れたもの。会議の記録はとらない、発言内容を外部に引用しないという覚書があるので、あくまで個人的感想。

弁護士が企業に社内弁護士として入るとき、バッジをはずすのか。つまり、バッジをもっていることに価値がどれだけあるのか。強い倫理感、独立心をもった、バランスのとれた総合的な能力（たとえば代替案を示せる説得力をもつ）弁護士が求められている。バッジのあることは、それをもつ蓋然性が高いというにすぎない。バッジがあると、辞めても食べていけるというのが独立心を支えている。これから大量の社内弁護士が生まれたとき、社内での出世はありうるのか、ずっと法務部門のみに留まるのか。社内弁護士がいるからといって、企業が社外弁護士を必要としないわけではない。

日弁連副会長の1日

1月10日（金）

朝9時35分、日弁連会館16階の副会長室に到着。まずは『Eたより』の原稿を大牟田の事務所へFAX。読み終えた本4冊と洗濯物を着払いの宅急便で自宅へ送るように手配する。そのあと、午前10時からの労働検討会を傍聴するため、幣原次長と一緒にタクシーで司法制度改革推進本部へ向かう。

昼12時半に労働検討会が終了し、その反省会のため日弁連会館にタクシーで戻って、地階の「桂」で会食する（弁護士5人）。労働法制委員会で、労働弁護団と経営法曹会議という従来から激しく対立してきた両陣営の一致点を得るために努力する。公害・環境委員会の企画部会に遅れて**午後1時半**

ころから参加し、内部通報前置制度を全否定するわけにはいかないことを力説するが、きびしい反論を受ける。午後2時半ころ副会長室に戻り、自分の机の上にFAXニュースの修正意見が来ていることを確認。午後3時から、大川総長などと裁判迅速化法案のワーキンググループ（WG）の動かし方などについて打ち合せ。FAXニュースは10日発行をあきらめて14日発行で行くこととし、そのことを広報課へ連絡する。編集を担当している「司法改革最前線ニュース」の2月号の紙面について川中副会長と打ち合せして、担当事務局に伝える。数少ない受任事件である住民訴訟の準備書面の原稿に目を通して大牟田の事務所へFAXする。

午後3時半から、弁護士報酬規定に関する第3部会に参加する。臨時総会を取りやめた経過と検討会・顧問会議をめぐる情勢について報告し、目安づくりに慎重論を述べ、反撥される。その点は、なんとか折りあいをつけ、目安づくりの文章化について意見を述べているうちに夕方6時半となる。副会長室に戻ると、机の上には、うず高く書類が山のように重なっていて、とても手がつけられないことを悟る。大牟田の事務所から連絡せよとのメモが貼ってあるのに気がついたが、もはや時間切れ。地階の「桂」におりて、弁護士報酬規定部会の新年会に顔を出し、乾杯の音頭をとって一口ビールを飲んだら、もう7時。カンパこみで1万円を置いてタクシーに乗り、モノレールで羽田空港に向かう。結局、夕食はサンドイッチを夜8時10分発の飛行機のなかでとってすます。帰りに本を3冊読み、夜12時ちょうどに帰宅。風呂にはいって寝たのが12時半。この日の万歩計は1万0310歩。朝、天気が良かったのでホテルから日弁連会館まで歩いたので、1万歩を超えることができた。本当に慌しい毎日。おかげで、私の机の上はなかなか片づかない。

労働参審制に抵抗する裁判所

午前中、労働検討会があった。この日のテーマは労働参審制導入の是非。福岡高裁の事務局長を長くつとめた山口判事が、かなり無茶な反対意見を述べたのが印象的だった。山口判事は、今の労働裁判は、いくらか例外的に批判されるケースがあるにしても、全体としてはうまくいっていると思うと切り出した。しかし、労働検討会では、100万件をはるかに超す個別労働紛争があるのに、そのうちのごくわずかしか裁判手続を利用していないことを検討会では問題としてきた。つまり、今の労働裁判はうまくいっていないというのを前提として、そのうえで今後どうするかを議論している。

専門家を裁判手続に関与させて活用するといっても、本当に役立つものなのか、実例がないから検討しようがない、ヨーロッパの例は参考にならない。また、専門家の活用といっても「勘」（カン）では判決は書けない、などと山口判事は反対意見を声高に述べ続けた。

毎回の検討会で、横浜の鵜飼弁護士が頑張っている。いつも、その意欲的な発言に感心する。

1月11日（土）

福岡地裁判事は及第点

福岡県弁護士会が裁判官評価アンケートを集約して公表したのが西日本新聞にのった(12月18日)。民事31人、刑事11人の裁判官について評価（回答した弁護士は80人）。5段階評価で、民事は3・3、刑事は3・43、岡山と違って、落第点がついた裁判官はいなかった。このような外部評価を続けていく必要がある。アンケートを実施したのは、ほかに静岡・三重・仙台・岩手・釧路。

日弁連は会員2万人

11月30日現在の日弁連会員は1万9580人。このほか、外国特別会員186人、沖縄特別会員16人、準会員5人がいるので合計すると、ほとんど2万人。うち女性会員は2280人、1割強。

弁護士法5条3号

弁護士法5条3号によって弁護士になった人の出身大学別リスト。総勢361人。多い順に大学をあげると、中央（16）、東大（14）、専修（14）、慶応（13）、同志社（12）、日本（11）、青山学院（11）、立命館（10）、九州（10）、東洋（10）、愛知（10）、駒沢（9）、大阪市立（9）、国学院（8）、創価（8）、広島（8）。

刑務所の昼夜独居者

狭い部屋に一日中じっと1人でいることを強いられたら、人間性を失うと思うが、それが何年、何十年と続いたら一体どうなるのか。考えるだけで身震いする。北九州にある城野医療刑務所は受刑者177人のうち63人（36％）が昼夜独居者。全国の受刑者総数4万6000人のうち、昼夜独居者は2000人（4・4％）。10％を超えている施設は全国に7つある。姫路少年刑務所も入っている。この2000人のうち、通算して独居期間が10年を超えている人は28人。30年以上も5人いる。

1月12日（日）

暮れ泥む

日が暮れそうで暮れず、ゆっくりと暗くなっていくのを暮れなずむと言う（『類語大辞典』）。私は正月休み、毎日、午後3時か4時ころから庭仕事に精出した。おかげで庭中すっきりし、たくさんの花を植える場所をいくつも確保することができた。いま庭に咲いているのは、定番のパンジー、ビオラのほか、金魚草、水仙、ナデシコそしてロウバイ。キンカンの小ぶりな実もたわわになっている。

夕方5時すぎると日が落ち、西の空に夕焼け空が見え、次第に暗くなってく。鍬とスコップを手にもったまま、じっと日が暮れていく様子を眺める。ねぐらへ急ぐ鳥たちが空を飛んでいる。最後に鳴くのは、決まってカラス。カラスが鳴くから帰りましょ、とつぶやいて家のなかに入る。初日の出も元旦の朝8時20分ころ、近くの小山の山頂の御来光を庭から拝むことができた。

『愛する家族がガンになったら』

読むと、なるほどなるほどと納得でき、心が安らぐ本（講談社）。先のことを考えると不安でたまらなくなるなら、過去を思い返してみよう。これまでに克服したことを思い起こして自分を勇気づける。人生に対して受難者的な態度になるのではなく、友好的な態度になるのだ。自分自身で心にぬくもりを与えることが欠かせないことを自覚する。相手の痛みに理解を示すのと同じように、自分の心の痛みにも理解を示せばいい。気分を良くしてくれるもの、体にとって必要なものは何かと考える。気分の良し悪しが神経を再生させたり疲弊させたりする。自律神経と精神は互いに結びあっていて、神経組織と免疫組織は密接な関係にあるから。聞いて心地よい文章が紹介されていて、読むだけで、心がぐっと軽くなった気になる。

『戦争中毒』

アメリカ人が軍国主義アメリカを告発した反戦マンガ（合同出版）。湾岸戦争のおかげでアメリカの石油会社（エクソンとかアモコなど）は70％の増収、クウェート再建のための１０００億ドルの工事を受注したのもアメリカの大手建設会社（ベクレル、ハリーバートンなど）だった。アメリカは外国へ武器を大量に売却している。1989年に80億ドルだったのが、1991年には400億ドルに5倍も増えている。戦争ビジネスほど素敵な商売はない。その反面、アメリカの福祉や教育予算は削られ、帰還兵のうち20万人ほどがホームレスになっている。

1月13日（月）

沈丁花と紅梅

庭に出ると紅梅が早くも2つ、3つ、花を咲かせている。オーストラリア留学中の娘が正月休みで帰省していて、近くの山寺（普光寺）に行ったら、梅の花がやはり咲いていたという。まさに早春。迫りくる食糧危機に備えて、わが家だけでも助かろうと、玉ネギの苗をせっせと植えた。アメリカのイラク攻撃が始まったら、中東への依存度が高い日本は、たちまちエネルギー危機、諸物価の高騰で、庶民の生活は破綻してしまうのではないか。そんな腹だたしさを感じながら、一生懸命に庭を耕した。

キンカン酒

キンカンの実をもいだ。デパートでは大きくてツヤツヤ光る実を売っているが、我が家のキンカンは小ぶり。キンカンはカラタチに接木するので、さわるときトゲに注意する必要がある。それほど実はないと思っていたが、大ザルに一杯分あった。ホワイトリカーにつけてキンカン酒にする。1年前のキンカン酒を飲みながら、これを書いている。キンカンの爽やかな柑橘系の香りが口中を満たす。

1月14日（火）

公正取引委員会と意見交換

午後から、公正取引委員会に出かけて、弁護士報酬規定について許される目安づくりに関する意見交換を1時間40分ほど行った。先日、日弁連が行ったアンケート結果をまとめたものを持参した。直前に毎日新聞で「日弁連が公取委とさやあてしている」という大きな記事が出たこともあって、公取委は慎重に対応した。需要者、会員などに対して過去の報酬に関する情報を提供するため、会員から過去の事実に関する概括的な情報を任意に収集して、客観的に統計処理し、報酬の高低の分布や動向を正しく示し、かつ、個々の会員の報酬を明示することなく、概括的に、需要者を含めて提供することは原則として独禁法上問題とはならない。ただし、会員間に報酬についての共通の目安を与えるようなことのないものに限る。以上のような前からの公式見解以上のものは出なかった。

私たちは2000人の会員からのアンケートをまとめた、獣医師と弁護士は業務の本質が違っている、たとえば不妊治療と離婚事件とを同じようなものとすることはできない、まさにケースバイケースだと強く強調した。

河童の川流れ

大分の濱田弁護士からの年賀状に、あまり物判りがよすぎると、河童の川流れになりかねない、そんな戒めの言葉が書き添えてあった。大切な指摘だと思う。とはいっても、時の流れに棹差すのは、自分でやってみると意外に難しいもの。市民不在の「小泉流改革」の渦のなかに巻きこまれて自分を喪ってしまわないよう、ますます心がけたい。

1月17日（金）

それなりに

久しぶりに福岡県弁護士会のホームページにアクセスしてみた。メールにも強い福岡の古賀弁護士に委員長をお願いして大刷新してもらったおかげでスッキリした構成になり、アクセス数も飛躍的に増えている。会長挨拶のコーナーに、私の福岡県弁会長の退任挨拶がまだアップされていた。私は4月から日弁連副会長として、それなりにがんばりたいと挨拶している。

最近愛用している『類語大辞典』（講談社）によると、「それなりに」とは、十分満足するほどではないが、それにふさわしい程度である様子だという。まさに、今の私にぴったりの言葉。私の日弁連副会長としての働きぶりについて、周囲から十分満足していただいているとは自分でも思っていないが、自分の持ち味を生かしながら、死力を尽くすというより、適当に息抜きし、楽しみながらやっている。13人の副会長の1人だから、自分が自分が、と自己主張ばかりではいけない。だいいち、そんなことが通るはずもない。そこでは、ともかく集団の力、チームワークが求められている。

1月18日（土）

地域いきいき司法プラン

午後から、日弁連会館2階クレオで地域司法計画のシンポジウムが開かれた。

長野の武田弁護士の軽妙な司会で充実したシンポジウムとなった。とりわけ鳥取県の片山善博知事の見識と行動力に深い感銘を受けた。片山知事は行政の透明化をすすめるために、県を批判しているオンブズマンを高く評価している。また、弁護士会に県議会の議場を提供して模擬裁判員劇を実施し、片山知事自らも裁判員になった。さらに、住民がウラン残土を撤去するための裁判を動燃事業団を相手に起こしたとき、その費用を援助した。国が悪いことは明らかであり、住民は裁判するしかないときに、その住民を県が応援して何が悪いのか、そんな明快な説明に胸のすく思いだった。地域司法計画というネーミングが悪いという指摘もあったので、見出しのようなものを考えてみた。

内部通報前置と日弁連副会長の役割

日弁連理事会で公益通報者保護法制のあり方が議論された。消費者委員会は内部通報前置制度を全面的に否定している。この日の理事会でも同じ意見を再び強く主張する理事がいた。私は労働法制委員会の担当副会長として反論した。労働法制委員会には労働側と経営側のそれぞれの専門家がいる。経営法曹の弁護士は内部通報前置を原則とし、生命・身体・健康に明らかに差し迫った危険があるときには例外として外部通報ができるという制度を提言すべきだと主張し、消費者委員会に真っ向から反対する。そこで、それぞれを担当する津川副会長と私の2人が関係委員をまじえて事前調整をし、なんとか折りあいをつけることができた。妥協の産物なので、当然のことながら、意見書は歯切れが悪い。その苦渋の産物を、先の理事は分かりにくいと批判した。しかし、日弁連の活動は委員会を中心として動いている。関連する委員会の意見が違っているときには、執行部、つまり副会長が意見を調整する。その調整の結果については、理事会も十分尊重してほしい。私は心をこめて訴えた。日弁連副会長には、そのような調整能力が求められている。ちなみに、採択された日弁連の意見は、いかなる場合でも内部通報を前置すべきだなどとは決して言っていない。

国選弁護人報酬の減額

本年4月からの報酬額が800円(0・9%)減額になって、8万5600円。10年前の1993

年は7万2000円。日弁連は毎年増額要求しており、新年度も20万円へ引き上げることを求めていたのに、減額するなんて許せない。正副会長会では、最高裁と財務省へ厳重に抗議し、むしろ増額を申し入れることにした。翌27日、河原副会長が申入書をもって執行した。

死刑判決と死刑執行

現在、死刑確定囚は56人。20年前（1982年）は半分の28人だった。10年前（1992年）は56人で今と変わらない。死刑判決（1審）は、1982年に11件、1992年1件だけだったのが、2001年は10件。最近、少し増えている。死刑執行は、1982〜1989年は毎年1〜3人だったが、1990〜92の3年間はゼロ。1993年に7人となり、その後、3〜6人で推移している。

1月19日（日）

『至福のとき』

本当に心の洗われるいい映画。映画館に座った2時間、私にとっても至福のときだった。『初恋のきた道』のチャン・イーモウ監督の映画。結末は決してハッピーエンドではない。盲目の少女に親切にした中年の労働者はトラックにはねられ危篤状態、盲目の少女も1人で大都会に出ていく。それでも人間って、本当は信頼できるんだよ。そんな確信がきっと少女を支え、これからは厳しい社会をたくましく行き抜いていってくれるだろうと私たちにメッセージを届けてくれる。舞台となった大連に、私は3回行った。行くたびに見違えるような大都会。そんな大都会で、失業中の労働者たちが心の優しさを失わず、善意から欺し続けようとする。それを知って黙ったまま受け容れる少女の笑顔。実にその笑顔がいい。途中からずっと涙が止まらなかった。心が温まって、いい気分で帰宅した。

1月集会報告集

55期司法修習生（もちろん、今は弁護士などになっている）の1月集会の報告集を読んだ。Ａ４サイズのの200頁をこす大部なものだが、表紙のデザインもしゃれていて、大変読みやすく編集されている。編集のプロ（私のこと）としては、活字はもっと小さくしてもよかった、左右2段組みにしてもよかったように思ったが・・・。写真がすごくよく撮れていて、感心した。

全体集会でＨＩＶ訴訟の原告であった川田龍平氏が和解の最終局面での弁護団の態度を厳しく批判している。確認書のなかに「おわび」とあって、「謝罪」の言葉がないことに川田氏は納得できない。「責任の明確化」と「謝罪」ということが裁判でとれなかったことが今もすごく悔しいと語っている。この点について、大阪の宮地弁護士が、それは弁護士の「職業病」みたいなものなんだと面白い指摘をしている。弁護士は、成果を勝ちとりたい、どこか落としどころでまとめたいと思う弁護士の職業病みたいな信念と、とことん自分の人生をかけた正義を貫きたいという当事者の気持ちとがぶつかったとき、本当に深刻な対立になる。こんなことは決して珍しいことではなく、非常に多い。私も本当にそう思う。こちらからは依頼者がガンコだなと思っていても、依頼者は逆に弁護士は妥協しすぎると不満に思う。このバランスをとるのが難しいところ。

『アポロってほんとうに月に行ったの？』

面白い本（朝日新聞社）。アポロ11号が月面着陸に成功し、アームストロング船長が人類史上はじめて月面に降りたったのは1969年7月20日のこと。私は大学3年生。東大闘争が終って、本郷へ行くようになったが、相変わらずセツルメント・サークルに精出していて、まだ授業を真面目に受けていなかった。どうして今ごろこんな本が出るのか不思議に思ったが、手にとってみると、なるほどなるほど不思議な写真がいくつもある。アポロ11号は、本当は月世界に降りたってはいないのではないかという疑問がもっともらしく思える。もしそうだとしたら、全世界の人々をアメリカは欺したことになる。ネバダ州の「エリア51」という秘密の軍事基地で撮影されたのではないかという謎ときは、そうかもしれないと思わせるに十分。

三池争議

三池炭鉱の大争議がはじまったとき、私は小学5年生だった。大牟田市内に警察官があふれ、近くの幼稚園まで宿舎にあてられていた。夜に三池労組の松明デモが家の前を通っていくのに感嘆したことを思い出す。なにしろ何千人もの松明デモだから、まさに壮観。私が弁護士になって大牟田市にUターンしてきてまもなく、三池争議のころの炭鉱労働者の日常生活の聞きとりをはじめたことがあった。三池争議のときの立入禁止仮処分の供託金を三井が取り下げ、権利行使催告をしたので、本訴として損害賠償請求訴訟を提起した。大牟田に生まれた人間として、三池争議を勉強するつもりもあって提起した。これは見事に敗訴してしまった。『1960年・三池』(同時代社)は久しぶりに出た三池争議の写真集。今は大牟田市にも炭鉱社宅は影も形もない。

『ゴーゴーハルシュー報告集』

55期司法修習生「春の集会」報告集を読んだ。といっても250頁もあるから全部を精読したわけではない。55期が300人以上も集まったこと、その準備が綿密にすすめられていたこと、当日のすごい盛りあがりが写真とともにビンビン伝わってくる。これだけの自主企画を立派にやりとげられるなら、日本の弁護士の将来も明るい。

『ドキュメント裁判官』

読売新聞で連載されていた特集記事を本にまとめたもの（中公新書）。全体として、やや裁判官を美化しすぎという印象がぬぐえない。福岡の川本弁護士は、弁護士会が裁判官に対するステレオタイプの批判をしていることが気になると指摘している。もっともだ。しかし、裁判官たるもの、もっと現実を直視して、適正妥当な判断を勇気をもって示してほしいと願う弁護士がたくさんいるのも事実。

シャンポリオン

いつもの居酒屋に着いてデキャンタの赤ワインを注文し、早速、本を取り出す。『ヒエログリフの謎をとく』（創元社）。カラー図版がたくさんあって、古代エジプト文明についての想像力をかきたてる。大根のおでんが出てきた。厚切りの大根に味がよくしみている。41歳で若死にしたシャンポリオンは独学と個人授業で勉強をはじめ、高校生のときに早くもアカデミーの会員に選ばれ、18歳でグルノーブル大学の助教授（古代史）、文学博士になった。モツ鍋が届いた。平たい土皿によく煮こんだモツとキャベツ、そして絹ごし豆腐が大盛り。口の中にモツを放りこむと、とろけるような美味しさ。シャンポリオンは、カルトゥーシュのなかのヒエログリフが、ラメセスそしてトトメスという王の名前であることを解読した。これは、表音文字と表意文字をミックスさせるというすごい想像力。絵があるだけに、そのすごさがよく分かる。

モツ鍋の土皿に残った汁をスプーンですくう。たっぷりごまが入っていたことが判明した。道理で、こくがあるわけだ。お腹はいっぱいになったが、少し口がさみしい。最後にエイヒレを注文。柔らかく、そして少し甘いエイヒレだ。赤ワインを少し残したところで、読了。これで、今日も寝る前に1冊読み終えることができた。お勘定は3000円、安いものだ。

大辞典

私が最近愛用しているのは、井上ひさしが新聞広告で勧めている『類語大辞典』（講談社）。モノ書きを自称する割には、実のところボキャブラリーが足りないことを常々自覚している。この大辞典は、類語がおびただしく並んでいる。こんな言い方もあったのか、そんな驚きとともに役に立つ。読んで楽しい辞典（1500頁）。これで6500円は安い。

もうひとつ私の愛用する大辞典は、小学館の仏和大辞典。2600頁もあり、定価も2万8000円。この大辞典を全頁、真赤にするのが私の願い。読んだところを赤エンピツでアンダーラインを引くのは大学受験以来の習慣。この仏和大辞典は基本的な用例が豊富にのっているから、フランス語の復習にはもってこい。自宅にいるときは毎朝、少しずつでも、この辞典を読むようにしている。部厚い大辞典が真っ赤になっていくのを見るのは楽しい。

『アフリカを行く』

カラー版の中公新書。アフリカには一度行ってみたいと思うけれど、はるか彼方にある危険な国のイメージがあって、なかなかその気になれない。ゴリラが内戦によって絶滅寸前になっていることを、遠く離れた日本で心配するのみ。『沈まぬ太陽』（新潮社）のモデルの小倉寛太郎氏の『アフリカの風』（新潮社）は大阪の写真集で、アフリカの動物たちが躍動している。どちらも手にとって眺めると楽しい。しばし日頃かかえている事件のことを忘れて、きっと心が癒されると思う。

『カエルの鼻』

学者って、とんでもないことをする。カエルが池をめざすのは光を感じるからか調べるために、上下のまぶたを縫いあわせた。もっとも5週間もしたら、自然に糸は抜けて見えるようになる。また、地磁気によるものかどうかの実験で、頭に強力ピップエレキバンを瞬間接着剤でくっつけた。臭いが関係するかどうかを調べるため、嗅粘膜に硝酸銀をぬりつけた。その結果、ヒキガエルは目が見えなくても繁殖のための池を見つけるのに何の不自由もない。しかし、臭いがかげなくなると、運動能力はあっても池の方角が分からなくなってでたらめに四方八方に向かい出す。また、ピップエレキバン程度の磁力線によっては移動の方向と距離は影響を受けない。たのしい動物行動学というサブタイトルのついた面白い本（八坂書房）。むかし、小学生のころ、カエルのお尻にストローを差しこみ、腹をパンパンに膨らませて、池面に浮かべて遊んでいたことを思い出す。

『オマエラ、軍隊シッテルカ』

韓国には2年あまりの徴兵制度がある。正確には、陸軍なら26ヶ月、海軍は28ヶ月、空軍は30ヶ月。学生運動をしていた活動家は、この間に徹底的にしごかれる。でも、そうでなくても、『フルメタル・ジャケット』のように上官の指揮命令のとおりに動く殺人マシーンになるよう毎日しごかれる。他人を殺すためには、その前に自分の人間性を殺しておかなくてはいけない。そのことがよく分かる本（バジリコ）。韓国では男は軍隊体験をすましていないと一人前と見なされない（恐らくアメリカでもそうだったのだろう）。私は、日本に生まれて良かった。しごきなんか受けたくない。

1月21日（火）

平戸かまぼこ

年の暮れに東京でジローさんこと井元副会長からお歳暮としていただいた。むっちりした歯ごたえのかまぼこ。今まで食べたかまぼこのなかで一番美味しい。ジローさんは平戸出身なので、400箱も取り寄せてお世話になった人に配っているという。平戸にこんなに美味しいかまぼこがあるなんて、ちっとも知らなかった。ちなみにジローさんの親戚のやっている松本修かまぼこ店の商品。3月に平戸で公設事務所の開設式がある。私のかわりにジローさんが出席する。

1月23日（木）

さんかん

朝9時からの窓口会議は、いつもの1702会議室が小学生の見学でつかわれているため、隣りの1703会議室で開かれた。朝、ホテルをでたときにはミゾレだったが、会議のあいまに外を眺めるとボタン雪が降っていた。外は冷えこんでいても、なかは暖房がよくきいている。伊藤次長が国会情勢の報告のなかで「さんかん」という言葉をしきりにつかう。はじめは何のことかわからなかったが、そのうち与党3党の幹事長会談のことだと分かった。業界用語になれるのも大変。

事務所荒らしと納税者憲章

正副会長会の昼食はときどき変わるようになった。今日は地階の「桂」から取り寄せたカレーライス。コクのあるカレーで、なかなかいける。それでも、冷めてしまうと味が落ちる。昼食が届いたという連絡を受けたら、その場で直ちに中断して昼食をとるようにすべきだとムーミンパパ副会長が提案した。まったくそのとおり。どうせ会議は夕方まで続く。

昼食をとりながら雑談する。本林会長が、このところ全国的に法律事務所が荒らされているようだ、と切り出した。大阪から始まって西へ下がっていって、中国そして九州方面が荒らされた。次は、北上するのではないか・・・。事務所のセキュリティーには一段と気をつけよう。

大阪弁護士会に昨年11月、税務署が調査に来たいと申し入れてきた。質問項目を書面にするよう返答したところ、書面が届いた。こんな項目では会うまでもないと回答したら、それっきりになっているという元気の出る話もあった。日本も韓国のように早く納税者憲章をつくる必要があるとペコちゃん副会長が総括。まったく同感。日本では税務署による問答無用式の調査があまりに多い。

1月25日（土）

最近のクレサラ被害の実情

自己破産申立件数は、２０００年に14万件、２００１年に16万件。そして昨２００２年はついに20万件の大台に乗った。東京地裁は１割の２万件（昨年は１万５０００件）。福岡地裁本庁は６００件、小倉支部は３５００件、熊本地裁本庁は３０００件弱。佐賀地裁本庁と久留米支部はどちらも１０００件強というところ。ちなみに私のいる大牟田支部は３６０件ほどで、久留米支部の３分の１ほど。

破産免責を受けた人がヤミ金融に手を出すケースが激増している。ヤミ金融に対する警察の取締が強化されるべきだし、テレビのサラ金コマーシャルは禁止すべき。同時に、弁護士もカウンセリングを重視し、アフターケアーに力を入れないと、本当に社会のニーズに応えたことにはならない。

『クレサラ騒動の内幕』

夕刊フジに『クレサラ騒動の内幕』という連載記事が昨年11月26日から12月6月まで8回のった。東京弁護士会から退会命令を受けた桑原弁護士（51歳）にインタービューしている。16年間で2万2000件も受任したという。退会命令の時点で継続していた債務者が7000人。これまで1万5000人は完済したことを誇っている。常駐弁護士は1人、協力弁護士が15人前後。広告費用が月600万円、年1億円弱。タウンページ、インターネット、電車の吊り広告も効果的。スポーツ紙は効き目がある。売り上げは年間10億円。弁護士費用は月1万円から分割OK。すごいビジネス。

これを私は全否定はできないように思う。それだけのニーズがあるのを、どう考えたらいいか、弁護士会はもっと真剣に考えるべきだ。

女性の死刑判決は15人目

和歌山カレー事件で死刑判決が出たが、東京新聞（12月12日）によると、女件の死刑判決は1949年以降15人目。男性は702人。現在、死刑囚が3人（永田洋子死刑囚と宮崎知子死刑囚ともう1人）いる。このほか、死刑判決を受けて上訴中の女性被告人が4人。

日弁連の職員

昨年4月1日現在で、総勢88人の職員がいる。ただし、このうち総長と4人の次長は弁護士。部長（総務部、法制部、人権部、業務部、企画部）が5人。困ったことに綱紀・懲戒手続にかかる弁護士が激増しているので、それに対応して職員増は避けられない。日弁連職員の応募者はすごく多く、かなりの難関。したがって優秀な人材が多い。これは日々実感している。単なるお茶くみ、コピーとりではなく、委員会の議事録をつくり、日常業務を遂行していく役割を果たす。かなり語学もできる。

アメリカのパラリーガル

アメリカ労働省の統計によると、１９９８年に13万６０００人のパラリーガルがいて、今後さらに一層の成長が見こまれる職業と評価されている。平均年齢は40歳、９割が女性で、４年制大学の卒業者が５割近い。法律事務所に75％が勤め、民間企業に15％、政府などの公的機関に８％勤めている。雇用されていない独立パラリーガルも２％いる。３分の２の法律事務所にパラリーガルがいるものの、１〜３人の小規模事務所では３分の１にすぎない。パラリーガル養成機関は３３９校あり、ＡＢＡが認可しているのは２４６校。これは、ロースクールの１８３校より多い。

アメリカの専門弁護士

ＡＢＡの認定した専門弁護士は１９９４年に１万８０００人だった。１９９７年には２万２０００人となっている。増加しつつあるとはいえ、全体からすると微々たるもの。専門分野でみると、多い順に民事事実審で６０４７人（27％）、家族法２１５０人、遺言信託・遺産１８０２人、不法行為法１７９８人、刑法１６０８人。ただし、刑事事実審６０７人とあわせると、２位となる。企業と消費者の破産をあわせると１５２８人。専門分野は25となっている。

1月27日（月）

ニューヨーク大学ロースクール留学生

午後、６月からニューヨーク大学ロースクールに日弁連派遣のビジティング・スカラーとして留学する２人の弁護士（東京と兵庫）と面談した。上柳国際室長が、しっかり勉強して日本の弁護士として恥ずかしくないよう意見発表もしてきてほしいと、しきりにプレッシャーをかける。

ニューヨーク大学ロースクールには1学年およそ250人で、うち日本人留学生が35人、ビジティング・スカラー（研究員？）が30人、うち日本人が6人。現在は、大阪の三木弁護士が留学中。学生の平均年齢は26歳。学費は年28万ドル（寮費こみ）。マンハッタンの治安のよいところのワンルームマンションの家賃は月2000ドル以上もする。家捜しは大変で、3週間かかった人がいる。三木弁護士は50歳すぎてからの留学なので、英語には大変苦労したらしい。福島の安藤弁護士も同じ。大学には、留学生のための無料の英語研修クラスもある。

1月30日（木）

柳の井戸、桜の井戸

ふくおか会館から日弁連会館まで、皇居のお濠ぞいに歩くと、早足で20分かかる。途中、お濠の土手に1ヶ所だけ井戸がある。柳の井戸と言う。近くの井伊藩邸には桜の井戸もあったと高札が紹介している。ここは散歩コースになっているが、ときどきマラソンコースにもなる。朝、女子高校生たちが元気よく走っていた。

法務省の赤レンガ館

朝9時からの窓口会議に間にあうよう早足で歩いて出勤する。なるべく信号待ちをしなくてすむよう、お濠端を歩いたあとは地下に潜って地下鉄の歩道を歩くようにしている。地上に出ると、法務省の赤レンガ館が左手に見える。職員証を守衛に呈示して入っていく人たちを横目にしながらあるいていくと、前に背の高い男性と太った男性が並んで歩いている。見慣れた体形なので、すぐにドン・ガバチョとヌリカベの両副会長だと分かった。泊まっていた「こうじ町会館」から、私と同じように歩いてきたという。副会長は、みんな健康管理に、それなりに気をつけている。

1月31日（金）

3賢人

正副会長会で弁護士法改正の条文を議論しているときのこと。

綱紀審査会を新設することは日弁連の臨時総会で承認されたが、いざそれを具体的に法文化しようとすると、細かな表現が問題となる。たとえば、懲戒請求があって綱紀審査会にかかる前に登録の取り消し請求は認められるのか。認められないとしたら、明らかな濫訴があったとき、弁護士任官のための登録取り消しであっても、受けつけられないことになってしまいう。こうなると、どこかでバランスをとるしかない。また、綱紀委員会は、現在は、情状による起訴猶予みたいなものは認められないのが建前。しかし、今度は、それを認めようとしている。その表現ぶりをどうするかにも微妙な問題がある。このような細かい立法技術の議論は、いわば内閣法制局の仕事のようなもので、抽象的な法理論の苦手な私には、とても向かない。

この議論のとき、嘱託の谷・椛島の両弁護士と担当の藤井弁護士の3人が加わり、解説をし、意見を述べた。司会の大川総長が、あとはこの3賢人におまかせしようという裁定をくだした。

差し入れ

2日連続で正副会長会が開かれた。1日目は、朝9時からの窓口会議に引き続いて、夕方5時すぎまで、2日目も朝10時から夕方5時半まで会議が続いた。

〈1 月〉

2日目の昼食時のこと。副会長室に戻ろうとしたら、廊下で福岡県弁護士会の女性職員とバッタリ出会った。法律扶助協会の研修に参加するため上京してきたとのこと。ありがたいことに私の大好きな赤ワイン（メドック）を差し入れてもらった。

2月

2月1日（土）

検察審査会

3年前から犯罪被害者の遺族も審査請求できることになって件数が急増している（読売新聞、12月12日）。東京や大阪では審査会を週1回ペースで開かないとさばききれない状況。ところが、2つの審査会がある東京では昨年度以降、補充員をあわせても11人のメンバーがそろわずに流会となったことが13回あった。11人ぎりぎりで開催できたことが30回以上。選挙人名簿から無作為抽出された審査員（任期6ヶ月）と補充員が11人ずつ選ばれている。審査会は午前10時から午後3時まで開かれ、支給される日当は7～8000円。この実情からすると、裁判員の確保は大変だ。

裁判迅速化法案と内閣法制局

2年内で裁判を終らせることを目標とする裁判迅速化法案について、日弁連の強い要望を受けて、司法制度改革推進本部の事務局は「充実」をかなり盛りこんだ法案をつくった。ところが、内閣法制局の審査を受けるなかで、その「充実」がバッサリ切り捨てられた。裁判所の職権を強化して、集中審理のみで迅速審理を実現するという。本当にひどい内容だ。裁判官が足りない、部屋がない、証拠開示がないなどの問題を解消せず、迅速審理だけやろうとしても不可能だし、拙速でしかない。本林会長、大川総長を先頭として法務省（事務局長）、国会議員などにあたって、猛然と巻き返しつつある。この関係の資料集をパンフレットにまとめた。私が編集して業者に外注したもので、内容は少し不十分だが、見栄えのいい体裁となっていいるので、顧問などに訴えるときには便利だ。

韓国の法律扶助

韓国では法律扶助というより、法律救助という言い方が一般的。韓国法律救助公団（KLAC）が、中心的に担っているが、これは法務部が監督する民間の非営利法人。KLACの理事長は法務部長官の任命で、検察庁に従属している。その主たる財源は政府からの補助金で、1987年の7億ウォン（66万米ドル）から、1999年に88億ウォン（810万米ドル）へ増えた。KLACの法律扶助基金は74億ウォン（670万米ドル）になっている。このほか、農協中央会から30億ウォン（280万米ドル）の援助を受け、さらに水産業および畜産業協同組合などからも援助を受けている。KLACによる法律相談件数は年間100万件をこえる。訴訟代理の場合には月収130万ウォン（1100米ドル）以下であることという要件があり、1年間に民事・家事で3万件ほど、刑事では3千件にみたない。大韓弁護士協会（KBA）による法律扶助は1998年までの9年間で144件にすぎない。

韓国における弁護士報酬の敗訴者負担

1981年に大法院規則、1991年に民訴法改正で敗訴者負担制度が導入された。内容は例外なしの敗訴者負担。ただし、裁判官は減額できるとの既定あり。訴額により0・5から10％と段階的に定められている。現状の敗訴者負担額は報酬の4分の1から2分の1といわれている。立法理由は社会正義から来る勝者保護と経済発展にともなう裁判の急増に対する乱訴防止。

あまり使われてこなかったが、最近は少し使われだした。現在、年間80万件の訴訟のうち、1万件くらいの弁護士報酬回収の申立がある。大企業は1000万円以上の裁判が多いが、敗訴者負担分の確定と回収手続にもタイムチャージがかかるので、ほとんど申立しない。

訴額の算定に際し、裁判所は算定不能の場合、200万円として敗訴者負担の影響を小さくする。医療過誤訴訟や行政裁判は被告が全面勝訴しても風評を気にするなどして請求しないことが多い。裁判所が一部勝訴でも訴訟費用を本案判決と同じ按分ではなく、2分の1ずつとして、事実上、各自負担とすることが多い。消費者紛争では、消費者保護院が準司法機関（執行力がある）として医療過誤や証券取引被害もふくめて無料で対応し、成功報酬による弁護士の支援もあり、実質的に各自負担となっている。裁判所が和解の誘引として利用している。ただし、労働裁判を多数起こされた会社は、勝訴した事件で徹底して敗訴者負担による弁護士費用を取立て、労働者側に学習機会を与えた（大手事務所）事例がある。また、情報公開裁判で敗訴した参与連帯から国が弁護士報酬を取りたてている。報酬の一部負担であるため、弁護士報酬の低下を招くとか、執行を増加させるために、敗訴者負担額をもっと引き上げよという声もある。

慰謝料5億円を現金でもらう話

2月2日（日）

いやー、すごい。夫の浮気の代償が現金5億円。しかも、即金で決済。東京にはこんな話が現実にある。夫は今はやりのIT関連のベンチャービジネスの社長。そして、そのとき弁護士報酬はいかに?

『慰謝料法廷』（文春新書）は東京（今は横浜）の現役弁護士が書いた本。ケースごとに実際もらった弁護士費用が算定根拠とともに明示されている。日弁連では、目下、弁護士報酬の目安づくりをすすめているが、とても参考になる。そこで、冒頭の5億円のケースでは、着手金200万円、報酬金3000万円（本来は3907万円になるという）。うらやましい限り。

アメリカには機能的文盲者が4400万人いる

アメリカには、小学4年生レベル以上の読み書きができない人間（機能的文盲という）が4400万人いる。字は読めるけど、普段は読まない人間が2億人。現在、アメリカの死刑囚は3700人をこえている。そのうち70人が未成年者。先進工業国のなかで、子どもを死刑にしているのはアメリカ以外にない。『アホでマヌケなアメリカ白人』（柏書房）は、アメリカの有名な映画監督（白人。マイケル・ムーア）が書いたベストセラー。私がもっとも驚いたのは、例の9・11の2ヶ月後にブッシュ大統領が次のように言ったという言葉。

すべてひっくるめて、ローラと私にとっては信じられないほど素晴らしい1年だった。

2月3日（月）

島原ひまわり基金法律事務所オープン

島原市に公設事務所がオープンした。長崎の石井会長は、いったい応募者があるのか心配していた、早々と東京から来ていただいて感謝すると挨拶した。本当にそのとおりだ。東京から、弁護士生活6年目に入ろうとする金弁護士が着任した。金弁護士は宮城県出身で、奥さんは神奈川県出身。任期の3年がたったら東京に戻り、後輩たちが同じように地方に出ていくシステムづくりに貢献したいと決意を述べていた。本林会長も東京から朝9時発の飛行機で駆けつけた。「ひまわり基金」をつかった公設事務所の開設は島原で13ヶ所になった。本年度は、あと根室・倉吉・平戸の3ヶ所にオープンする。全国の法相センターも300ヶ所となった。2万人の会員から月1000円の特別会費を集めてつくっている「ひまわり基金」は年間2億円あり、今後とも有効活用していきたいと挨拶した。オープンセレモニーには、島原市の吉岡市長も歓迎の挨拶をするなど、熱烈歓迎が表明された。

雲仙・普賢岳

島原ひまわり基金法律事務所のオープンセレモニーに向けた挨拶まわりが終って、長崎の吉田・戸田・山下の3弁護士の先導で火砕流の現場を見学に行った。「まゆやまロード」というコースが整備されている。大自然の脅威を実感させてくれる。普賢岳の頂上には雲がかかっていたが、中腹には白いものが見える。石灰岩でもあるのかと思ったら、1週間前の雪がまだ残っているとのこと。土石流で屋根まで埋まった現場が、そのまま保存されているのも見学した。そこからは普賢岳は、はるか彼方にしか見えない。いかに大量の噴火と土石流であったかを物語る動かぬ証拠。

朝から晴れあがって、風もなく気持ちのいい日だった。

2月4日（火）

半蔵門から桜田門

半蔵門は昔、有名な服部半蔵邸が近くにあったところから名づけられた小さな門。それでもときどき出入りする人を狙うカメラマンが待ちかまえていることがある。警戒厳重で一般人の出入りはできない。お濠の水面が、はるか下に見える。警視庁方面に向かって、なだらかな下り坂。早足で歩いくと、お濠が朝陽にあたってキラキラまばゆいほど輝いていき、水面に浮かぶ鴨たちがケシ粒のように見える。頭を隠すようにしてまだ眠っている鴨、ときどき潜っては朝食を摂っている鴨、それぞれ。

歩きながら数えてみると、100羽どころではない。あっ、一群の鴨たちが水面すれすれに飛んでいく。桜田門は広くて大きい門。マラソンしていた高校生たちが入っていく。朝9時少し前に日弁連会館に到着。早くも1階の法律相談の受付付近には、たくさんの人々が並んでいる。リーガルサービスへの市民のニーズの強さを実感しつつ、階段をのぼる。

FAXニュースの愛読者

毎月2回、大川総長名でFAXされる日弁連ニュースの一番の愛読者は司法制度改革推進本部の事務局にいる官僚群。その日のうちにコピーが配布され、熱心に読まれている。

マスコミ論説委員との懇談

マスコミ各社との懇談会が一巡したので、今度は個別の論説委員との少人数の懇談の機会をつくることになった。会場は日弁連会館16階の応接間。昼食をとりながら、また、コーヒーとケーキをいただきながら1時間ほど懇談する。裁判迅速化法案が重要テーマなので、私も参加するようにしている。NHKの若林解説員、日経新聞の藤川論説委員と、日弁連側は本林会長、大川総長と3人の副会長の5人で膝詰懇談。本林会長が自分の言葉で日弁連の主張を展開するので、副会長としては、ときどき言葉を添えるだけですむ。論説委員クラスなので、さすがによく勉強している。最高裁などの情報も豊富。私が読んでいない判例タイムズの論文などに言及されると、焦ってしまう。2年以内で裁判を終らせる点について、当事者に責務を課すことは妥当かどうか、2人ともウーンと唸っていた。滋賀では、被告人が弁護人も巻き込んで引き延ばしを図り、一般事件なのに26年間もかかった事件があるという。マスコミには、やはり情報が集中していることがよく分かり、本当に勉強になる。

2月5日（水）

経営法曹会議が労働参審に反対する意見書

午前中に開かれた労働検討会では、労働参審の是非が議論された。連合の高木副会長は労組役員OBを主体として1000人ほどの参審員は確保できると述べたが、続く日本経団連の矢野専務理事は、せいぜい30人ほどしか確保できないし、そもそも裁判は裁判官にまかせた方がよいというような意見を述べた。そのうえで、経営法曹会議に検討してもらったら、労働参審にも参与にも反対するということになったと紹介した。労働検討会には経営法曹会議から石崎弁護士が委員として出ており、労働参審制導入の積極論者だが、この意見書には反対者の1人として氏名がのっている。石崎弁護士は、自分は積極論者だが、少数派でしかない、意見が通らないと嘆いた。しかし、消極論は刑事裁判における裁判員の導入否定論と同じだ。なんとか労働参審制の実現にこぎつけたい。参審員の給源も、高木委員の言うとおり、労組役員OBなどを主体としたらいい。

関弁連の地区別懇談会

午後から前橋へ出かける。関弁連は、本年度、埼玉、長野に続いて3ヶ所目の地区別懇談会と称して、日弁連執行部と司法改革問題での質疑応答・意見交換会を開いた。午前中の労働検討会が終ってから長野行きの新幹線に乗って前橋に向かった。午後3時少し前に着いて、休憩のあと、裁判迅速化法案と弁護士報酬規定の問題について担当副会長として質問に回答した。いつものように我ながら不出来の答弁だったが、なんとか置かれている状況の難しさだけは伝えた。

終了後の懇親会で、群馬の藤倉弁護士と久しぶりに会ってキューバの話を聞いたりして、楽しいひとときを過ごした。

日弁連副会長の1日

2月0日（木）

8時20分　タクシーで参議院議員会館に到着。受付のところに四宮弁護士が待ち受けている。入館票をもらい、守衛に示すと、「ご苦労さま」と声をかけられる。1階右奥の特別会議室に向かう。会議室前の廊下に本林会長、大川総長ほか4人ほどが立っている。8時から始まった民主党の法務部会が別の議題が終らないので、まだ中に入れないという。廊下に別の議員たちがやってきた。公明党の法務部会が向かいの第1会議室で8時半から開かれるようだ。本林会長が顔見知りの漆原議員と立ち話をはじめた。あとで聞くと簡裁事物管轄引き上げ問題についての日弁連の主張を訴えたという。5分遅れて、ようやく会議室に招き入れられた。なかには10人ほどの議員と5人の秘書がいる。国会議員は朝8時から会議を始めていることを日弁連副会長になって初めて私は知った。民主党には、弁護士出身の議員が何人もいる。法務部会長も千葉景子議員だ。千葉議員が挨拶し、本林会長が日弁連の主張を淡々と説明した。裁判迅速化法案について、山花議員は「立法事実がそもそもないのでは」、日野市朗議員は「拙速は困る」、江田五月議員は「反対したいけど、できない。権利の迅速な破棄では国民が困るんだが・・・」と、そろって法案に批判的な意見を述べ、勇気づけられる。法科大学院への現職判・検事の派遣問題について、日弁連嘱託の道弁護士が要領よく説明したが、反応なし。最後に、仲裁検討会について吉岡弁護士が一言訴え、40分ほどで終了し、退出する。民主党の議員は残って討議を続ける。議員会館前に日弁連会長の専用車が待っているのに同乗させてもらい、日弁連会館に向かう。

9時45分　日弁連会館15階のロビーで待ち合わせ。16階の副会長室から降りていくと、名古屋の山田・川上両弁護士が先に来ていて、ソファーで待っていた。東京の神弁護士が到着したので、小笠原次長と木村職員の合計6人でエレベーターに乗りこむ。めざすは2軒隣りのビルにある公正取引委員会。守衛2人に誰何され、用件を告げて入館する。この前と同じ11階の会議室に入る。10時少し前、キャリア組の山本課長が係長2人を従えて顔を出し、挨拶抜きですぐさま本題に入る。日弁連から示していたアンケート回答の集約を目安とすることについて、基本的に了解との感触を得た。もちろん、無条件ということではなく、こまかい文言上の注文がいくつもついた。ただ、それは日弁連側の目安づくりの作業を是認することを前提としたもの。私の方から法曹制度検討会での今後のスケジュールなどを説明して、40分ほどで協議を終えた。ビルを出ると、日比谷公園の上に青空が広がっている。明るい気分で日弁連会館に歩いて戻る。途中で、大分の浜田弁護士と偶然に出会い、励ましを受ける。

11時　日弁連会館の16階にある副会長室に戻る前に会長室に立ち寄る。秘書の鈴木さんに声をかけると、本林会長は在席とのこと。早速、ソファーにすわって目安づくりに展望が見えてきたことを報告する。終って、隣りの総次長室にいた大川総長にも報告。副会長室の自分の机の上に山積みされている書類に手をつけながら、パソコンを起動させて、メールをチェックする。毎日、20通以上のメールが入っているので、それを読むのにも時間がかかる。メールは、読み終えたら基本的に消去する。

11時40分　17階の会議室に遅刻して入っていく。弁護士制度改革推進本部の第3部会の事務局会議がすでに始まっている。先ほどの公正取引委員会との協議状況が川上事務局長によって報告されていた。公正取引委員会からの注文をきちんと受けとめて、表現の手直し作業をすすめることになったのを聞いて、改めて安心する。報告はすぐプリントアウトされる。たいしたものだ。

昼12時 会長室と総次長室にはさまれた小さな応接室で朝日新聞の論説委員との懇談が始まる。まだ若い論説委員で、自己紹介すると、同じ福岡の筑豊出身とのこと。寿司弁当を食べたあと、コーヒーを飲みながら懇談に入る。本林会長が裁判迅速化法案の問題点を説明する。裁判が迅速のみでなく、充実も必要なことには論説委員から異論が出ず、安心する。ただし、次の法科大学院への現職判・検事の派遣問題については、日弁連の主張に対して疑問が出た。要するに、司法研修所での教育とどこが違うのか、という疑問だ。大川総長も説得を試みるが、なかなか納得してもらえない。午後1時すぎに本林会長が退席したあとも、しばらく話を続けた。

13時20分 副会長室で机に向かっていると、大川総長から呼ばれて、裁判迅速化法案の検証機関のあり方について、日弁連嘱託の小川弁護士との協議に参加。いくらか私も意見を述べる。そのあと、弁護士報酬規定の第3部会の全体会に出席。外部委員の遅刻があって、結果的に正式開会にまにあった。日弁連執行部としての弁護士報酬規定の廃止問題についての認識と法曹制度検討会のスケジュールなどについて報告する。山田・川上両弁護士という有能な名古屋勢を全面的に信頼して、机の上に書類を置いたまま途中で抜け出し、副会長室の自分の机に戻る。机上は書類の山。

14時 17階の廊下で福岡の渡辺弁護士と顔をあわせる。人権擁護委員会の会議に参加しているとのこと。日弁連で渡辺弁護士が大活躍していることが福岡で案外知られていない。この状況を早急に克服する必要があることを、お互いに確認する。

14時20分 午後2時から読売新聞社会部と日弁連執行部との意見交換会が始まっているのに、遅れて参加した。ちょうど前のテーマの終わりころだったようで、司会の尾崎弁護士からすぐ水を向けられ、裁判迅速化法案についての日弁連の主張をレポートする。記者からは、弁護人が裁判ひきのばし戦術をとっているから裁判が長引いているなどと弁護士を厳しく非難する言動が相次ぎ、驚く。尾崎弁護士のほか、杉井弁護士が認識が違うようだと説明するも、なかなか納得してもらえない。担当する裁判迅速化法案のテーマが終って、抜け出す。

15時 17階の会議室に戻り、弁護士報酬の透明化、合理化をめざすための要綱づくりの議論が進行しているのを聞きながら、裁判迅速化法案ワーキンググループでつくった資料集の改訂版の原稿づくりを内職する。廊下から顔を出した小川嘱託から呼び出され、副会長室に戻って打ち合わせする。

そのあと、自分の机に向かっていると、事務職員から次々に声がかかる。副会長室の出入り口にある在席のスイッチを押すと、15階の事務室にも大きく表示される。それを見て事務職員が担当副会長のもとへ説明にあがってくるシステムになっている。公害・環境委員会の担当の井上職員と「もんじゅ」判決についての会長声明を出したあとの段どりを打ち合わせる。弁護士業務改革シンポジウムに向けたアンケートについて、椿部長と相談し、文言上の手直しを求める。裁判迅速化法案に向けての資料の改訂版の準備について、新部部長と協議する。あっ、司法改革調査課の尾崎職員のメモが貼られている。「司法改革最前線」ニュースの各地の動きの原稿依頼をしなくては・・・。副会長室に居あわせた、古井、須須木、川中、成田の4副会長にそれぞれ各ブロックの取り組みをニュース原稿としてもらうよう依頼する。その結果を同じフロアーの尾崎職員に報告する。

16時 第3部会の会議に戻る。弁護士報酬の透明化に向けた議論が白熱している。見積書を求められたら交付する義務を弁護士に課すというのには反対意見もある。それが、単にわずらわしいというのでは理由にならない。外部委員からは強い反撥も受ける。熊本の柴田弁護士から、詳しい見積書をつくって交付するというが、それは無料なのか、有料であってもよいのかという疑問が出される。なるほど、事案によっては、その具体的な論点などを抜きにして見積書を書けないこともあるかもしれない。結局、交付義務は努力義務とすることに意見がまとまった。会議室を出たり入ったりして迷惑をかけるが、ほかの仕事も同時に進行しているため申し訳ないと思いつつ、そっと抜け出さざるをえない。

17時 副会長室に戻ると、机の上に明日の正副会長会の資料と理事会の資料がドーンと置いてある。理事会に出される資料は正副会長会の資料のなかに必ずあるので読む必要はない。しかし、説明のときにまごつかないよう、担当部分にはカラーマーカーで目印をつけ、フセンを立てておく。今は、そんな時間もないから、とりあえず上の棚にもちあげる。正副会長会の資料はあとで整理するようにした。裁判迅速化法案の資料集の改訂版を準備するため、1月18日の地域司法計画シンポジウムの資料集をひっぱり出し、弁護士の増員について各地でどのように取り組まれているか、資料にあたる。

17時30分 首相官邸へ出かける時間になった。日弁連会館のエレベーターはなかなかやって来ない。いつものように長時間待たされる。本林会長と村長（副会長）が自民党の代議士のパーティーに出かけるのを見かけた。タクシーから降りて官邸入口のゲートでチェックを受ける。あらかじめ「司本」と大書したペーパーを交付されているので、それを呈示して入っていく。門のところで、名札を受けとり、胸につける。官邸に入るとき、コートを着ていたため名札を胸につけていないジローさん（副会長）が、注意される。官邸の正面から入っていくと、テレビカメラのライトが集中する。さすがに

3回目なので慣れたが、どうせ報道されることはないと知りつつも、まぶしいライトが顔にあたると、注目されているように錯覚し、そう思う自分が恥ずかしい。

すごくゆるやかなエスカレーターに乗って上の階（といっても、それが4階）の会議室に入っていく。要所要所に屈強な警備の男性がいる。会議室の入口あたりにも、司法制度改革推進本部の事務局が10人ほど待ちかまえている。部屋に入ると、開始20分前なのに、すでに佐藤座長などが着席している。今日は、日弁連席にはジローさん（副会長）が坐るはずだったが、迅速化法案の関係もあって私が席に坐り、ジローさんは四宮室長などと一緒に壁ぎわのイスに坐った。これで前に書類を広げる机があるかないか、お茶のサービスが受けられるかどうか、待遇が違う。開始まで間があるので、トイレを利用させてもらう。廊下にはフカフカの絨毯が敷かれている。慣れないため足もとをとられ、なんとも歩きにくい。赤ではなく、ブルーとホワイトのまじった絨毯。廊下から入口の方に向かっては広い吹き抜けになっていて、見晴らしはいい。下の方は大きな石畳と竹林があり、日本情緒をかもしだしている。顧問会議の開かれる会議室には真ん中に大きなテーブルがあり、壁ぎわに椅子が20個ずつ、奥の方に最高裁・法務省・日弁連が各1人すわる机があり、入口付近には記者団のすわるイスが並んでいる。壁ぎわの一方の椅子には、総理秘書官や内閣官房の官僚たちが20人ほどすわっている。見たところ30代くらいが多い。女性も2人いる。反対側の壁ぎわに司法制度改革推進本部の事務局メンバーや日本経団連と連合の随行員もすわっている。こちらも20人ほど。私のすわっている奥の方には、法曹3者のほか、内閣法制局もすわり、男性の速記者が1人いる。反対側の入口付近にある報道機関席の椅子には、多いときで10人ほどの記者がすわっている。

18時　顧問会議の始まる時間になった。「報道、はいります」の声があがると、入口の扉があいて、テレビカメラを構えた報道陣がどっと室内に入ってくる。もちろん、写真カメラマンもいる。ひとしきりシャッター音がうるさいが、このときは顧問をふくめて全員無言でライトに照らされる。しばらく小泉首相の入室を待つ。5分ほどして、小泉首相が護衛官や官房長官たち10人ほどを引き連れて入室し、中央の席に着く。すぐに佐藤座長が開会を宣し、小泉首相が司法制度改革推進本部の本部長として挨拶をはじめる。といっても、用意されていたペーパーを手にとって読みあげるだけ。ライトがあたっているのに、終始ペーパーを見て顔をあげることもせず、低い声で棒読みするのみ。マイクを使わないから、よく聞きとれない。「占有屋」という言葉が聞きとれたほか、「司法ネット」という耳新しい言葉がとび出してきたのが印象に残った。小泉首相は、そのあとは退席するまでまったく沈黙を続ける。佐藤座長が議事進行をはかり、山崎事務局長が説明をはじめる。裁判迅速化法案が本日の先議案件。説明が終ると、まっさきに連合会長の笹森氏が手をあげて意見を述べる。裁判は迅速だけでなく充実することが必要。充実をきちんとうち出してほしいなどと述べ、日弁連席にいてうれしく思う。日経新聞の小島氏も、迅速にするためには制度改革が必要だと強調してくれた。これに対して、山崎局長は、充実はすでに法案に取りいれていると答え、佐藤座長は、充実の内容がどういうものなのか、国民に分かりやすく示していく必要があると述べ、了承したいとまとめる。

18時30分　小泉首相が立ちあがり、無言のまま退席。いれかわるように津田塾大学の志村学長が入室。山崎局長による説明が弁護士法改正にからんで30分ほど続く。静粛だが、退屈。

19時　法科大学院への現職の判・検事への派遣について、小島氏と志村氏から疑問と懸念が示された。早稲田大学の奥島総長は、必要な制度だと賛成しつつ、全国の大学に格差が出てくることになりはしないかと指摘する。ほかの東大教授などは、フルタイムの専任教官をおく必要性を述べ、心配無用というニュアンスで対応した。佐藤座長は積極論者だけに、かなり意識的に心配ないことを強調してとりまとめる。それにしても、志村氏の言うべきことはきちんと言うという姿勢はえらい。大宅氏は、大学として受けいれられない教官だったら「返品」できるのかと質問し、まるで判・検事が品物であるかのような表現をつかったため、私はつい声を出して失笑してしまった。60人ほどの人間に取り囲まれるなか、顧問会議は進行していく。日弁連嘱託の椛島弁護士がうしろの椅子で膝に置いたノート・パソコンに入力している音が聞こえてくるほどだ。見渡すと、壁ぎわに女性が3人、森山法務大臣と2人の顧問が女性なので、結局、女性は6人のみ。1割にすぎない。ここも圧倒的な男社会だ。

19時40分　予定時刻を10分すぎて、顧問会議は終了する。会議室にいたほとんどの人は退席していくが、このあと記者会見があるというので傍聴する。朝日の山口記者が、説明ばかりで討議の時間が少なかった。こんなことでよいのかと単刀直入に質問したのに驚く。山崎局長は、事前に顧問には説明がまわっているなどと、答えにならない答弁をする。佐藤座長は少しニュアンスが異なり、顧問会議のもち方は今後は考えたいと言って含みをもたせる答えをした。官邸から出る前に名札を出口付近で待かまえていた官邸の職員に返す。カメラマンがいても、今度はライトはあたらない。外に出ると、さすがに風が冷たく寒い。ジローさん（副会長）は睡眠不足なので帰るといって別れた。

20時　日弁連副会長室に戻る。まだ副会長が7人も残っている。本林会長はパーティーから戻っていて、大川総長などと一緒に応接室で読売新聞の論説委員と懇談していた。同じパーティーに出席して戻ってきた村長の顔は真赤だ。ようやく懇談が終った。副会長室でメモを見ながら顧問会議の様子を報告する。

20時30分 夕食をとっていないので、地階へおりて、みんなで食事することになった。「桂」は今夜も満員だ。幸い、人権擁護委員会の席が半分空いた。料理がほとんど残っていないとのこと。あるものをみんなもってきて、とドン・ガバチョが注文する。とりあえずビールで乾杯する。コロッケなどをつつき、焼きおにぎりでお腹をみたす。本林会長を除いて、ほかは任期終了も間近なので、心も軽い。この1年で、すっかり気心の知れあった仲間だから、冗談が飛びかい、腹の底から笑って、疲れが飛んでいく。本林会長が、仕事はやっぱり楽しくしたいものだねと言ったのに、みんなも同感する。10時近くなったのでお開きとする。お勘定は、1人5000円也。歩いて帰る途中でタクシーをひろう。

22時 ホテルに帰りつく。今日も1日お疲れさま。

2月7日（金）

窓口会議

いつもの1702会議室で開かれる。午前9時、まだ正副会長以外はほとんど来ていない。入口から入ってすぐ右手の机の上に議題と資料がのっている。司法調査課の中村課長ほか、職員が4人ほど傍聴する。紙コップに入ったお茶も用意されているので、それを手にして席に着く。人間の習性で、一番初めに坐った席が定位置となっている。私はいつも窓の方を向いて右側の奥。隣は、たいてい宮本弁護士。熊本地裁で再任拒否を受けた元裁判官。定刻の9時を少し過ぎ、司会の大川総長が始める。

「前回の窓口会議は〇日でした。この1週間にあった検討会の報告からまずしてもらいましょうか・・」

いかにも柔らかいソフトな語り口。検討会に出席していた嘱託弁護士が自分のメモを見ながら、または担当副会長が報告する。検討会の審議内容は、ペーパー1枚に簡単にまとめられ、問題点も分かるようになっている。議事録の非顕名（氏名をのせないこと）については、日弁連の要求で次々に顕名化していった。最後に残った司法アクセス検討会も1月29日、ようやく陥落した。

司会の大川総長が次々に報告を求めていく。途中で問題状況が判明すると、その取り組みを参加者に対してソフトな語り口でお願いのような口ぶりで指示していく。その加減が実に見事。たとえば、国民の司法参加を最高裁が抵抗している状況を労働・行政・裁判員の各検討会での発言を集約して明らかにすること。窓口会議は議論するところではない。情勢を正確に認識し、共有することに主眼がある。議論は正副会長会や司法改革実現本部にまかされる。本林会長がときどき発言して、状況を総括する。国会情勢も重要な報告テーマ。この方面に詳しい会員が次長クラスに何人かいて、その報告を受け、対策を練る。検討会のほか顧問会議や自民党の司法制度調査会そして総合規制改革会議の動向も落とせない。ノドが乾いた。大きなペットボトルが置いてあるので、セルフサービスでお茶をコップに入れ、ノドをうるおす。ときどき女性職員が、途中で追加資料を配布する。

午前10時まで残り時間わずかとなった。司会の大川総長も目の前に置いた腕時計を見て時間を気にしている。参加者は20数名で、ロの字形のスチール机の席がほぼ埋まる。

時間となった。今日は、これくらいにしましょうか。大川総長が閉会宣言をする。あちこちで、関係者同士の打ち合わせが始まる。与えられた課題の具体化に向けて、早速、動き出す。

体重10キロ減量（？）

2月8日（土）

人間ドッグの結果が判明した。なんと、今の体重を10キロも減らせと書かれている。肥満度9％だから、私もボチボチ減らしていきたいとは考えている。司法試験の受験生時代、本郷の追分寮にこもって勉強していたところ、とても食事が美味しいうえ、当然、運動不足だから、みるみる太って顔が丸くなってしまった。大学構内で、高校時代の同級生とすれ違ったとき、彼が私に気がつかず通り過ぎようとしたので、あわてて私が声をかけたので振り返り、別人かと思ったと言われたことを思い出す。コレステロール値も高いというので、揚げものや油っこいものは食べないように努力するつもり。でも、たまには、そんな制限なんか忘れて美味しい食事を楽しく語らいながらとりたい。

高給とりの裁判官

裁判官が裁判にあたっているときには、その特別の地位を保障するものとして高給であることに文句を言う人はあまりいない。しかし、裁判に関与せず司法官僚として働いているにすぎないときにまで高給優遇しなければならないのか。その点について、他の官庁から強い不満が出ている。具体的には、最高裁事務総局そして司法制度改革推進本部。前者は裁判官と事務官しかいないので問題が顕在化しないが、後者は多くの官庁からの寄りあい世帯のため、毎日、机を並べて同じ仕事をしていて、なぜこんなに賃金の格差があるのか、そんな疑問が出ているらしい。法科大学院へ現職判事・検事を派遣するときの身分保障にも同じ問題がある。

この議論を聞きながら、ふと、学生時代に読んだ『国家と革命』を思い出した。レーニンは、古い官僚機構を粉砕し、「官僚」機関でないものをつくる必要がある、そのためには、労働者なみの賃金をこえないようにすること、すべての人がある期間「官僚」になれる、逆に、だれも「官僚」になれない状態をつくりあげるべきだと主張している。裁判官の賃金が戦後はじめて切り下げられることに最高裁も同意したが、どこまで裁判官を「高給優遇」するのが許されるのか、難しい問題だ。

市民窓口の担当者

弁護士に対する市民からの苦情が全国的に増えている。大阪では、相談担当者を今の100人から150人に増やすことになっている（本年4月より）。東弁69人、一弁20人、二弁40人で、名古屋は50人、横浜40人、千葉も30人。福岡は私が県弁会長のとき20人に増員することを決めた。1人あたり月1回くらいの割合で担当する。苦情を申出る市民のなかには暴力的な人もいるので、会館にいる職員や弁護士の身の安全策も忘れてはいけない。静岡では、ガラス戸を割って事務局内に入りこもうとしたので、鉄板製の扉に替えた。でも、逃げ場が問題になる。

ちなみに、私の法律事務所では、警報グッズを備えているほか、非常出口が通常の出入り口のほかに2ヶ所確保している。

2月9日（日）

紅梅にメジロ

紅梅に続いて白梅も満開。チューリップの芽もかなり大きく伸びてきた。クリスマスローズの白い花も咲いている。黄水仙がようやく花を開きかけた。よく見ると紅梅のところにメジロがとまって花の蜜を吸っている。スズメに似ているが、うぐいす色で、眼のまわりが白いのでメジロにまちがいない。麻の実をエサ台に入れると、キジバトが待ってましたとばかりに2羽やってきた。近くの木でヒヨドリが甲高い声で叫び、2羽で追いかけっこしている。春はもうすぐ。

『動物たちの不思議な事件簿』

とても真面目な本（紀伊国屋書店）。オリからの脱走こそ至上の楽しみと思っているオランウータン、飼育係をだましておやつを二重どりするゴリラ、石器をつくってごちそうを手に入れるボノボ、気にいったおもちゃを清掃員に見つからないようにうまく隠してしまうイルカ、などなど・・・。計画性と器用さにかけてはオランウータンの右にでる動物はいないし、ユーモアにかけてはゴリラが一番。人間がそんなに偉い存在ではないことを実感させてくれる。「戦争が大好きな人間が万物の霊長だなんて、真っ赤な嘘では？

『あらしのよるに』

大分の立花弁護士から、絶対おすすめの絵本があると紹介されたのが、このシリーズ（講談社）。実にうまいストーリー。大人が読んでもハラハラして、いったいこの話はこの先どう展開するのだろうとドキドキし続きが知りたくなる。子どもたちが幼いころ、私もたっぷり絵本の読み聞かせをしてやった。それは子どもたちのためではあったが、読んでいる私の心の癒しにもなった。加古里子（かこさとし。川崎セツルメントの大先輩）の『カラスのパン屋さん』は、今でも娘たちの会話に出てくる。絵は描けないが、いつかは絵本にも挑戦したいと考えている。

筋読みとグリーニッカー橋

筋読みとは特捜語で、事件の筋を読むこと。グリーニッカー橋とは、ベルリンとポツダムを結ぶ橋で、冷戦時代、東西のスパイ捕虜を交換するときにつかわれた。『半落ち』（講談社）は、昨年のミステリー小説ナンバーワンというだけに、ぐいぐいと読ませる。弁護士ゼロワン地帯に地縁・人脈のないよそもの弁護士が新規参入することの難しさも書かれている。公設事務所がないと、なるほどそうだ。刑務官の強引な管理行刑の原因についても触れられている。うーん、そうなのか。支配欲だ。外では青二才として扱われる未熟な青年が、ひとたび所内に入れば、絶対服従を約束された何十人、何百人の人間の上に君臨できる。その快感は一度覚えたら忘れられない。

2月11日（火）

クリスマスローズの白い花とルピナスの苗

クリスマスのころに咲かなかったので、あきらめていたところ、2月に入って花を咲かせた。淡い緑がほのかに混じった白い花。うす緑の葉にはさまれて、恥ずかしそうに下を向いている。手にとってよく見ると、実にきれいな花。しとやかで品のある、いい花。いつものホームセンターで、ルピナスやリアトリスの苗を買って庭に植えた。春に、チューリップとともに眼を楽しませてくれるだろう。途中から娘が雑草むしりを手伝ってくれた。紅梅に続いて、白梅も咲きはじめている。『花謡曲』という写真集（毎日新聞社）には、わが家にも咲くクレマチスの花が幻想的な色調で登場している。

追われると時間を奪われる

20年ほど前、NHKの朝の報道特集番組に出演したことがある。地方で先物取引被害に取り組んでいる弁護士だということで声がかかった。生放送だったので、大変緊張した。前夜、ディレクターたちと軽く食事したが、彼らが、いつも台本はギリギリ前夜になる、追い込まれないと完成しないものだと言うのを聞いて驚いた覚えがある。私は、いつも仕事は前倒しで、早目早目にするのをモットーとしているので、どうして早目にしたらいけないのかなー、と疑問に思った。経営法曹として名高い高井伸夫弁護士の新著『朝10時までに仕事は片付ける』（かんき出版）を読んで、私は本当に勇気づけられた。もっている時間は決して平等ではなく、追われると時間を奪われる。時間は先回りして待ち伏せする必要がある。時間も仕事も追われてはダメで、自らつくり出さなくてはいけない。人間の記憶は目に8割。記憶力を過信せず、こまめにメモをとり、なんでも文章化すること。文章は始めに結論をもってきて、すべてを肯定的・前向きに書く。人が生きるのは「いま」という時しかない。感受性に磨きをかける必要があり、それには好奇心が欠かせない。弁護士にも大いに役に立つ本。

亀有セツルメント

私が学生時代に没頭したのは川崎セツルメント。南武線の鹿島田駅で降りて、歩いて10分ほどのところにある古市場にセツルメント診療所があり、そこを拠点として活動していた。加賀乙彦の自伝的小説『雲の都・第一部・広場』（新潮社）は、1952年ころの亀有セツルメントで活動していた医学生悠太が主人公。血のメーデー事件が登場してきたりして、時代背景は全然違うが、同じ学生セツラーだったものとして興味深く読んだ。

『裁かれるべきは誰か』

略訂えん罪を主張する事件で有罪判決を受けた経過を本にしたもの（現代人文社）。泥酔して駅で寝てしまった若いサラリーマンが隣で寝ていた他人を先輩と勘ちがいしてのお金をとった（借りた）ことが窃盗（仮眠盗）にあたるとして逮捕・起訴され、5ヶ月間の拘留のあと保釈されたものの、有罪判決を受けたという事件。判決は、結審間際に福岡地裁小倉支部から転勤してきた若い女性判事補

（6年目、30代前半）が下した。その審理のすすめ方について、強い不満が表明されている。刑事裁判で無罪を勝ちとるのがいかに難しいか、この本を読むとよく分かる。私は無罪判決は2件しかもらったことがない。幸い、この事件は東京高裁で逆転無罪となった。

『バティニョールおじさん』

新宿の大きな映画館で見た。パリの平凡な肉屋のおじさんが、ひょんなことからユダヤ人の子どもたちを3人もスイスに逃がす危険を負う破目に陥る。監督であり主役を演じるジェラール・ジュニョという、いかにも中年のおじさんが私より3つも年下だと知って驚いた。子役シモンを演じる男の子のいかにも頭の良さそうな顔と澄んだ瞳がとても印象的。何も悪いことなんかしていないのに、どうして逃げるのか、どうして名前まで変えなくてはいけないのか、男の子の疑問が胸をうつ。

2月12日（水）

日弁連副会長の1日

今朝は**7時**から新宿のホテルで泳いだ。自己流のクロールで30分間ほど泳ぎ続ける。息つぎがうまくできるようになったのは弁護士になってから。秋田市で日弁連の人権擁護大会が開かれたときのことだから、いつのことだろう。18年ほど前のことか・・・。

9時、地下鉄丸の内線に西新宿駅から乗る。なぜか新宿御苑前駅で大半の乗客が降り、そこからはガラガラの車輌になる。15分で霞ヶ関駅に到着する。いつものように階段を歩いてのぼる。これまた、いつものように途中の7階で止めて、トイレで気を静めたあと、エレベーターに乗って15階まで上がる。そこから、吹き抜けの階段を16階まで歩いて上がる。外の日比谷公園を見おろしながら、天候と花壇の様子を眺める。今日は曇り空だ。

9時半。副会長室に到着する。真っ先に在室のボタンを押して緑色のランプをつける。次に出席表にサインする。これをしないと旅費・日当がもらえない。机に向かう。まずはパソコンを起動させる。メールチェックだ。弁護士報酬の目安づくりの資料を改訂したものが名古屋の川上弁護士から届いている。さっそくプリントアウトしてチェックしよう。メールチェックに毎日20分ほどかける。

10時から、司法改革実現本部の運営委員会が17階の会議室で開かれる。私の担当する裁判迅速化法案について、杉井事務局長が態度を決めるべきときが来ていると書いている。本当にそうだろうか。今は、まだ法案の手直しを求めて取り組むべきではないのか・・・。そんな疑問を感じながら、目安づくりの資料の改訂版をチェックしていく。気付いたところを赤のカラーペンでマークしていく。

11時。今度は2階のクレオに降りて、弁護士制度改革推進本部の全体会に参加する。大講堂だが、階段式の座席を取り除いて、フラットな場で会議が進行中だ。2月6日の顧問会議で弁護士法改正案がいくつも承認されているので、日弁連としても会則改正などの対応を急ぐ必要がある。私の担当する弁護士報酬規定の廃止と目安づくりについては、川上弁護士が報告した。法曹制度検討会では2月にこの問題を扱うことになっていると検討委員の平山弁護士が発言したので、あわてて訂正を求めた。3月に変更されたことを平山弁護士は知らなかった。司会の高中弁護士から、見なし報酬規定を取りこむのかどうかも検討課題にしてほしいと注文がついた。久しぶりに、以前よく食べていた弁当が出てきた。冷たくて美味しくない弁当だ。いかにも心がこもっていない。

1時すぎまでクレオにいて、会議が終って17階の会議室をのぞくと満席になっている。すでに司法改革実現本部の全体会が始まっている。いったん副会長室に戻る。日弁連速報（FAXニュース）を準備中なので、いろいろ注文が寄せられたのをもとに訂正をして、広報課へ届ける。担当の木下職員は、とても有能で、レイアウトなど、勝手に注文すると、たちどころに変更してくれる。

1時半から、同じ17階の左手奥の会議室で弁護士報酬規定の目安づくりの議論に参加する。元はソファーの並んだラウンジだった部分を簡単に間仕切りした会議室なので、まだソファーのある部分で雑談している人がいると、声が聞こえてきて集中した議論の妨げになる。まだ全員そろわないうちに川上事務局長が目安づくりの到達点などを報告した。先ほど点検し終ったので、私は問題提起をした。たとえば、「の例が多い」とするのか「〇〇円が目安である」とするのか、また、「〇〇円を中心として、〇〇円が目安である」という表現にするのか、統一した方がよいのではないか、ということ。当然、このあと議論に参加すべきだが、腕時計をみると、ちょうど2時を指している。

2時。10階に降りて刑弁センターの小委員会に参加する。福岡の美奈川弁護士が責任者だ。刑弁センターは裁判迅速化法案に反対を早々と決議している。しかし、その後も法案の変遷をふまえて、内部での検討は続けている。ワーキンググループに参加している前田弁護士も参加しているので、お互い問題点はよく分かっている。五十嵐弁護士から、迅速化するためには制度整備が先決だということをなぜ日弁連は主張しないのかと、しつこく喰いさがられた。しかし、それでは今回の法案に対して日弁連は反対することになる。そんなことをしたら市民から袋叩きにあってしまう。いろいろ弁明するも、五十嵐弁護士は納得してくれない。30分のつもりが10分延長し、**2時40分**すぎに途中で退散した。17階の司法改革実現本部の全体会に戻る。杉井事務局長が迅速化法案について報告しているところだった。司会の尾崎弁護士がすぐに私を指名したので、刑弁センター小委員会での討議内容をとりあえず簡単に報告した。このあとの質疑は厳しかった。札幌・名古屋などから、反対すべきだ、制度の整備なくして迅速化はありえないことを日弁連として強く訴えるべきだ、修正を求めていくというが、修正できなかったときには反対するのかどうか、はっきりさせるべきではないかというもの。私の不十分な答弁を見かねて、大川総長が立ちあがる。裁判迅速化法案は日々刻々と変化してきた。押したり、戻されたりしている。ここを引き続きがんばるというのが執行部としての方針だと答弁する。さらに、本林会長が、修正を求めて取りくんで、結局、何らの修正もなされないというのであれば、法案に反対することを含めて重大な決意をせざるをえないことをはっきりさせたいと、珍しく強い口調で言い切った。私は、裁判を2年内に終らせることを目標とした法案に、日弁連が反対することになるのは国民から理解されないだろうと、一抹の不安を感じた。それにしても、大川総長の気合いのはいった熱弁には圧倒された。やはり、答弁するときには何を言うかも大切だが、その態度・気迫というものが求められていると反省した。

3時すぎ、同じフロアーの1700会議室に戻る。報酬規定の目安づくりの議論が一応終わり、川上事務局長が直ちにパソコンからプリントアウトする。たいしたものだ。それを受けとり、副会長室に戻る。メールチェックをし、ＦＡＸニュースの表現の手直しをすすめる。

3時半、来賓室で開かれている司法書士会との協議に顔を出す。司法書士会は自民党の議員連盟を動かし、簡裁の事物管轄の大幅引き上げを画策してきた。140万円で与党3党はまとまったというのに、大阪方面では、まだ180万円へ引き上げる要望書を出して動いているという。そんなことでは、特別研修に協力できませんぜと、大阪の小寺弁護士が強いトーンで苦言を呈する。司法書士会は副会長が6人並んでいて、しきりに弁明するが、陰で何をしているのかという不信の念がぬぐいきれない。30分ほど、やりとりを聞き、出されたコーヒーを飲んで、そっと抜け出す。副会長室に戻る。副会長が5人ほどいる。机に向かってパソコンを入力している人、事務局と打ち合せしている人、ソファーにすわって新聞を読んでいる人、携帯電話で話をしている人、さまざま。副会長室の雰囲気は、いつも和やかなもの。ここにいると気が休まる。昨年4月から、副会長室に顔を出すのが楽しみなのは、やはり、みんなの人柄がいいからだ。

5時半から1703会議室でADR検討会をめぐる協議会が始まる。ADR検討会で日弁連の意見を表明しなければならない時期が迫っているのに、内部で意見が分かれたままになっている。ADRを発展させる点については誰にも異論がない。しかし、弁護士法72条（非弁の取り締まり）との関係で難しい。つまり法的紛争を解決する場に弁護士以外の人がいて、有料（報酬をもらう）でいいのか、ということだ。もちろん、そんなのダメだと言うのは簡単だ。しかし、現実に、既存のADRに弁護士以外の人が主宰者としてやってきた現実と実績がある。だから今さら、主宰者には弁護士以外はなれないとは言えない（少なくとも、言いにくい）。そこで、A説は、弁護士が助言をふくめて何らかの関与をすれば、72条違反の問題は起きないとする。B説は、72条が「その他の法律」に定めがあれば違法とはならないように改正されるのだから、一律に弁護士の関与を要件とする必要はなく、別の個別士業法で、ひとつひとつADRの開設の是非を議論すればいいと主張する。ADR検討会の大勢は、弁護士の何らかの関与が必要だと日弁連がプレゼンすれば猛烈に反撥するだろう。この点は出席者の大方の一致した認識だった。ひとり高木弁護士のみ、日弁連のプレゼンが反撥を受けるとは思わないと強気だ。私は高木弁護士の強気の認識は甘いように思った。議論は堂々めぐりで難しい。私は一言も発言せず、じっと2時間近く議論を聞いていた。疲れる。次回には、何らかの決着をつける必要があることを確認して散会となった。いや、その前に、検討会で3月にプレゼンをするのか、4月にするのか、担当副会長からの連絡がもれていたことについて強いお叱りを受けた。もっともなお叱りで、今後は手を抜かないようにしなければいけない。

本日の万歩計は8749九歩。それなりに今日も歩いたが、お腹の出っぱりは、まさに中年太り。

2月13日（木）

常勤副会長

日弁連副会長になって、私も日弁連会館に平日はほとんどいるが、常勤しているかと言われると、自信がない。まちがいなく常勤している副会長は4人。ジェンダー（横浜）、ムーミンパパ（京都）、村長（岡山）、ドン・ガバチョ（山梨）。もちろん、東京3会の副会長も常勤。でも16階にあがってこられないことも多い。副会長室の机にも書類は置いてなく、ときどき秘書が見まわりに来て、机上に配布されている書類を引き上げていく。ペコちゃん（大阪）とハカセ（名古屋）は、単位会の会長を兼ねているので、常勤はありえない。正副会長会さえ、臨時に開かれると、たまに欠席することがある。キタロー（札幌）、仮面ライダー（仙台）、ヌリカベ（徳島）は、担当委員会などにあわせて上京してくる。一般事件の仕事もしている気配。

国会議員、顧問、マスコミ対策などは外部の日程優先で在京の副会長がまわりるので、常勤していない副会長はあてにされない。弁護士会では金力や財力はパワーにならないが、情報量はパワーになる。ペーパーをどれだけ読みこなしているか、どれだけ価値のある情報をもっているかでパワーが問われる。大量のペーパーが配布されるので、そのもっている意味を的確に把握するためには日頃から問題意識をみがいておかなければならない。そのためには議論に参加して、論点を自分のものにする必要がある。大量の情報が総合的に吐き出され整理される週1回の窓口会議は、そのために欠かせない。常勤副会長は、この窓口会議に出席することなしにははじまらない。地方ブロック選出の副会長も、これからは常勤体制でいくべきだ。担当委員会のある日だけ上京するというのでは足りない。

東京商工会議所と懇談

本林会長のイニシアチブのもと、これからさらに弁護士が進出すべき各界との懇談が続いている。午後から、東京商工会議所との懇談会が開かれた。日弁連側は弁護士10人ほどだったが、東商は副会頭以下40人以上もの参加があり、企業側の弁護士への関心の高さを示した。有名な鈴木良男氏も顔を見せる。終始無言だったが、久保利弁護士の話では、日弁連も、ついに外へうって出る勇気をもったのか、と高く評価していたという。日弁連側から、弁護士業務改革委員会の高橋委員長などが弁護士制度の改革の取りくみほかを説明して、懇談に入った。司法制度改革審議会の委員でもあった石井鉄工の社長から、弁護士会というのは当番弁護士とか公設事務所などたくさんいいこともやっていることを知ったが、それにしてもPRがうまくない。法人化・広告・ワンストップがなぜ実行されていないのか疑問だ。外国との取引などで相談できる日本人弁護士がいないと心細い。そんな指摘がなされた。続いて、池田氏から、日本の弁護士はどれだけ国際的に競争力があるのか、裁判はものすごく遅い、なぜ麻原彰晃はまだ死刑にならないのか、裁判の進行を遅らせているのは日弁連じゃないか、などと辛口の意見がとび出した。

久保利弁護士は今日は商工会議所側の席にすわっていたが、ＰＲの問題などについて日弁連の取りくみを紹介した。私も、それを受けて、ホームページの利用も１日１万５０００件のアクセスがあり、広報戦略会議で検討をはじめている。福岡でも、弁護士の集団化・共同化はすすんでいると発言した。

このような懇談会は、全国各地で継続的に開く必要がある。中小企業は弁護士を待っている。

ヴォーリズ建築

滋賀県の豊郷小学校の校舎解体工事が全国の注目を集めている。解体工事に反対する住民側からの申立を認めて、裁判所は解体禁止の仮処分決定を下した。ところが、町長側はそれを無視して工事を続行しようとしている。本林会長の依頼で、弁護士報酬規定の目安づくりに関するコメントを急いで起案していたところ、大川総長から声がかかった。京都の中島弁護士が日弁連として視察団を派遣してほしいと要請しにきた。もちろん異論はない。何事も現地へ出向いて調査する必要がある。

ゴルゴンゾーラとシェークスピア

シェークスピアを解説した本を２冊たて続けに読んだため、私は、今、シェークスピアを読んでみようという気になっている。泊まりの副会長が誘いあって中華料理を食べに行ったのに乗らず、１人ホテルへ戻った。私には食事しながら１人本を読むという楽しみがある。

まずは、なにはさておいて赤ワインを１杯注文する。そして、メニューを見て、やおら、マッシュルーム・ポテトとホタテのサラダを頼む。坐る席は、できるだけ照明の明るいところを選ぶ。なるほど、シェークスピアって、こんな視点から書いていたのか、フムフム・・・。マッシュルーム・ポテトは柔らかく、舌でワインとよく混ざりあう。マヨネーズ味のホタテのサラダは、とろけるようなノドごし。次は、ゴルゴンゾーラ。ここのは美味しいぞ。トルストイがシェークスピアを全否定しているって・・。滅茶苦茶にけなしているなんて、信じられない・・・。ここのゴルゴンゾーラは、チーズのからまりが絶妙。こってりした味つけとなるので、ワインがすすみ、お代わりが必要。うーん、残念。もう食べ終わってしまった。口のなかをさっぱりするには、もうひとつ欲しい。水菜とダイコンのサラダを注文しよう。タレをかけると、舌にピリリと来る。ますますワインがすすんでしまう。でも、3杯目はやめておこう。やっぱり、シェークスピアは天才だよな、うん。身も心も暖まり、そのぶん財布の方が寒くなった状況で、歩いて2分の「ふくおか会館」へ戻る。今夜も食べすぎてしまったみたい・・・。反省しなくっちゃ。

2月14日（金）

正副会長会

16階の来賓室がいつもの会場。ここの机は他とちがって重厚な木製、しかも固定机。日比谷公園に面した窓はあるが、なぜか少し薄暗い雰囲気で、室内はいつも間接照明がついている。壁には1枚の大きな絵がかかっている。ピンク色の満開の桜の花びらを描いた絵。事務局の坐る側の奥には狂言で使う木彫りの大きなお面もかかっている。机はロの字で囲んでいる。ときどき配置変えがあったが、名札がセロテープで貼られて、坐る位置が指定されている。本林会長の発案によって資料ファイルを机の上に立てなくなってから、お互いに顔がよく見え、議論がしやすくなった。やはり、風通しのよいことは大切だ。入口から入って左奥に事務局の坐る机が2列ほどある。そのほか、テーマごとに担当職員が呼ばれて、壁際に坐って傍聴する。正副会長会の議事録は企画課で作成する。ただし、議論が詳細に記録されるというのではなく、決定事項の執行に抜かりがないようにすることに主眼がある。

ロの字型の席には、正副会長、総次長のほか、国際・広報・調査・司法改革調査の4室長の席もある。このほか、討議テーマの説明員が坐る席も2席ほど空けてある。会議が始まっても人の出入りは絶えない。秘書室の女性がメモを手にして入ってくる。メモは黄色のポストイット（大判）。会長と総長あてより次長あての方が多いかもしれない。外からの緊急連絡が入った。議論が紛糾したときに、副会長同士でヒソヒソ私語することがある。それが限度をこえると、司会の大川総長がソフトかつキッパリと「不規則発言はやめて、集中しましょう」と前を向いてたしなめる。室内がピリリとしまって議事は進行していく。会議で決まったことを書面化する担当者は外へ出ていく。私も何回か外に出て起案したことがある。もちろん、正副会長会はその間も続行している。だから、私の不在中に重要なことが決まることもある。議論は重要案件を先にする。大川総長が本日の「主要討議テーマ」として選んだ順に審議する。ただし、説明員の都合を優先させることがある。

新旧執行部、合同の懇親会

2月15日（土）

夜、新しい日弁連副会長の皆さんとの懇親会が開かれた。いよいよ引き継ぎが始まった。東弁の田中新会長のみが選挙の洗礼を受けたが、ほかは選挙はなかった。東弁では、小会派に所属しながら、田中新会長は激戦を勝ち抜いた。たいしたものだ。

いまの副会長には、全員にニックネームがついている。新しい副会長にも、さっそく火ダルマとかゼッカとか、自己紹介がすすむなかでいろいろ候補があがっていた。新副会長には話の長い人が多いような気配だ。ぜひとも、司法改革を前進させるためにがんばってほしい。

民事・家事の調停官（いわゆる非常勤裁判官）

来年1月から非常勤裁判官として民事調停官、家事調停官がスタートする。

民事調停官は、東京7人、大阪4人、名古屋3人、横浜2人、京都2人、福岡2人、札幌2人の合計22人。家事調停官は、東京5人、大阪3人の計8人。いずれも週1回（同じ曜日）、丸1日勤務する。日当は3万5000円。法案が成立したら、速やかに日弁連は最高裁へ申込書類を提出し、最高裁が選考手続をして、任官希望者へ10月1日に内定通知を出す。こんなスケジュール。

企業献金は違法

熊谷組の自民党への政治献金が違法だとして、社長に2800万円の賠償を命じる判決が出た。朝日新聞の社説（2月14日）は、この判決を高く評価しつつ、企業の政治献金をめぐる本質的な議論に十分にふみこんでいない物足りなさも残るとしている。しかし、最高裁判例にさからって賠償を命じた裁判官の勇気に、私はまず敬意を表したい。実は、この判決を書いた福井地裁の小原判事は、私が大学に入って駒場寮に住むようになったとき、同室だった。6人部屋で、結局、私と小原さんともう1人、3人が司法界にすすんだ。小原さんとは今では年賀状のやりとりくらいの仲だが、学生時代から物事の本質をじっくり落ち着いて考えるタイプだった。1人の人間が世の中に与える影響力は弁護士より裁判官の方がはるかに大きいということを改めて実感したが、小原さんと学生時代に、それと似たような議論をしていたことをなつかしく思い出した。まさに『持続する志』（大江健三郎）だ。

もぐる

簡裁の事物管轄を90万円から引き上げる金額をいくらにするか、自民党での議論がずっと続いていた。青天井（無制限）にしろというのは論外だが、車1台（３００万円）という声も強く、司法書士会側の働きかけが効を奏しているかのように見えた状況もあった。それでも公明党が引き上げに対して意外に強く抵抗したので、与党三党のプロジェクトチームも意見がなかなかまとまらなかった。自民党側には、１５０万円より下がったら負けだという声が出たりして、１４０万円をめぐる攻防戦が続いていた。会議で決着がつかないと、水面下の折衝になる。これを「もぐる」と言う。表の会議ではなく、アンダー・ザ・グラウンドまたはビハインド・ザ・カーテンの世界で決まっていく。

日弁連は、引き上げ額は１００万円という方針を出した。ついに与党3党内で妥協の産物として１４０万円でまとまったが、日弁連がそれに賛成するわけにはいかない。最終的には国会で決まることなので、日弁連が反対しても決まるだろう。それはそれで仕方ない。もちろん、３００万円とかとんでもない金額の引き上げを許さなかったのは、日弁連の粘り強い取り組みの成果だから、その点はきちんと評価していい。最高裁も、この点については少なくとも途中まではかなり頑張った。１４０万円に引き上げられた簡裁がパンクしてしまわないよう、十分な手当てが必要だ。

それにしても、司法書士会側のなりふりかまわない政治家への働きかけには呆れる。ただし、政治家への働きかけは、国会を通じての国民への働きかけでもあるから、弁護士会としても、決して軽視はできない。

2月16日（日）

日曜日の日弁連会館

新しい副会長予定者との正式な引き継ぎ会が始まった。日曜日に日弁連会館に入るには、右手奥の地階の守衛室にカギをあけてもらう必要がある。階段を歩いてのぼり、いつものように7階でエレベーターに乗ろうとすると、警告アナウンスが聞こえてきた。朝9時40分ころ副会長室に入っていくと、既に副会長が5人ほどいて仕事をしていた。本当に皆さん熱心だ。朝10時、近くの法曹会館で引き継ぎ会がスタート。本林会長が冒頭30分近く挨拶をかねて司法改革の現況を報告。会長の話はいつも丹念。ペーパーが事前に用意されているし、じっくり腰を落ちつけて話す。なかなか真似できない。お昼はフルコース。なんとも配膳がスローで、食べ終わるのに1時間もかかってしまった。まさにスローフード。こんなことなら、カツカレーにすれば良かったと大川総長は嘆いた。

私は、翌日も上京するので、今日は早めに帰らせてもらおうと、午後1時から一番に担当分野について報告させてもらった。労働検討会と報酬規定と裁判迅速化法案の3つにしぼった。質疑が終って、区切りがついたところで、そっと抜け出し、雨の中、日弁連会館に戻った。津川副会長がパソコンに向かっている。古井副会長も遅れてやってきた。この日の引き継ぎ会は4時半までかかった。

フツー人の誇りと責任

私の尊敬する井上ひさしの最新作『あてになる国のつくり方』（光文社）を読んで、本当に心をゆさぶられた。アメリカがイラクを攻撃しようとしているとき、フツー人だからといって黙っていていいわけはない。フツー人にも責任はある。無責任は許されないんだと井上ひさしは訴える。

『監視社会』

アメリカ映画『インターネット』、『エネミー・オブ・アメリカ』は、いずれも政府によって国民がいかにコントロールされているか、その危険性をゾクゾク寒気がするほど見事に描いていた。この本（青土社）では、イギリスの監視システムがすすんでいることが紹介されているが、日本でも同じこと。すべてのインターネットによる交信が自動的に「辞書」検索システムにひっかかることになっているなんて、ホントに恐ろしい。

2月17日（月）

結膜下出血

朝、ホテルで鏡を見ると、左眼が真赤になっている。寝相が悪かったからではないか。いや過労だろう。変なものを見て出血したんじゃないか。いろいろ言われて、内幸町のビル地下にある眼科医に出かけた。若い美人の女医さんだった。原因不明だけど気にする必要はない。若い人はなりにくいが、年をとると・・・と言いかけて私の顔を見てニッコリ。過労といわれるより、よほど傷ついてしまった。これも加齢現象のせいだなんて。置いてあったパンフレットによると、水中メガネをきつく締めすぎても出血することがあるという。そういえば、朝、プールでたしかに泳いだ。充血した目は無気味な感じだったが、心配ないと言われて、ひと安心。でも、年のせいだと言われて、ギャフン。

シンポジウムで挨拶

夕方5時からクレオで内部告発問題に関するシンポジウムが開かれた。国際人権問題委員会が11月に、労働法制委員会が12月に同じテーマでシンポジウムを開いており、今回は消費者問題対策委員会の主催。直前になって開会挨拶をドン・ガバチョに頼まれた。国際化検討会のバックアップ会議が始まるので、出席するのならついでに挨拶してほしい、原稿は用意してあるから、という。もちろん断わる理由がないので気安く引き受けた。ところが、他人の書いた原稿を読みあげるのは、実は大変なことだと実感した。テーマ自体は前の2回のシンポジウムにも参加しているので分かっているつもりなのだが、原稿を読みあげる舌がもつれ、声までかすれてしまった。それなりに緊張したせいでもあるが、とんだ恥をかいてしまった。

パネリストとして、有名な鳥越俊太郎氏も参加していて、内部告発者保護という名目で変な法律なんかつくってほしくない。そう言っていたのが印象に残った。下手につくって通報先を行政官庁に限定されたら、どれだけ意味があるのか分からない。かといって、通報先として弁護士にしたらいいと言うわけにもいかない。なかなか難しいところが多々あるなと思いつつ、これまた途中で抜け出した。

大学ノート　2月18日（火）

本林会長や大川総長は大学ノートをいつも持っている。隣りにすわったとき、こまかい字で丹念にノートをとっていることが分かった。たとえば、マスコミの論説委員と懇談するときにも、あらかじめ論点がきちんとノートにメモしている。そのうえで、本林会長は別に説明用のペーパーを用意する。実に用意周到。私も大学時代、セツルメント活動にうちこんでいるときには、大学ノートに毎日、実践記録を詳細につけていた。今も、そのノートを青春の記録として大切に保存している。

でも、今は大学ノートは使っていない。資料のペーパーに書きこむだけ。いつも胸ポケットにさしこんでいる愛用の水性ペン（赤と緑）でメモはとる。大学ノートは重いし、持ち歩くのには案外不便。ずっとそれをもち歩かないといけない。しかし、古いメモを見返す必要はほとんどない。自分のメモはファイル化していけばいい。その代わり、小さなメモ用紙は必携。思いついたとき、すぐにメモする。面談しているときには、目の前ではメモをとらない方がいい場合も多いので、帰ってからメモをおこすこともある。その点は、大学4年間のセツルメント活動で鍛えられた。今では、あとで、いくらでも再現することができる。歌のうたえない私の唯一の特技だ。今は、この『Eたより』が私の活動日誌そのものなので、私には大学ノートはない。

ウガンダ人権委員会のマーガレット・セカギャ委員長

午後、ウガンダからのお客さんに対して、日本の人権状況と日弁連の取りくみを20分ほど話す機会があった。あらかじめレジュメを用意して、通訳にもペーパーを渡して、全体状況を話した。あとで広報室の林田職員から、とても分かりやすかったとほめられた。前日、ひどい挨拶をして落ちこんでいたので、すっかり気をとり直すことができた。

アフリカのウガンダというと、例のアミン大統領のいた国。1962年にイギリスから独立して以来、少なくとも4回のクーデターがあった。人口2000万人で、日本の本州の大きさの国。来訪したマーガレット・セカギャ委員長は、私より1つ歳下の女性、最高裁判事も勤めている。ウガンダからロンドンまで8時間、そこから12時間かけて日本に来たという。

階段をのぼる

2月19日（水）

相変わらず階段をのぼっている。いつもは7階まで。たまーに、16階までのぼる。のぼりはじめはなんともない。しかし、すぐに心臓の鼓動を自分でも感じるようになる。3階、4階とあがるうちに少しは落ち着く。すると今度は足の方が重たく感じられる。膝がしびれ、足が思うように上がらない。夢のなかで怪獣に追いかけられて、足がなえて動かずに焦る。そんな心境。悪夢をみている気分。一歩、一歩、ゆっくり階段をふみしめ、のぼっていく。一気に16階まで上がるなんて無理はしない。途中7階でトイレに入って、呼吸を整える。胸のトキメキが静まったところで、再び階段に挑戦する。13階をすぎた。14階にたどり着くころには、手すりにすがりながらのぼっていく。やっと15階に着いた。ここは吹き抜けの階段になっている。足もとに広がる日比谷公園の緑を見ながら16階の副会長室に入っていく。朝からたっぷり仕事をした気分。

赤坂の居酒屋

地下鉄・赤坂見付駅から歩いて2分。新宿・歌舞伎町を思わせる飲食店街のなかにある。おでんと地鳥料理の店、「赤坂でんさん」に夜、出かけた。久しぶりに東京にいる長男と一緒に食事をすることにした。彼の○歳の誕生祝いもかねてのこと。前日、副会長連が出かけて、美味しいおでんの店だと紹介された。なるほど、大根は形がくずれないほどに柔らかく、味がよくしみている。焼鳥も、大ぶりでなかなか歯ごたえがある。店内はカップルなどで一杯。サラリーマンのおじさんたちが、次々にやってくる。東京は、どこもかしこも、本当に人であふれている。そこだけを見ていると、とても日本の景気がいま悪いとは思えないほど。がんもどきが出てきた。京風の少し薄い味つけ。舌の上にころがして味わう。かむと、じわーっと、おでんの汁が口のなかにひろがる。いい感触だ。

実は、7時に予約していたところ、50分も遅刻した。朝9時からの窓口会議に引き続いて、10時半に始まった正副会長会が終了予定の夜7時になってもいっこうに終らず、ついに40分すぎに途中で抜け出した。霞ヶ関駅からは2つ目の駅だから、時間はかからない。途中で、ケータイにメールが入った。この日も正副会長会は盛りだくさんの議題だった。リーガルサービスセンターに関する基本的方針の議論をしたとき、文章の手直しを大川総長から指示されて面くらった。私の担当ではなかった…。ADR検討会にのぞむ方針が紛糾したところでエスケープした。あとで聞くと、夜8時まで会議は続いたという。なんと、11時間のロングラン会議。

2月20日（木）

国会議員への要請行動

午後3時、自民党本部に出かけて太田誠一議員に面会した。福岡の藤井会長、荒牧副会長と私の3人。主眼は裁判迅速化法案に充実を入れてほしい、制度改革なども必要だという点を訴えて理解を得ることにある。太田議員は自民党の行政改革推進本部長だけあって、面会人が列をなしている。いかにも睡眠不足のようで、目の下に隈があった。行政改革として公務員減らしをすすめている責任者なので、簡単に首をタテにふってはもらえなかった。

続いて、参議院議員会館にまわり、保守新党の泉信也議員に面会した。司法制度改革推進本部の山崎事務局長が説明に来た直後だった。裁判官の手持ち事件は300件でも大丈夫だという話だったそうで、それはとんでもない。やはり150件が適正だと思うと言うと、大変驚いていた。衆議院議員会館にも行き、山崎拓・古賀誠・麻生太郎議員などの秘書に会って、資料にもとづいて日弁連の主張を説明した。藤井会長は、直方の検察庁支部から人がいなくなることの問題点を強調していた。

この日は、日弁連理事会を早めに切りあげて、全国の理事が議員にあたることになった。昨年11月は簡裁の事物管轄引き上げ反対の要請行動だった。自民党26人、民主党21人、公明党6人、社民党5人、共産党1人、保守新党1人、自由党1人の合計63人の議員に面会して訴えた。議員は、案外、裁判の実情を知らないという報告が数多くあがってきた。

ホッチキス代議士

夜、赤坂見附の料亭「浅田」で、自民党の司法制度調査会の保岡会長ほか13人の議員と日弁連執行部との懇談会が開かれた。自民党からは、保岡会長のほか、佐藤、杉浦、太田、谷川、甘利、坂井、原田、逢沢、近藤、佐々木の各議員。谷川議員は再婚されたばかり（13年前に奥様を亡くされていたとのこと）なので、弁護士会側から花束を贈呈した。小林弁護士の粋なはからい。本林会長の挨拶のあと、私は、迅速化法案の問題点を「1分間スピーチ」で訴えた。短くて良かったとあとでほめられ、気をよくした。伊藤忠商事出身の近藤議員から、日本の商社の代理人としてアメリカの弁護士を頼むしかなかったのが悔しかった。官僚出身の原田議員から、日本の弁護士が国際競争力を身につけるためには、アメリカの弁護士を日本で働かせて、その下で学ぶようにした方が安あがりで、かえって日本人のためになるという意見が披瀝された。太田議員は、そうはいっても日本の国益は護らなくては、とつぶやいていた。太田議員は、法務省に訟務部があるのはおかしい。役所の代理人は弁護士に頼めばいいという持論をぶった。隣りの席だったので、内閣法制局の異常な干渉について質問すると、昔はもっとひどかったという答えが返ってきた。8時半まで、自民党議員が保岡会長ほか半分ほども残って懇談していた。福島次長が、こんなことは初めてのことだと驚いていた。最後のしめは恒例の村長のエールだったが、今夜はいつになく力がこもっていた。政権党との交流は日弁連としても密にするしかない。もちろん、取りこまれてしまう危険もあるわけだが・・・。ちなみに、ホッチキス議員というのは坂井議員の言葉。官僚が持ってきた書類をただホッチキスでとめたのみで、あたかも自分の提案のように言う、実は官僚言いなりの議員のことをさす。官僚のしぶとさは、私もこの1年すこしばかり見聞した。官僚の世界で生き残るのは大変なことだと体感できた。

アメリカの属国

隣にすわった自民党議員が、いきなり「日本は属国なんだから・・・」と言いはじめた。そのあと、経済政策の話になったのか、司法改革の話題が続いたのか忘れてしまったが、日本がアメリカの属国にだということを自嘲的ニュアンスではなく、単純に肯定している口調なのに驚いた。アメリカが無法にもイラクを攻撃しようとしている今、日本政府はこれを無条件に支持すると早々と表明している。外交上、日本がアメリカの属国であることは世界周知の事実だが、本当になさけないことだ。日米地位協定がなかなか改められないとか、莫大な思いやり予算をアメリカのためにつかっている日本だが、戦争に直接加担するのだけは、ぜひやめさせたい。

2月21日（金）

日弁連官僚

エレベーターのなかで、法律扶助協会の藤井専務から、日弁連官僚も大変ですね、と声をかけられた。あっ、そうか。私のような、13人いる日弁連副会長も、日弁連官僚なんだ。言われてみて、はじめて自覚した。日弁連には、2年任期としては会長と総長のほか、4人の弁護士・事務次長（ほかに職員の次長が1人）がいる。事務職員は93人で、だいたい15階と16階にいる。副会長は13人。弁護士の事務次長は、4人から5人に、この4月から増える。

会長は、日弁連運営の最高責任者として日弁連を代表し、会務を統理する。1975年から会員の投票による直接選挙となり、1980年から任期2年となっている。年俸は1000万円で、専用車がつく。副会長は、会長を補佐して会務の執行にあたる。会長と副会長は、法令によって公務に従事する職員とされている。たとえば、収賄罪の対象になる。事務総長は、会長の命を受けて日弁連の事務を掌理し、事務次長以下の職員を指揮監督する。事務総長・次長は、会長とともに日弁連の会務執行の中枢をなしている。いずれも、その任免は、会長が理事会の議を経て行う。理事会は、会長と副会長そして理事によって構成され、日弁連の運営に関する重要事項などを審議する。総会は、日弁連の最高の意思決定機関。

2月22日（土）

日本とアメリカの破産

アメリカの破産申立は昨年157万7651件（毎日新聞、2月16日）。前年比5・7％増。といっても個人破産は6・0％増で、企業破産は3・7％減。クレジットの使いすぎと無理な住宅ローンが原因。2度目の破産も目立つ。

日本の破産申立は21万4600件だった。日経新聞（2月16日）によると、北関東・甲信越では前年比43・7％増、四国の42・9％増、北陸の39・4％増、東北の39・2％が目立つ。九州が多いといわれてきたが、いよいよ全国的現象になった。東京が2万1000件ほどでトップ、大阪が1万9000件で2位で、福岡は1万3000件で全国3位。次いで北海道1万2000件、神奈川1万件、兵庫9000件、埼玉・愛知・千葉8000件と続く。九州の伸び率は、最高の宮崎41・6％増、最低の熊本23・9％増。

判事補の弁護士経験

判事補が他職経験として弁護士になるときの条件が話しあわれている。弁護士になる期間は3年以上。給与は、採用した弁護士が支払うが、判事補としての給与額を下回らないよう、日弁連のガイドラインで定める。官舎は利用できないが、国家公務員共済は特例として継続できるようにする。弁護士会費は負担させるが、登録料や会館建設費は免除。受入事務所の取扱業務は問わない。日弁連のガイドラインで、事務所の質は、情報開示で担保されていることにする。

2月23日（日）

『鬼が来た』

実にすさまじい映画。カンヌ映画祭でグランプリを受賞したのも、なるほどと思える本当に味わい深い中国映画。『「鬼が来た」撮影日記』という本がある（キネマ旬報社）。主演の香川照之が、この映画がつくられていく過程を克明に再現している。中国の奥深い農村の実情が分かり、なるほどそんなに大変だったのかと同情した。でも、その死ぬほど大変だった苦労が立派な画面になって十分に報われている。日本軍が中国でどんなにひどいことをしたか、中国の農民がそれにどう対処していたのか、日中戦争について改めて深く考えさせてくれた。

『自我が揺らぐとき』

「脳はいかにして自己を創りだすのか」というサブタイトルのついた本（岩波書店）。ホンモノの夫を替え玉だと主張する妻（患者）というカプグラ症候群、見知らぬ人を昔から知っていると言いはるフレゴリ症候群など、興味深い分析がなされている。精神病院で面会した、私を知っていると言いはった男性もフレゴリ症候群だったのだろう。統合失調症の患者に多い。

脳は、物質としては無数の神経細胞から成り立っているのに、心として一つにまとまっている。もちろん、潜在意識などもあるので、単純に一つに統合されているとは考えられないが・・・。どうして、そんなことができるのか。考えてみれば不思議なこと。どこで、その統合がなされているのか、まだ完全には解明されていない。だから、自分探しの旅に出かけるのだろう・・・。

『松本清張の残像』

北九州に松本清張記念館がありる。一度行ったが、本物の書斎がそのまま再現されていて、雰囲気を味わうことができた。なにより良かったのは清張作品がビデオ放映されていること。この本（文春新書）は、清張の取材をずっと担当していた女性編集者（今は記念館の館長）によって取材の内幕が描かれている。「2・26事件」の当事者に会って資料を入手したうえで『昭和史発掘』が書かれたことがよく分かる。私は夢中でこのシリーズを読み通した。教科書にない事実のオンパレード。「スパイM」の正体を追及していく話も出てくる。私は清張を偉大な作家として尊敬し、その小説は大半を読んだと思っているが、『北の詩人』は今では間違っているように思う。それにしても清張が戦前の軍隊時代から英語を勉強していたとは驚いた。死ぬ間際まで、いろんな分野に好奇心をもって勉強を続けていたという。さすが。

『エンロンの衝撃』

いつも鋭い問題提起をする奥村宏の本（NTT出版）。日本の公認会計士は1万4000人。アメリカは33万4000人。日本のビッグフォーは、新日本1046社、中央青山951社、トーマツ875社、朝日715社。以下は、いずれも2ケタ。アンダーセンと提携していた朝日はKPMGに乗りかえた。日本企業の粉飾決算で処分を受けた監査法人はほとんどない。ひどいもの。何のために公認会計士がいて、監査法人がいるのか、まるで存在理由がない。アメリカの大企業のCEDたちは銀の匙をくわえて生まれた特権階級ではない。たいていは中流階級に育ち、地元の公立大学出身者。彼らは頭脳、野心、勤勉によってトップの座をつかんだ。彼らの特徴は、ほぼ全員が蓄財の妄念に取りつかれており、生涯の努力をすべてお金に変えようとする。蓄財に走る経営者は、かつて盗財貴族（ロバー・バロンズ）と呼ばれていた。アメリカをモデルにしていいとはとても思えない。

2月24日（月）

誠意のない答弁

午後からの刑弁センター全体委員会に出席して、裁判迅速化法案について説明し、質疑を受けて担当副会長として答弁した。刑弁センターは、裁判迅速化法案に対して、いち早く反対の決議を出している。発言する委員は全員、2年を期限とされたら刑事裁判は形骸化してしまう、なぜ日弁連執行部は反対しないのかと厳しい口調で責めたてる。私は、前日の朝日新聞の社説を引用しながら、刑事裁判を迅速にするためには取り調べ状況の可視化や証拠の事前開示などの制度改革が必要で、それに取りくむことが大切であって、今は反対すべきときではないと訴えた。2年の期限目標にしても、裁判員裁判をにらんだとき、それは当然のことというより、2年も裁判員を拘束できるはずがないので、どうやったら早く裁判をすすめられるか制度改革を追求すべきだ。そんな答えをくりかえした。これに対して、裁判員制度そのものがどんなものになるのか分かっていないときに、それを理由とするのはけしからん。裁判員制度を優位においた考えは間違っている。そんな反対意見が相次いだ。私が、朝日新聞の社説が、「本気な道筋を示せ」と制度改革を政府に迫っていることを高く評価すると、まったく全否定する意見がかえってきた。私のがっかりした様子が伝わったのか。私の答弁はまったく誠意がない、執行部に直談判するしかない、そんな話になってしまった。

この朝日新聞の社説も、その前の毎日新聞の社説（2月8日）も、本林会長を先頭にしてマスコミの論説委員を説得してまわったことが功を奏したもの。世論を味方にひきつけないで、2年の目標を全否定して法案反対を叫ぶだけでは何事もうまれない。30分間だけのつもりが1時間10分もかかってしまい、弁護士報酬規定の会議に戻ったときには、既に会議は終わっていた。

2月25日（土）

最高裁判事室

最高裁判所は、道路とお濠をはさんで皇居に面している。朝9時すぎ、いつものように半蔵門からお濠端の道路を歩いていると、1人の最高裁判事が窓際に立って皇居を見おろしている姿が見えた。遠いので、もちろん顔までは見えない。最上階の左から3番目の部屋。最高裁判事室は上から3層にある。一つ一つが広くゆったりしたつくり。皇居に面した方は全面ガラス張りで、眺望抜群。3層の判事室より下は石垣に隠れていて、外はのぞけないし、外からも眺められない。最高裁判事にも早く出勤している人がいるようで、朝9時前に灯りがついている部屋を見かけたことがある。夜8時すぎにもその前を通るが、さすがに判事室に夜遅くまで灯りがついているのは見たことがない。

マスコミとの懇談会

夜6時から、日弁連会館17階でマスコミ第一線記者との懇談会が開かれた。朝日新聞の山口記者など、いつもよく見かける顔なじみの記者が7人参加した。まずは夕食をとり、ビールで少しノドをうるおしてから、日弁連の取りくみについて本林会長が報告する。広報室の鈴木弁護士が司会をするが、いつものように初めはなかなか質問が出ず、会話がはずまない。それでも、さすが一線の記者。そのうち鋭い質問も出てきた。法律相談センターが全国各地につくられているが、リーガルサービスセンターができたら競合することになるのか。公設事務所の任期3年が終って、後任者の確保は難しくないのか。法科大学院の実務家教員として、弁護士の確保はできているのか。その給料はいくらぐらいなのか。裁判員制度のための刑事法制の抜本的改革を実現するための方策として、日弁連は何を考えているのか。公的弁護の受け皿として、独立行政法人はありうるという考えか？

公的弁護の受け皿議論は、まだ難航している。本林会長は、日弁連も最高裁も血のにじむ思いで自己改革に取り組んでいるのに、ひとり法務省のみ何もせず涼しい顔をしているのは許せないと問題提起をした。なるほどそうだ。捜査過程の可視化や検察官の手持ち証拠の事前全面開示なしに裁判員裁判が迅速に終るはずはない。最高裁の方は、近くかなり思い切った提案をすると伝えられている。注目したい。夜8時すぎに終って、ＦＡＸニュースの訂正をしてもらおうと16階の司法改革調査室に入っていくと広報課の林田職員など、何人かがまだ仕事をしていた。夜9時少し前にホテルに到着。本日の万歩計は1万1717歩。

2月26日（水）

リハビリテーション

午後から、司法改革実現本部の運営委員会があった。私は裁判迅速化法案について報告した。久保井前会長が、裁判を迅速すること自体について日弁連は反対すべきではない、あくまで修正を貫くべきだと強調した。私も同じ考えで、運営委員会でもそのとおり確認された。

休憩時間に、福岡の吉野弁護士から、日弁連副会長の任期もあと少しだねと声がかかった。4月一杯は仕事にならないよ、よくリハビリして、5月の連休明けから弁護士の仕事に復帰したらいいとの暖かいアドバイス。たしかに、この1年間、法律相談をまったく受けてないので、弁護士としてのカンを喪った気がしている。

副会長室の改造

16階の副会長室を改造しようということになっている。副会長の机は壁に面した小さな机。ノートパソコンを置いたら、あとスペースはいくらもない。机に向かってパソコンを入力をよくしているムーミンパパ（副会長）などから、もっと大きな机にしてほしいという要望があがっている。個室のようにブースをもうけて独立性を考えてほしいという声もあるが、私は賛成できない。日本型の大部屋方式には、情報共有の面で利点がある。副会長室の横に廊下があるので、これを取りこんで広げようという案が検討されている。実は、同じ16階の司法改革調査室などが入っている部屋は、先日、同じように廊下を取りこんで拡張され、国際室・広報室が別の部屋だったのを一つとして、だだっ広い部屋になった。日弁連の機能強化を物的にも支えようということ。

『戦場のピアニスト』

有楽町の大きな映画館は満席で、久しぶりに立見した。ポーランドの高名なピアニストが奇跡的に生き残る話。ショパンの曲がずっと流れ、素晴らしいピアノ曲をしっかり堪能することができた。エンディングのピアノ演奏に魅きつけられ、珍しいことにクレジットが流れているあいだに立ち上がって帰ろうとする観客はほとんどいない。物音をたててはいけない生活を強いられているなかで、ピアノの鍵盤の上を、空で手指を動かしていくシーンに心がうたれた。役者本人の手指がしなやかに動いている。さすが。『シンドラーのリスト』とは、また一味ちがう。2時間半の大作。

2月27日（木）

がんこに平和、司法の砦、国会議事堂

朝歩いていくと、右手に最高裁の石の砦がある。道路を隔てて反対側に社民党本部がある。「がんこに平和、げんきに福祉」というスローガンを大書した幕があり、共感を覚える。先日、気がついたが、その向こうに国会議事堂のトンガリ屋根が見える。社民党本部のすぐ近く、上り坂の途中に司法制度改革推進本部の入っている古ぼけたビルがある。司法と立法、そして行政の3権が、歩いて10分ほどのところにみんな集中している。便利と言えば、本当に便利。警察による警備が厳重なゾーンで、独特な雰囲気のする一帯。それにしても、頭上の首都高速道路がいかにも目ざわり。

マスコミの取りこみ

労働検討会を傍聴していると、朝日の山口記者がそっと部屋に入ってきた。検討会は最後列に記者用の席が1列確保してある。20席近くの席が、いつもはほとんど空っぽ。こんなに空いているのなら、そのマスコミ席に日弁連の関係者が坐れてもいいように思うが、それは認められていない。日弁連にそれを認めると、他の省庁も同じように申請するので困るという理由。だったら黙認してくれたらいいとも思うが、それもダメ。検討会でのイス取り合戦はこっけいなようで大切な問題だ。やはり、直接に議論を見聞した方が状況を理解できる。いかにも四角定規の推進本部には困ったもの。休憩時間に山口記者は最高裁の行政課長と親しげに立ち話をしていた。どうも最高裁の方から山口記者にコンタクトをとろうとしていたみたいだ。司法改革の動きのなかで、マスコミをどちら側に引き寄せられるかに、法曹3者はしのぎを削っている。世間を味方にするにはマスコミを通じるしかない。そこで、第一線の記者との日常的なコンタクトがきわめて重要なる。2人の立ち話の様子を見ながら、しみじみそう思った。

正副会長の総括座談会

いよいよ私たちの任期も残り少なくなった。『自由と正義』にのせるための総括座談会が午後3時から開かれた。初めのうちは公式的な話が続いたので、突然、ムーミンパパが、こんなんじゃあ、ちっとも面白くない、と叫んだ。本当にそのとおり。そこで、途中から、失敗談もまじえたり、苦労した話を中心として、フランクに話すことになった。活字にできない話もオフレコで、どんどん飛び出すようになったところで、時計を見ると、もう6時。大川総長が、時間となったので、あとはペーパーで報告してもらって、編集の段階で入れてもらいましょうと打ち切りを宣言した。ムーミンパパは、えっ、もう終わってしまうの・・・、といたく不満顔。私も裁判迅速化法案のことやらFAXニュースのことなど、一言も話せなかった。

伊藤次長と鈴木次長の歓送迎会

夜、伊藤次長の2年の任期終了（3月末まで）、後任の鈴木次長を迎えて歓送迎会が日比谷「むさし坊」で開催された。本林会長と大川総長も出席した。

副会長と次長とは、正直いって微妙な関係にある。従来は、次長の方が情報も多くつかんでいて、優位に立っていた。しかし、今期は常駐型の副会長が大半だったので、副会長「優位」でなんとかやってこれた。ただ、そこに至るまでには、何回かはげしい「ケンカ」もあった。そこをうまく乗りこえて今日に至った。政治家との折衝窓口についても次長が優位に立っているのが現実。常時いない人は窓口になれない。次期も、ぜひ副会長「優位」でがんばってほしい。

副会長全員が1年間の感想を述べた。本林会長には、もっと笑顔を見せてほしい、いつも難しい顔をされると困ってしまうという注文がついた。いかにもきまじめな本林会長なので仕方のないところではあるが、たしかに、もっと笑顔をふりまくと周囲の人間は助かる。かといって、司法改革をめぐる情勢が厳しいのに、いつもニコニコ笑っていていいのかと叱られてしまいそうだが・・・。

2月28日（金）

神田の老舗蕎麦屋

珍しく会議のない時間帯。ドン・ガバチョが神田の美味しい蕎麦を食べに行こうと声をあげた。次々に賛同の声があがる。結局、そこにいた副会長6人全員で出かけることになった。キタロー、博士、ムーミンパパ、仮面ライダーそしてモノカキの私。

地下鉄に乗って淡路町駅で降りる。地上に出ると、頭上のビルの上には珍しく澄んだ青空が広がっている。春そのもの。もうコートなんかいらない。そんな感じ。めざす蕎麦屋「まつや」の前は、歩道にはみ出して行列ができている。しばし並んで待つ。広い店内は50人ほど入って満席。おばさん店員が6人ほどいて、どんどん運んでいる。やっと坐れた。まずはビールでノドをうるおす。つまみはミソ。金山寺ミソというより、くるみミソみたいに固く練りあげたものを、少しずつねぶってビールのつまみとする。カマボコも頼む。板わさというのか。しこしこ歯ごたえがある。ぷりぷり生きのいいのがうれしい。天ぷらが出てきた。エビ天もカラリとあがっている。食べ残した頭の部分を、こんな栄養のあるところをもったいないとガバチョがハシをのばして口に放りこむ。焼鳥が続いて出てきた。むっちりした焼鳥。よくかみしめ、口の中でたれが舌ととけあうのを楽しむ。太ネギが下にあった。じわーっと青汁がにじみ出て、口の中がさっぱりする。うん、なかなかいける。ビールがすすむ。いよいよ、蕎麦を注文する。私はゴマだれ蕎麦にした。うーん、ここの蕎麦は、噛んだとき、こしを感じる。こくのあるノドごし。ゴマだれにつける。よくよくかみしめる。歯ごたえがあり、さすがにいける。また、ビールでノドをしめらせる。蕎麦湯を入れて、残ったゴマだれを全部のみ干した。ビールを10本も飲んでしまった。ごちそうさま。これで一人1000円。ウソウソ。一人3000円。ガバチョの財布に本林会長の前夜のおごりが残っていた。だから、一人1000円しか負担しなかったということ。みち足りて、幸せな気分に浸りつつ日弁連会館に戻った。もう、任期は残りすくない。

3時からのADRについての会議では、睡魔との必死のたたかいを演じなければならなかった。

根無し草

大川総長が自宅を大阪から東京に移した。雑談のとき、大川総長が根無し草になってしまった、大阪に帰ってもホテルに泊まるしかないんだから・・・と寂しそうに言ったのが印象に残った。

私の日弁連副会長の任期もあとわずか。この『Eたより』を配信できなくなるのが寂しい。ホームページを開設しようかとも思うが、書く材料が今のようには入ってこないし・・。

東京にいると、ホテルに泊まって霞ヶ関と永田町の界隈をウロウロして毎日が過ぎていく。本当に根無し草だと感じる。普通の庶民の生活からかけ離れたところで議論をたたかわせている。そんな気がしてならない。もちろん、大切なことを議論しているわけだが・・・。ネギとかダイコンであふれている買い物カゴを下げたおばさんたちが、今晩の夕食を考えながら、1円でも安い商品を求めて商店街を歩いている。そんな姿は見かけない。閉店・倒産してシャッターがおりた店が並んでいる。そんな商店街もない。高層ビルがたち並び、近代的で清潔なオフィス街には、背広とスーツ姿の男女しか見かけない。やっぱり、こんな生活は1年で十分。早く、フツーの生活感覚を取り戻さなくては、と思う。

日比谷公園の紅梅白梅

夕方、日弁連会館を抜け出し、日比谷公園に入った。東京で5泊して、やっと帰宅できる。こんな生活も、もうあとわずか・・・。夕方5時半なのに、まだ明るい。公園のなか、紅梅・白梅が見事に満開。あでやかな濃い紫紅色の紅梅、色気の漂う薄いピンクの紅梅、そして、あざやかな純白の白梅が春の訪れを告げてくれる。我が家の紅梅はもう終わった。白梅だけはまだ咲いている。隣の家のハクモクレンの白い花が咲きはじめた。通りに、純白のコブシの花が、まだ少し膚寒い風にさらされながらも、ついに来た春を楽しむように咲いている。

春を呼ぶ三池初市

夜遅く帰宅する途中、近くの商店街で三池初市の準備が整っていることに気がついた。3月1日と2日は、毎年恒例の三池初市。植木や園芸品などが売られ、また夜店が並ぶ。大牟田の早春の名物市。この市のころは例年、天候が不順だが、みんな待ち遠しかった春が来たのを実感すべく、いそいそと初市にやってきてにぎわう。子どもたちは、400メートルほど露店が並ぶ前をアメをしゃぶったりしながら、行ったり来たりして楽しむ。いよいよ春。

3　月

3月1日（土）

加藤哲夫弁護士の結婚披露宴

午後から、北九州の加藤弁護士の結婚披露宴があった。加藤会員は公認会計士の資格をもち、英検1級にも合格している。私も参加した日弁連弁護士業務改革委員会の訪米調査のとき、通訳として活躍した。乾杯の音頭をとらせてもらった。少し話しをするつもりでいたが、シャンペンが注がれて参加者が起立してしまったので、ついあせって加藤会員が若手のホープとして次代の弁護士会を担う人物だという紹介の言葉を言い忘れてしまった。

『Eたより』の編集

加藤弁護士の結婚披露宴に参加したとき、北九州の中野弁護士は、私がパソコンでうったものをそのままメール配信していると思っていた。『Eたより』の原稿はすべて手書き。私の事務所で素早く入力して、それを組み合せ編集している。福岡の大庭弁護士から、手書きは時間がかかるはずというメールが届いたが、決してそんなことはない。どこでも紙とペンさえあれば原稿は書けるから、早いもの。現に、これも飛行機のなかで書いている。電源の心配なんかいらない。

公安委員と弁護士

全国に51ある公安委員会のうち、弁護士が公安委員になっているのは、北海道、東京、愛知、三重、大阪、京都、広島、山口、香川、福岡の10都道府県のみ。ちなみに、医者は17人もいる。会社役員70人、大学・教育関係21人、銀行19人、元行政6人、宗教者4人、マスコミ2人、その他14人となっている。弁護士10人の多くは民事裁判官の出身で、刑事弁護人はいない。山口県の末永弁護士は元検事なので、珍しい存在。末永弁護士が公安委員になって県下27警察署をまわろうとしたら、前例がないと警察は反対した。それでもまわったというから、えらい。

公安委員会の審議は形骸化しているという批判があるが、末永弁護士は、もっと公安委員に弁護士がなるよう日弁連は取りくむべきだと提言している。日弁連も、その方向で動き出した。

弁護士法人

弁護士法人は2月20日現在、全国に73法人。もっとも多いのが大阪の20法人。東弁11、二弁5、一弁・千葉・新潟・福岡・大分・札幌が各2で、あとはせいぜい1県1法人。大阪では、今年に入って7法人も届出があった。社員や使用人の合計が2ケタなのは4法人のみで、いずれも大阪。

従たる事務所をかまえている法人は18法人しかない。大阪に本店、東京に支店のある法人が4法人。東京支店をもつのは、ほかに1法人。東京に本店があり、地方に支店をもつ法人は今のところゼロ。

3月2日（日）

臥龍梅とメジロ

うららかな春そのもの。除夜鐘をつきに行った普光寺へ臥龍梅を見に出かけた。淡いピンクの梅が満開。よく見ると、たくさんのメジロがせわしそうに蜜を吸っている。隣の家族連れが、あっ、ウグイスがいると叫んでいたが、目のまわりの白い、ウグイス色の小鳥はメジロ。帰りにナデシコの苗を買った。毎年、坂道の脇で農家のおばさんが売っているのを買う。５本で１００円。さっそく庭に植えた。庭には、もうチューリップがかなりのびている。早いもので、サクランボの花、つまりは桜の花がチラホラ咲いているのに気がついた。今朝、庭のアスパラガスを初めて収穫した。これから次々に伸びてくる。塩ゆでにして食べる。早春の香りが口の中にひろがり、そっと春をかみしめた。

ボケの花と沈丁花

すっかり春めいてきた。チューリップの芽がぐんぐん伸びている。クロッカスの可愛い黄色の花が咲きはじめた。パンジーの黒い花がリニューアルしている。クリスマスローズの白い花、黄水仙もけなげに咲き続けています。けなげと言えば、年末にもらって玄関に飾っているシクラメンの花もまだ咲いている。沈丁花の白と赤いピンクの花が真っ盛り。隣りのモクレンも蕾がふくらみつつある。丸くて鮮やかな赤い花がいくつか咲いているのはボケの花。ちょっとトゲがあるので要注意。美しいからといって気安くさわってはいけない。サクランボの木も蕾が大きくふくらんでいる。おだやかな日曜日の朝、キジバトたちにエサをやったあと、庭を見てまわった。心の安まるひととき。

あっ、忘れていた。ツルニチニチソウの紫色の花が早くも咲いている。昨年5月に行った函館の五稜郭を思い出させる五角形の花弁。早春を告げる気持ちのいい花。春が待ち遠しい。

筆舌に尽くしがたい

食に関して、読んだ人がヨダレを流し本当に食べたくなるような随筆をたくさん書いている小泉武夫教授が、食べ物のことを書くのに「このうまさは筆舌に尽くしがたい」なんて表現するのは逃げだと言う（朝日新聞、2月16日）。歯触り、においを書いていく。五感を働かせる。私も目下、読んだ人にヨダレを流させる文章に挑戦中。小泉教授は普段は朝6時起きで、土日は4時半に起きて執筆にいそしむ。私と同じ手書き派。書きながらその気になるタイプだから、パチパチ指を動かしてワープロを打つなんていうのではいけない。そう言っている。まったく同感。執筆の前に、とびきりいい煎茶を飲む。すーっと食道を通り、空腹の胃袋に収まると、くっと胃が熱くなるのを感じる。よーしやるぞ、という気持ちになる。よく分かる。私も、自宅では、見た目も味もおいしいお茶を必ず飲む。

『ドイツ・イデオロギー』

学生時代に読んだ本を久しぶりに読み返した。同期の裁判官と雑談していたとき、そう言えばヘーゲルとか、学生時代は本当に本を読んだよね。本を読んでなかったら恥ずかしいという雰囲気があったしね・・・、という話で盛りあがった。私はヘーゲルはあまり読んだ覚えがない。これから読んでみようかと思っている。マルクスの本が、岩波文庫から新版が出て、大変よみやすくなっている。

支配階級の思想が、どの時代においても、支配的な思想である。社会の支配的な物質的威力である階級が、同時に、その社会の支配的な精神的威力である。物質的な生産のための手段を手中に収める階級は、そのことによって、同時に、精神的な生産のための手段をも意のままにする。それゆえ、そのことによって同時にまた、精神的な生産のための手段をもたない人々の思想は、概して、この階級に従属させられている。この指摘は、まさに現代日本にもぴったりあてはまる気がする。哲学者たちはただ世界をさまざまに解釈してきたにすぎない。肝腎なのは、世界を変革することである。戦争のない世界を実現するためにも、私はアメリカのイラク攻撃に反対する。

３月６日（木）

合同の副会長会

窓口会議と正副会長会は、新副会長が（正しくは予定者）傍聴する形式で開かれた。窓口会議はいつもの１７０２会議室ではなく１７０１会議室で、正副会長会は来賓室ではなく、１７０２会議室で開かれた。人数が多いからだ。本林会長が、新旧双方の副会長が4月からも合同してやっていただけたらいいのだがと挨拶した。私たちの方は、かなり引退気分になっている。

私は、１年交代の副会長とは別に、九弁連からも2年任期の日弁連嘱託を送りこむ必要があると思う。現に、京都の小川弁護士が東京でがんばっている。少なくとも経験10年ほどの弁護士で事務処理能力（会議中に議事録がとれる程度のものが望ましい）があって、しかも司法改革について発言できる人を九州から交代交代で送り出す。そうやって九州と東京の情報のパイプを太くしたい。

神田アンコウ鍋

夕方から、副会長8人で神田へあんこう鍋を食べに行った。先日の蕎麦屋「まつや」のすぐ近くにある「いせ源」。いかにも老舗の風情で、木造の和風旅館のような店。2階の小部屋に案内された。途中みると、どの部屋も満室。ビールで乾杯したあと、なかなか料理が出てこない。博士がハシをふりまわして早く早くと仲居さんをせきたてる。まずは、あんきも。ネットリとしたフォアグラの味を味わう。やっと鍋が出てきた。たっぷりの野菜にあんこうが入っている。ぷりぷりしている。舌の上にころがすと、とろけてしまう。今夜も話ははずむ。任期も終わりかけなので、みんなの気持ちも軽やか。このなかから次の日弁連会長を出そうという話で盛りあがった。村長が会長になるなら、自分が事務総長になると言った（という）ヌリカベが、そんなことを言った覚えはないと言い出して、みんなの顰蹙を買った。

この1年間、みんなよく頑張った。言いにくいこともあえて口に出してシビアな議論もたくさんした。その結末が楽しい酒の肴となった。最後は、卵雑炊。こってりした味つけで、またまた食べ過ぎた。終わりかけたころにガバチョが駆けつけ、勘定奉行をつとめてくれた。

広報次長の新設

事務次長を兼任しながら広報次長を置くことになった。事務総長の下で、いわゆるスポークス・パーソンになる。スポークスマンと言わないのは、女性の酒井次長が就任するから。

記者会見を週1回というように定例化したり、日弁連会員の非行などについての対処（危機管理）を担当する。新しい広報担当の副会長が決まっていない。副会長がなおざりにされないように、また任務過重にならないように、という意見が正副会長会で相次いだが、本林会長が、1年間ともかくやってみようと発言して、発足することになった。

3月8日（土）

日仏学館

毎週土曜日の午前中は、福岡の日仏学館でフランス語会話の授業を受けている。一応は上級クラス。実は日本語ペラペラの先生（30代の男性）だが、授業中は全部フランス語のみのやりとり。生徒は中年のおじさん3人組（私が最年長）と、女性が3人（だんだん減っていった）。

外科医による手術光景のビデオを見ながら、フランス語で解説と問答があった。頸椎の手術。あまり血が出ない様子が不思議だった。私のフランス語は、初歩に毛のはえたようなものだが、長年やっているので、どうにか聞きとりだけはできる。

公設事務所への協力事務所

私の事務所も協力事務所として登録している。55期の田上弁護士が入ってくれたのも登録していたから。いま、登録事務所は全国で81事務所になった。東京に協力事務所が増えないことが問題となっている。負担が大きすぎて、メリットがないと受けとめられている。奨学金制度をつくって若手弁護士に月10万円を1年間支給するとか、協力事務所に月10万円を育成費として支払うとか、公設事務所に応募して実現したときに100万円を支給するとか、いろんなアイデアが検討されている。

56期修習生の協力事務所への就職状況は、全国で15人。東京11人（東弁4人、二弁7人）、静岡（沼津）1人、大阪1人、福岡1人、札幌1人となっている。

裁判官指名諮問委員会

いよいよ裁判官の任命にあたって外部評価する委員会が5月ころスタートする。中央の委員会は11人で、うち弁護士は2人、法曹外委員が2人いる。別に、地域委員会がブロックごとにつくられる。こちらは委員は5人で、うち弁護士が1人、非法曹は2人。任期3年で、途中交代は望ましくない。資料収集や人物評価について本格的な議論のできる場としなければならない。形だけのものにならないよう、弁護士会としての強力なバックアップが必要。そのためには、福岡で実施したように、毎年、裁判官を実名評価するシステムを確立する必要がある。その積み重ねが、再任の可否を決める重要資料になるはず。

アメリカのロースクールの学費と奨学金

学費自体の水準は、公立の標準規模校であるイリノイ大学ロースクールでは年間2万2688ドル（270万円、ただ、イリノイ州出身者は半額の約135万円）、私立の大規模校のジョン・マーシャル・ロースクールでは年間2万2780ドル（274万円）であり、イリノイ大学における州内出身者の特典を除けば、いずれも2万ドルの水準を突破している。これで最低3年間を要するから、6万ドルから7万5000ドル（760万円から900万円）が卒業までにかかる学費ということになる。これに生活費、交通費などを加えれば、弁護士資格をとるまでに1000万円以上となる。

ジョン・マーシャル・ロースクールの場合、学費の全学または一部免除を受けるためには、入学時のLSATと学部レベルでのGPA、在学中の同学年クラスの総合成績において、いずれも25％程度に入るような成績である必要がある。そこで多くの学生（大体1学年の定員の7～8割）は学費ローンを組まざるをえない。この学費ローンには2種類があり、連邦政府教育省からの公的学費ローンは年間8500ドル（100万円）程度が限度であるので、1学年のうち85％の学生は何らかの形で通常の金融機関による学費ローンを組むことになる。連邦政府からの公的学費ローンは返済期間のスタートが遅く、比較的返済が容易だが、私的学資ローンは卒業時においても最低でも3万ドルから4万ドル（360万円から480万円）が返済元本として残る。1998年度のイリノイ大学ロースクールの学生の卒業時の学費ローン残高平均は5万ドル（600万円）、ジョン・マーシャル・ロースクールのそれは6万6000ドル（800万円）だった。

スタンフォード大学ロースクールの生活費と学費などを入れた年間経費は、5万ドル（600万円）

が通常で、3年間で15万ドル（1800万円）にものぼるので、通常とても個人で支払える額ではない。そこで、83％の学生が何らかの制度的な援助を受けている。学費奨学金、政府保証ローン、市中ローン、大学のローンなど、それぞれの学生の事情にあった貸付けが行なわれている。1人につき、年間1万ドル（120万円）の何らかの助力が学生に与えられている。

3月9日（日）

メジロとツグミ

桜の花が満開となった。といっても、ソメイヨシノではない。サクランボが実る桜の木。メジロが6羽、気ぜわしそうに花の蜜を吸って飛びまわっている。ピッピッと、可愛いらしい声をたてる。近ごろ、ヒヨドリくらいの大きさで、赤茶色の鳥をよく見かける。地上を跳ね歩いて虫を食べている。図鑑で調べて、ツグミと分かった。シリーとかクエックエッとか鳴くそうだが、鳴き声はまだ聞いたことがない。ヒヨドリはピーツと甲高い声をあげるので、すぐに分かる。

クロッカスの青紫色の花も咲いている。玉ネギに続いて、ジャガイモを植えつけた。わが家の食料危機に対する備えは、これで万全。それにしてもアメリカのイラク攻撃は、いったいどんな大義名分があるのか。日本政府が下駄の雪のようにアメリカに追従しているのが悔しくて仕方ない。

『マークスの山』

高村薫の本（講談社文庫）。10年前に読んだとき、とても新鮮な衝撃を受けた。警察内部の人間関係、捜査の進行過程がフィクションとはいえ、こんなにリアルに描かれていることに目を見開く思いで夢中になって読みふけった。全面改稿ということで本屋の店頭に平積みされていたので、再読してみた。警察小説は、その後の10年間に、何十冊も出ている。だから衝撃度は薄れてしまった。改めて気づいたのは、「被害者」たちが１９７１年に大学を卒業したという設定だということ。私と同じ年（１９６７年）に大学に入学したことになる。まったく同世代の人間に、捜査の現場を操作できるほどの権力があるとは思えないと10年前に思ったが、今回も、その点はあまり変わらなかった。昭和44年夏に司法試験に合格したとあるが、そのころの合格発表は秋（10月初め。私が合格した昭和46年は10月1日）。また、昭和45年から46年にかけて、日本中に大学紛争の嵐が吹き荒れた2年間、とあるが、これは43年から44年の間違い。当時、渦中にいたし、いろいろ調べているので断言できる。どうしてこんな誤った記述があるのか信じられない。だから、昭和44年夏に司法試験に合格した人は大学3年生のときに合格したことになる。もちろん不可能ではないが、ごく少ないと思う。私が26期だから、24期になる。えっ、そんな人っているのかな・・・、と正直言って思った。いずれにしても30年前の私たちの体験が、今や遠い歴史的な出来事になってしまった。感慨無量。

『ふくろうの森』

北海道のエゾフクロウの生態をとった写真集。ふくろうの子どもたちの黒いつぶらな瞳に見つめられていると、子どものころの純真な心が呼びさまされる気がする。仲良し3人組のいろんなポーズは、人間の子どもたちと変わらないやんちゃぶりを示している。写真集（青葉社）って、本当にいい。

『アメリカって、どんな国？』

アフルエンザという言葉がある。たいした価値のないものを多くもっている貧しさということを意味する。ケータイ、ＣＤプレイヤー、テレビゲームといったものは持っていても、親や地域からの支え、道徳的価値は十分に与えられていないアメリカの子どもたちをさす言葉。
アメリカでは、両親がそろっている子どもは69％、22％が母子家庭、４％が父子家庭。そして、父子家庭で育てられている子どもの16％、母子家庭で育てられている子どもの９％は、親の同棲相手と一緒に暮らしている。親の育児放棄、虐待、怠慢などの犠牲にあった子どもは全米で88万人もいる。虐待や保護者の怠慢によって死亡した子どもが１２００人。成人刑務所に送られているアメリカの子どもは９５００人。この本（新日本出版社）を読むと、アメリカ社会の荒廃した実情と、その根の深いことを知らされ、いろいろ考えさせられる。日本は、こんなアメリカ・モデルをめざすべきなのか？

3月10日（月）

海軍司令部壕

沖縄に行って、少し時間があったのでタクシー運転手のすすめで、見学した。丘の上から穴を掘って、下の方へ狭くて細長い壕がずっと続いている。こんなところに追いやられてしまった兵隊の哀れを少しばかり実感できた。戦争は2度としない、とくに他国へ出かけて侵略戦争することは絶対しないと誓ったはずの日本が、アメリカに追随して理不尽なイラク攻撃に加わっていること、これに国会議員の大半が、また日本のマスコミが強い反対と怒りの声をあげないことが残念でならない。

ゴーヤチャンプルとソーキソバ

沖縄は、やっぱりソーキソバ。首里城そばのレストランに入った。ここは少し薄味。ちぢれメンは、かむと歯ごたえがある。骨つきアバラ肉がデーンとのっているので、かじりつく。よく味がしみて、かむと豊潤な舌ざわりを楽しめる。スープは、東京ラーメンに似て、あっさり系。

ゴーヤチャンプルは泊まったホテルで食べた。ニガウリは、初めは青臭くて食べられなかったが、今では平気。というか、あの独特の味がしないと物足りなさを感じるほど。トウフヨウを泡盛のつまみに注文する。赤いトウフヨウ。姿形はフォアグラの薄切りのようで、味はしつこくなく、さっぱりしている。もうひとつ、田芋を揚げて黒糖をまぶしたものを食べてみる。ほどよい甘さで、口の中に心地良さが広がる。キレのいい泡盛りにあったデザートとなった。ごちそうさま。

沖縄で司法改革問題を報告

沖縄弁護士会で司法改革問題について、2時間ほど報告した。幸喜会長の温かい配慮による。九弁連の大田前理事長や当山前会長など、前年度に一緒に役員をした方々にも久しぶりに会えた。

前半1時間ほどは、『Eたより』に書けないことをオフレコで話した。司法改革が政治がらみで動いていること、いろんな思惑が複雑にからみあい、絶えず権力に取りこまれてしまう危険があること、にもかかわらず弁護士会としては足ぶみをせずに前にうって出るしかないこと、などを簡裁の事物管轄の引き上げの実例をあげながらご紹介した。後半の1時間は、個別課題の現況について少し状況報告した。私の担当している裁判迅速化法案、弁護士報酬規定の問題のほか、リーガルサービスセンター構想についても少し触れた。司法改革は負けてばっかりではない、ということで裁判官制度について、大きな改革がなされようとしていることを強調した。

懇親会のときにも、法科大学院のこと、労働検討会のこと、秘密保持のことを話した。報告すべきことは多く、時間はいくらあっても足りない、そんな感じで1年の任期が終わりかけている。

眼精疲労

懇親会のあと、2次会を好まないことが知れ渡っていたので、早々と解放されてホテルに戻った。大浴場の隣りでマッサージを受けたところ、顔の筋肉がこっていますね、と指摘された。眼をつかい過ぎると、顔面神経痛みたいに筋肉がこちこちになる人がいるんですよね、という話だった。たしかに、私は車中でも平気で本を読んでいる。少しは眼を休めないといけないかなと反省させられた。目薬やら、目のマッサージやら、それなりに自分でも気をつかってはいるのだが・・・。

3月12日（水）

ユリノキ

面白い木で、皇居のお壕端の歩道脇にたくさん植えられている。落葉高木で、冬に葉はない。ミニチュアのカラカサを天に向けたようなものが枝先までびっしりついている。春になるとチューリップの花が咲いたようになる。3月に入って、風の冷たさもずい分とやわらいできた。しだれ柳のみずみずしい新芽が目立つ。東京に春一番の突風が吹き荒れ、春到来となった。

大川総長の誕生祝い

朝9時から窓口会議が新旧の副会長合同で開かれた。30分間だけ休んで、10時半からは合同の正副会長会議。私の担当する裁判迅速化法案が真っ先に審議され、会長声明文などを検討した。そのあと、『週刊現代』のひどい事実誤認記事に対して訂正と謝罪を申し入れることが確認された。

お昼は焼肉弁当。いつもの弁当箱に入っていたので、またいつもと同じかとうんざりしたが、いざ蓋を開けてみると中味が違っていた。やっぱり毎日ちがった食事をとりたいもの。

午後からも議論は続く。最後の理事会に向けて議案を次々に審議していく。みんなの顔に疲労が浮かんできたのを見はからって、司会の大川総長が20分間の休憩を宣言した。副会長室に戻ると、大きなケーキにローソクが何本か立っている。大川総長の誕生日なのだ。室内の明かりを消す。みんなでハッピーバースデートゥーユーの歌をうたうなか、大川総長が一息で火を吹き消した。そのあと、副会長全員でお金を出しあって買ったネクタイピンをプレゼントした。秘書の女性陣から小さな花束が手渡される。こんなことをしてもらえるとは思ってなかった大川総長は感激のあまり言葉に詰まっていた。年齢をとるのは嬉しくなくても、みんなから温かい言葉をかけられるのは気持ちのいいもの。ところで、大川総長はいくつになったの・・・?

銀座でフグを食べる会

夕方から、正副会長会が終わって一息ついて、銀座へ歩いて出かけた。今夜も銀座はたくさんの人出。「たらふく」銀座本店は、日本の景気が悪いとは思えない混みよう。

ビールのあと久しぶりにヒレ酒を飲んだ。私は日本酒は飲まないことにしているが、ヒレ酒だけは別。なぜか口にあう。ヒレを入れて、マッチで火をつけると、かなり長い間、火が燃えている。アルコール度が下がるという人がいるが、本当だろうか。コクのある、口あたりのいいヒレ酒をチビリチビリと味わう。ヒレ酒の欠点は、つい飲みすぎてしまうところにある。フグは銘々皿で出てきた。絵皿でないのが残念。ちょっと厚目のフグ。口のなかに放りこむと、プリプリした歯ごたえがある。次は、フグ鍋。野菜もたっぷり摂ったあと、フグにかじりつく。骨から身をほぐしながらいただく。よく味がしみついている。最後の仕上げは卵雑炊。これがまた実に美味しい。ネギとノリをのせて、みんなかき混ぜて少しずつ味わう。うーん、幸せだなー。今夜も勘定奉行はガバチョ。幸いにも父親に似ていない可愛い大学生の娘さんが一緒。話の方は、1年間の活動をふり返って今夜も盛り上がる。

3月13日（木）

派遣労働者と副会長秘書

日弁連理事会で派遣労働者の労働条件などについての意見書が審議された。

派遣労働者は、1996年度に72万人だったのが、2000年度は139万人となって、4年間で倍増した。派遣労働者が常用である特定派遣については7165事業所（1996年度）が6307事業所（2000年度）に減少し、逆に、登録型の一般派遣については2354事業所から4023事業所へ増えている。問題は弁護士会の対応。静岡の塩沢会長が、悩ましい問題で、静岡では採用しないことにしたと発言した。副会長室の安田さん（秘書）は大変有能な女性だが、派遣労働者。

日弁連副会長の任期

日弁連副会長を1年やってみて、つくづく微妙な存在だと思った。ブロック代表だから、ブロックの意見を日弁連執行部に反映させなければいけない。それは会議で発言すればいいから、それ自体が難しいということはない。問題は、司法改革をめぐる議論をするときに的確に意見を述べられるかどうか、ということ。これは、そのテーマについての故事来歴を知っておかないと単なる思いつき以上の発言はできない。発言しにくいし、したとしても、これはこういう経過なんだからと軽くいなされてしまう。日弁連会館内を1年間ウロウロしていて、やっと日弁連というものが見えてきたという実感を私ひとりではなく、何人もの副会長が口にしていた。その意味で任期1年は短すぎる。かといって任期2年というのも現実にはやれない。

3月14日（金）

最後の日弁連理事会

本年度最後の理事会が開かれた。弁護士法の改正などがこの日、閣議決定された。私は裁判迅速法案の担当副会長として、理事会の途中、1701会議室を抜け出し、記者会見の場（1703会議室）に移った。そこに来た記者は3人だけ。それでも、あとで新聞記事をみると、来てなかった社も会長声明を掲載してくれたところがあり、うれしく思った。弁護士法改正について、理事会で紛糾した。この1年間、本当に活発な理事会だった。最後に、13人の副会長と伊藤次長が退任の挨拶をした。

不惑と知命

東京と大阪の高裁判事2人が副会長室で話題にのぼった。いずれも53歳だから、私より1つ年下。大阪の高裁判事は3月3日に飛び降り自殺した。その原因について、過労だったという人と、裁判所内の評価を気に病んでいたからという人がいる。真相は不明。53歳の判事の自殺といえば、東京地裁のエリート裁判官が同じ3月3日に福岡の海岸で投身自殺したことを思い出す。2年前のこと。なかなか難しい立場に置かれる年代だということだろう。

東京の高裁判事の方は、不倫で訴えられ、代理人を立てて争っている状況が準備書面も引用されながら週刊誌で詳しく紹介されている。この女性判事は、弁護士時代に、同窓会で再会した同級生と深い仲になったという。よくあるパターンだ。副会長のなかにも、東京にいるあいだに同窓会にひんぱんに顔を出している人がいて、自戒しなくっちゃ、という声があがっていた。

50歳は不惑というんだったかな、と一瞬思った。もちろん間違いで、不惑は40歳。40歳で惑わずなんて、とんでもない。人生がわかりかけてきて、それだからこそ、大いに、あれこれ惑ってしまう年齢。50は知命。天命を知るという。天命を知るべきだと言われたら、そのとおりなのだが・・・。

ハクモクレンと柳の新芽

3月15日（土）

朝、出がけに隣家のハクモクレンが満開なのに気がついた。わが家の紫モクレンは、まだ固い蕾でしかない。庭の片隅にツクシが1本だけ伸びて張り切って自己主張している。福岡に着くと、お壕端のしだれ柳がみずみずしい新芽に輝いていた。

夕方、ぐずついた曇り空の下、アメリカのイラク攻撃に反対するデモ行進が、春の息吹をふりまいている柳のそばを行進していった。戦争反対の声が全世界でとどろいている。でも、マスコミには、その怒りの声がなかなか反映されない。したり顔でアメリカ追随の利を説く人々に、あなたの良心はどこへ行ったのか、問いただしたい気持ちを抑えきれない。

最後の九弁連理事会

本年度最後の理事会が福岡県弁護士会館で開かれた。紫垣理事長の名采配により1時間半ほどで理事会は終了したが、私も日弁連報告として20分ほど話した。下級裁判官の指名諮問委員会の地域委員会の発足にあたって、九弁連としてバックアップ体制をとることも確認された。終了後、新旧理事の合同懇親会が「稚加栄」であった。何人もの理事から『Eたより』が4月から読めないのが寂しいと声がかかった。実は、貴重なメディアがなくなるので私が一番寂しい思いをしている。

少額訴訟の実情

少額訴訟は全国で順調に利用されていて、年間1万件ほどある。原告の3人中2人が個人で、会社は小規模個人会社が多く、9割以上が本人訴訟。東京簡裁では、1期日審理の原則にきわめて忠実な運用がなされており、審理に2期日以上を要したのは3%のみ。訴え提起から終局（判決または和解）まで、平均41・4日（6週間足らず）。東京では、敷金返還が断然トップの16%。大阪は売買代金が1位14%、2位は貸し金12%。大阪では敷金返還は4%のみ、東京では貸し金は8%で7位。東京では、損害賠償と請負代金が大阪より相当多い。20万円未満の請求額が半分以上。

テレビコマーシャル

日弁連は裁判員ドラマを4000万円かけてつくることにした。私も賛成したが、日弁連としては思い切った決断をした。当初の脚本が不出来だったので、キャンセル料400万円を支払うというハプニングもあったが、新しい脚本が完成して、配役も石坂浩二や左時枝、岩崎ひろみという豪華キャストになった。2月26日に制作発表会をしたところ、仲介した電通PR社の威光もあって、報道陣が大勢かけつけ、テレビ6社が取りあげて紹介してくれた。長いところは2分20秒、短いところが10秒。電通PR社によると、これをテレビコマーシャルと考えたら、料金は3200万円をかけたことになるということ。うーん、高い。でも、テレビの威力は絶大。

3月16日（日）

スリー・ストライク法

アメリカで17歳の少年が3件の殺人事件で有罪となり、刑務所で24年間を過ごしたあと、無罪が認められる。しかし、その後、なんと、再び終身刑が宣告される。刑務所から3度も脱獄し、そのときに窃盗と住居侵入を犯したからスリー・ストライク法によって終身刑だという。えっ、そんな馬鹿な。もともと刑務所に入れられたこと自体が間違いだというのに・・・。これは実話。『ばかげた裁判に殺されかけた男』(早川書房)は、フランスの若手弁護士がアメリカの冤罪事件について書いた本。まったく期待せずに軽い気持ちで読みはじめたところ、ぐいぐい引きずりこまれてしまった。被告人の自白の録音テープが法廷に出される。陪審員がそれによって有罪の心証を抱く。笑いながら犯行を「自白」しているテープ。ところが、そのテープは編集されたものであることが明らかになった。「自白」をデッチあげた警察官の心境が、次のように描写されている。ウソをついているのは自覚しているが、自分の命を守らなければ・・・。歯車を逆戻りさせるのは不可能だ。真実を明らかにしたら、とんでもない悪者になって、キャリアは台無し、家族は恥さらしで、街の笑い者になってしまう。問題が起きないためには、ヤツには死んでもらうしかない。なるほど・・・と思った。たまたま文通するようになった相手の女性の力で元少年は無罪を勝ちとった。映画『ザ・ハリケーン』を思い出す。

沙汰未練書(さたみれんしょ)

鎌倉時代につくられた本。訴訟手続(さた)に習熟していない(未練)の手ほどきのために書かれた本。「蒙古襲来絵詞」という有名な絵巻物がある。これは、熊本(肥前国)の竹崎季長が蒙古軍とたたかったことの恩賞をもらうための証拠物件として絵師に描かせたもの。鎌倉時代の武士は不動産訴訟(所務相論)をたくさん提起していた。評定衆や引付衆は、裁判機関であり、要職の人々があたっていた。日本人は、古来より、実は大変裁判を好む民族。聖徳太子も、あまりに裁判が多いのに頭を悩ましたので、もっと和を貴ぶようにせよと諭したほど。蒙古襲来のあと、獲得した領土がないため、十分な恩賞を与えられなかった幕府から、武士の気持ちは急速に離れていってしまった。

『モンゴル襲来の衝撃』（中央公論新社）は、そんな中世の武士の実相をテーマとしている。

『進化の隣人、ヒトとチンパンジー』

人間の言葉や数を理解し、コンピューターだって使えるチンパンジーがいる。有名なアイちゃん。今は、その息子アユム君も、コンピューターに挑戦している。言葉をもっている、道具を使う、家族がある。これが人間の特性だと考えられたことがあった。でも、チンパンジーは、そのどれをももっている。この本（岩波新書）によると、チンパンジーの教育は、親が手本を示す、子どもはそれを長いあいだ見続ける。子どもの側に親をまねたいという強烈な動機づけがある。親は、それを寛容に受けとめ、子どもを常に見守る、という。チンパンジーの親は子供を叱らない、叩かない、邪険にしない、無視しないという態度をとる。本当に、人間の手本になる行動だと思う。

天候デリバティブ

『アメリカがおかしくなっている』（NHK出版）は、エンロンとワールド・コムの破綻は、アメリカの構造的な問題の象徴ではないかと鋭く提起していて、すごく刺激を受けた。アメリカの大手エネルギー会社が気象予報士を6人もかかえて、毎朝7時からトレーディングの方針を決めるという。天気予報が金もうけの手段になっているとは知らなかった。エンロンのレイ前会長は自社株を人知れず売却して１２０億円、スキリング前社長も80億円を手にしていた。入社1年目で２０００万円のボーナスを手にした社員もいたという。大勢の社員やアナリストたちが、目の前で繰り広げている不正に

ずる賢くこなして、てっとり早く金持ちになるためにやりすごしてきた。まるでハゲタカのように。アメリカの優秀な若者たちがビジネススクールを卒業して、なりふりかまわず利益至上主義に走る怖さがよく描かれている。アメリカも、これでは先は長くない。

3月17日(月)

ごまだれせいろウドン

昼、大牟田から日弁連会館に着いて地階の蕎麦屋に直行した。行列ができている。最後尾と思って並んでいると、うしろから声がかかった。列は通路の関係で途切れているだけで、まだ続いていた。これは時間がかかる。早々にあきらめて16階の副会長室に上がることにした。午後1時から弁護士業務妨害問題委員会の会議に参加するので、2時までお預け。

午後2時すぎ、地階におりていくと、さすがに店内はガラガラ。入口でチケットを買う。570円。待つことしばし。いつも愛想のいい女性店員が運んできた。まずは、ゴマをすりこぎですりつぶす。ゴマのかんばしい香りが鼻を刺激して食欲をそそる。たれ自体がすでに少しトロみがある。そこへ、すりつぶしたゴマをふりかけ、きざみネギをのせる。さあ、ウドンをたれにつけて、口の中へ。ここのウドンは、見かけも無骨で、四角張っている。歯でかんでも一回では噛み切れない。コシがあるというより、粘りがある。口の中で何回もかんでウドンの弾力性を楽しむことができる。入れ歯の人には、この歯ごたえを味わうことはできないだろう。ウドンだからといって、噛まずにつるっと飲み込んでしまう人がいたら、それはもったいないというもの。十分に歯ごたえを楽しみながら、少しずつウドンを口の中に放りこんでいく。といっても、やはりウドン。せいろの上のウドンはたちまちなくなってしまう。スローフードというわけにはいかない。ファーストフード。全部食べ終わると、ソバ湯をたれのなかにそそぐ。ゴマのまじった、こくのあるつゆを全部飲み干してしまった。あー、美味しかった。ごちそうさま。

3月18日（火）

弁護士報酬についての目安づくり

法曹制度検討会に出席して、20分間ほどのプレゼンテーションをした。当日は、弁護士制度改革推進本部第3部会の川上事務局長と2人で弁護士報酬規定問題についての質疑に応答した。私のプレゼン体験も3度目なので、なんとか心に余裕をもってやれた。あとで平山弁護士から良かったよと声をかけてもらい、少しばかり気を良くした。住商リース法務部出身の中川委員からは、目安は単なる統計であり、個々の弁護士の報酬規定とくい違ったりして、混乱がおきることを心配するとの発言がなされた。日弁連は、だから会則からの削除に反対してきた。法律改正で削除されることにより混乱が生じるのは日弁連の責任ではない。東大経済学部の奥野教授は、競争による弁護士の質が活性化することを期待する、弁護士を格付けする機関が必要だという厳しい意見を表明した。それでも、前回よりは質問口調の厳しさがやわらいではいた。岡田委員は、消費者センターの相談員ではあるが、発想が官に近い気がする。この日も、今の報酬規定を前提としたアンケート回答ではないかとの質疑を投げかけていた。いろいろ質疑があり、意見も出たが、川上弁護士がそつなく応答し、伊藤座長が、日弁連の報告を基本的に了承したいとまとめてくれた。

これで私の副会長としての仕事は大きなテーマを越すことができた。あとはベルリンに行くだけ。

アメリカのイラク攻撃は、「48時間」という最後通告がなされ、キナ臭いニオイが漂いはじめた。

3月10日（水）

「限りない屈服」（？）

3月10日付の「刑弁ガイドライン反対通信」71号に出てくる「日弁連副会長」とは私のこと。2月24日の日弁連刑弁センターに出席して裁判迅速化法案になぜ反対しないのかという厳しい追及を私が受けたことは前に紹介した。裁判迅速化法案について、日弁連執行部は頭から反対するという方針はとってない。たとえば、「第一審の訴訟手続きを2年以内のできるだけ短い期間内に終局させる」という条文のうち「できるだけ短い」という文言の削除を要求しているが、期間目標の設定それ自体には反対していない。これは13年あまりかかったリクルート事件について、どれだけ裁判に時間がかかってもよいとは国民の前で言えないから。目標設定は、あくまで目標であって、それにはずれたときの制裁条項は何もない。もちろん、この法案によって強権的な訴訟指揮がなされ、拙速裁判になるおそれは強まる。でも、だからといって、法案反対を叫んで世論から袋叩きにあう。そんな愚はおかすべきでないと考えている。しかし、「限りない屈服」をしているとのレッテルを貼られると、私としてはガマンできない。もちろん、裁判の充実や制度の改革を日弁連は求めている。この間の日弁連の取り組みが各新聞の社説に反映されている。私は、当日、そのことを強調したが、反対論の委員は全く聞く耳をもたずで、とても残念に思った。さらに、裁判員制度ができようとする今日、実際には重大事件であっても、2年どころかもっと早く終わらせるためにはどうしたらよいか、その工夫が私たちに強く求められている。普通の市民が裁判員になって、何ヶ月も仕事できなくなるという事態はできるだけ避けなければいけない。ところが、その点も「裁判員ぶっつぶせ」の考えからはナンセンスだとののしられてしまった。どうにも議論がかみあわず、不毛なままで終わったのが心残りだった。

国会議員を囲む懇談会

夕方6時から、霞ヶ関ビル33階の東海大学校友会館「阿蘇の間」で、弁政連主催の会合が開かれた。私は、法曹制度検討会が終わって副会長室に戻り、日弁連ニュースの校正をしたり、翌日からのベルリン行きの仕度を確認したりして30分以上遅刻して参加した。

与野党の国会議員が30人ほど参加していて、次々に演壇で挨拶した。私は飲みながら食べながら、同期の弁護士と旧交をあたためるのに忙しく、ほとんど話は聞かなかった。最後は、やっぱり河原副会長の出番で、最後まで残っていた漆原議員と本林会長そして日弁連にエールをおくった。

3月20日（木）

ベルリンの反戦デモ

ついにアメリカのイラク攻撃が始まった。朝からブランデンブルク門あたりを見物に出かけていた。朝のうち少し雨がパラついた。曇り空の下、風が冷たく、コートをもってきて良かった。大通りを歩いていると、向こうから若者たちが車道を歩いてくる。横断幕をもっているグループもいて、すぐに反戦デモだと分かった。ピースサインを送ってくるので、私たちもピースサインを返した。高校生くらいの年齢。初めのうちは少人数のグループが行進していると思ったが、実は、どんどん人の波が増えていく。マルクス・エンゲルスの大きな銅像のある広場あたりで道路を横断したが、人の波をかきわけるのが難しいほどの大行進となっていた。ついに車は片側車線は全面ストップ。あとからあとからデモ行進は続く。一緒にいた東澤弁護士が、こんな反戦デモを見ると血が騒ぐと言ったが、まったく同感。日本の若者も今がんばってくれているのだろうか、少し気になった。デモ行進といっても、おとなしいもの。横断幕とプラカードをもち、シュプレヒコールを叫ぶ。マイクを全然つかわない。

夜、同じ地区に食事に出かけたときにも反戦デモとぶつかった。このときには車が先導して、マイクを使ってシュプレヒコールが叫ばれていた。このようにして、運よく世界の反戦運動のうねりを実感することができた。ベルリンのテレビは反戦デモの風景をよく放映していた。日本は反戦デモの報道が少ない。

3月21日（金）

国際刑事弁護士会の発足式

朝からベルリンのエストレル・ホテルで国際刑事弁護士会の創立総会が始まった。総勢400人以上の参加者。朝7時半から受付スタートということで、私たち日本の代表団5人は午前8時半に受付に並んだ。合理的なドイツ人らしくなく、かなり非能率的な受付で、みるみるうちに長蛇の列ができる。これではとても予定の9時半スタートにならないな、そう思っていると、案の定、総会のスタートは1時間以上遅れて10時45分ころ。来賓挨拶のあと、日弁連代表としてスピーチをしてもらうことになるかもしれないと、東澤弁護士から予告された。ところが、実際に討議が始まってみると、理事の選び方について議論が百出する。たとえば、理事については、5大陸に分けて代表の理事を選ぶほか、組織代表また個人代表の3つのカテゴリーがある。なるべく国籍がかたよらないようにすべきだとの意見が出たり、スコットランドのユダヤ人弁護士から、自分はイギリスではないので、そこにくくられるのは心外だという意見がとび出したりする。さすがに常に一言多い弁護士の会議。

休憩後に議長がなんとか収拾策を工夫して議論を終結させた。そこは、やはり国際会議の運営に慣れた議長団。通訳がいて3ヶ国語のイヤホーンがついていた。私はフランス語を選んだ。議長の1人であるドイツ弁護士会のケンプ弁護士は、開会挨拶をふくめてほとんどフランス語。ゆっくり明瞭に話す。私はフランス語の勉強になると、うれしくなった。2日間、フランス語のシャワーをあびたので、少しはまともにフランス語を話せる。そんな気分。

夕方、ドイツ司法省のビルでレセプションが開かれた。ドイツも日本と同じく、今の法務大臣は女性。なかり長い挨拶があった。途中から近くのレストランに韓国の韓弁護士と6人で逃げこんだ。

ICBはイラク攻撃に反対する決議せず

ベルリンで開かれた国際刑事弁護士会（ICB）では、アメリカのイラク攻撃に反対する決議はしないことになった。総会で議長がそのことをはかったところ、決議すべきだとの反対意見もあったが、大方は決議すべきではないという意見だった。私も、はじめなぜかよく分からなかったが、議長のあげた理由について、同行していた東澤弁護士から説明を受けて納得できた。

というのは、戦争犯罪を裁くのが国際刑事裁判所。そのとき犯罪の容疑者を弁護する人々の集まりがICB。つまり、たとえばアメリカの海兵隊員が戦争犯罪の容疑者として裁かれることもありうるが、その弁護人となろうとする集団（ICB）まで、戦争犯罪を「告発」するのは「矛盾」だということ。だから、反対決議の代わりに個人的に署名することで戦争反対の意志表示をしようと、議長は呼びかけた。たちまち、うしろのテーブルに置いてあった署名用紙には黒山の人だかりができた。

この総会には、地元ドイツから150人、お隣りのフランスから100人、コンゴから50人、USA25人、UK20人など、総勢400人をこす弁護士が世界中から集まっていた。いかにも知的な美人も多く、しばしば見とれた。頬にキスするフランス式挨拶ができなかったことが残念だった。

ベルリンの壁

ブランデンブルグ門のそばの観光案内所には「壁」のかけらが入った土産品が売られていた。市内のどこにも「壁」らしきものは見かけない。あちこち工事中のビルが目立つし、使われていないような古い建物もある。どちらが旧「東」なのか「西」なのか、一見の観光客にはよく見分けがつかない。

夜、会議が終わって、参加者がバス5台で市内中心部のドイツ法務省のレセプションに招待された。2階建バス最前列に坐っていると、町の様子がよく分かる。子どもたちがサッカーに興じていた。頭をスカーフですっかり覆ったトルコ風の女性も目立つ。

ドイツの法務大臣は女性で、長い歓迎の挨拶をした。シャンペンやワインの飲みものと簡単なつまみだけのレセプション。マダガスカルの弁護士と名刺を交換した。途中で韓弁護士を誘って抜け出し、近くのドイツ料理店に入った。店内は満席状態。3皿を5人でシェアして食べたが、ちょうどいいボリューム。ともかく、量が多い。

3月22日（土）

東京簡裁での準少額訴訟事件

準少額訴訟事件とは、対席が予想される事件で、遅くとも第3回期日には判決を言い渡せると思われる事件のこと。1件につき、1時間から1時間半をメドに期日を指定し、即日面接し、第1回期日前に事前準備を十分したうえで、第1回期日で争点と証拠を整理し、第2回期日で集中証拠調べをする。第1回期日はラウンド法廷で、裁判官は法服を着用せず審理をすすめる。実際には、第1回期日終了までに終結する事件が9割。2ヶ月以内でほとんど処理されている。和解が4割、取り下げ2割ある。欠席判決は少ない。

大阪簡裁での市民型訴訟事件

争点が比較的単純で、2回以下で審理を終えることが予測できる事件のこと。請求金額は30万円以下が多い。原告の7割が自然人。1回で終結した事件が3分の2近い。期日前の取下げ、2回で集結したのをあわせると9割をこえる。平均審理期間は54・8日。司法委員の関与率は4割強。和解の成立率は、少額訴訟のときより1割ほど高い。敷金返還では8割をこえる。

個人再生事件

昨年の破産事件は22万4462件。東京2万4000件、大阪2万件で、福岡は1万3000件で全国3位。横浜1万件、神戸、名古屋、埼玉、千葉が9000件。熊本の4633件も目立つ。

個人再生事件は、昨年は全国で1万3495件。東京は1110件しかない。大阪の方が1680件で多く、福岡も909件ある。神戸738件、名古屋693件、埼玉661件、横浜601件となっている。熊本441件は、札幌476件、千葉470件、京都421件というのを考えるとやはり突出して多い。福岡は「小規模」480件、「給与」429件と「小規模」の方が多いが、全国的には「給与」の方が7442件で、「小規模」6053件より多い。

週刊現代・問題弁護士リスト第2弾に間違い

週刊現代（3月22日号）に重大な間違いがあった。記事には８０００件の懲戒請求がなされ、どんなに少なく見積もっても４０００件は弁護士に問題があるとなっている。これは、とんでもない間違い。ルポライター（米本和広）がデタラメな憶測をして、誤った記事を書いた。綱紀と懲戒の手続上の区別も認識していない。日弁連執行部として、直ちに訂正と謝罪文をのせるよう要求した。それにしても、弁護士を叩く記事をのせたら週刊誌が売れるというのも困ったこと。

弁護士事務所の盗難

弁護士業務妨害委員会に出て、全国的に弁護士事務所が盗難被害にあっていることを認識した。北の方では仙台。2件、3件、5件と、毎年被害件数が増えている。岐阜の弁護十（51歳）は、なんと現金５０００万円、貴金属20点（時価1億３０００万円）が盗まれたと警察に届出した。あとで貴金属の方は無事だったことが判明したが、記念硬貨など５００万円相当が盗難にあっていたため、結局５５００万円の被害。こんなに詳しい新聞記事になっている。大阪では、弁護士事務所が10ヶ所同時に被害にあっている（12月1日）。福山市では6つの法律事務所がやられ、合計１０００万円ほどの被害。下関市では、2つの弁護士事務所がやられ、パソコン2台、現金数百万円の被害にあった。北九州は、2つの弁護士事務所のほか弁護士会館も被害にあい、80万円が盗られている。大分では、4つの弁護士事務所が被害にあい、四百数十万円も盗られたところがある。警備保障会社に早めに加入して防犯体制をとる必要がある。

最高裁も取調べの可視化を提言

判例時報1807号（3月11日）に裁判員制度のもとでの公判手続のあり方について、判例タイムズ1110号（3月15日）に裁判員裁判にふさわしい証拠調べと合議について論文がのっている。いずれも、最高裁の裁判員制度のもとでの刑事裁判を考える研究会の成果をまとめたもの。そのなかでは密室での取調べで作成された自白調書の任意性・信用性が争われて裁判が長期化するのを防ぐためには、被疑者の取調べの全過程を録音または録画して正確な記録を残すことが提案されているし、要旨の告知を簡略にすます方法は許されない、と明言されている。取調べの可視化は日弁連の一貫した要求だが、最高裁も同じ提言を近く正式にするものと予測されている。そうすると、残るは法務省。警察サイドから強い反撥が出ているので予断を許さないが、大きな流れができつつあることは確か。

弁護士の所得

私のパートナーの中野弁護士から、弁護士の平均所得って意外に高いので驚いたという話を聞いた。まだ読んでいなかったので『自由と正義』臨時増刊号を帰宅してから早速読んでみた。

全弁護士の平均値は、粗収入3793万円、経費2207万円、所得1701万円。中央値でみると、粗収入2800万円、経費1500万円、所得1300万円。コメントによると、全国平均では少数ながら高額収入の人にひきずられて平均値が高くなるので、中央値の方が一般的な感覚になじむと思われる、とある。ボス弁については、粗収入4213万円（中央値3000万円）、経費2436万円（同1700万円）、所得1795万円（同1390万円）となっている。年代別にみると、30歳代は1粗収入の平均値は、50歳代5000万円、40歳代4327万円、60歳代4220万円で、

634万円となっている。若手は、やはり厳しい状況。

地域別にみると、所得の中央値は、東京1256万円、大阪・名古屋1220万円、高裁所在地1371万円、高裁不所在地1376万円となっている。男女別では、所得の中央値は男性1342万円、女性712万円と2倍近くの較差がある。

3月23日（金）

ハンディキャップの原理

ウタスズメのメスは、より複雑な歌をさえずるオスを選んでいる。また、複雑な歌を聞いたときほど、メスは巣づくりを熱心にする。なぜか？　生存に直接関係のない余分なものを生成するには、余分なエネルギーが必要となる。本当に元気がよくて、病気にも強くて、力と活力のあるオスのみが、このような余分なものにエネルギーを使うことができる。つまり、余分なものは、オスの力や活力を正直に表す指標となっている。これをハンディキャップの原理という。なるほど・・・、そうだったのか。『生き物をめぐる4つのなぜ』（集英社新書）を読んで私は、また少し賢くなった。渡り鳥のことが紹介されている。毎年、北ヨーロッパ、アジアからアフリカに向けてだけでも50億羽の鳥が渡っている。1グラムの脂肪で、200キロを飛べる。月の光さえあれば夜間飛行も可能。星座や太陽そして地磁気を利用したコンパスが鳥の体内に遺伝的に備わっている。では、渡り鳥が途中で捕まえられ、飛行機で別の場所に運ばれてそこで放されたらどうなるのか。そんな実験が紹介されている。それでも、経験のある鳥は軌道修正して正しい目的地にたどり着けたが、未経験の鳥は同じ方角のまま間違ったところに行ってしまったという。自然界は不思議なことだらけだ。

3月25日（火）

80点の自己採点

朝9時からの定例かつ最後の窓口会議に10分ほど遅れて参加した。時差ボケのため体調が少し不順だった。私は法曹制度（3月18日）と労働（3月24日）の2つの検討会について報告した。

続いて**10時**から、東京都法務部との懇談会に30分間ほど参加した。実質的な懇談に入る前に、10時半からの最後の正副会長会に合流した。裁判迅速化法案について、できあがったばかりの市民向けリーフレットの完成を報告し、4月からの全国での活用を訴えた。

午後1時から正副会長会は再開したが、2時からは弁護士保険を扱うLACの全体会に出て弁護士報酬規定の問題について報告した。報告が終わって正副会長会に戻った。ベルリン報告はドン・ガバチョがやってくれた。

4時すぎ、やっと最後の正副会長会が終わった。61回目。ほとんど毎週1回やっていたことになる。最後に、本林会長が副会長全員に1人ひとりお礼の言葉を述べた。私については、楽しみながら日弁連ニュースをやってもらってありがたかったと言ってもらった。まさにそのとおり。副会長全員が会長から心のこもった感謝の言葉をかけてもらって感激していた。誰だって努力を評価されてうれしくないはずはない。ヌリカベは抜群の頭の良さを誉めたたえられ、舞いあがってしまったと自分で言っていた。会議が終わって自分の机に戻って荷づくりを始める。村長はロッカーの上を全部占めるほどのファイル群を見てひとりため息をついている。

夕方5時から17階で職員を集めて歓送会があった。13人の副会長と一緒に退任する伊藤次長が1人ずつ花束をもらい、マイクでお礼の言葉を述べた。私は報酬規定の関係でお世話になった木村さんから花束をもらい、この1年間、モノカキとしてのネタをたくさん得て楽しかったとお札の言葉を述べた。村長のエールで締めをしたあと、16階の副会長室に残ったアルコールを持ちこみ、しばし酒宴をした。こんなことは初めてのこと。私はイラク攻撃を解説するテレビが気になって仕方がなかった。本林会長、大川総長も少し顔を見せ、話はまたもやはずんだ。

わが執行部を自己採点しようということになった。一番甘いのがジェンダーで120点。次に村長が85点。あと、ヌリカベ、キタロー、ムーミンパパと私はみんな80点。みんな人生の知己を得た思い。このチームワークの良さが明るく楽しく充実して仕事をやれた原動力だった。

東京都法務部との懇談

法務部は43人の職員が減り、法曹資格者が4人いる。当日は、そのうちの1人、和久井孝太郎氏が出席した。部長級4人、課長級14人で、管理職が4割を占めるという異常な構成だが、これは裁判を直接担当することによるもの。法曹資格者4人というのは意外に少ない。

東京都の関与している裁判は民事も行政もあわせて382件であり、ここ数年300件あまりで推移してきたのに比べると増加している。行政事件は年間50件前後だったが、2001年度は68件。知事の専決処分（最近、1000万円以下から3000万円以下に引き上げられた）は280件。

3月26日（水）

マスコミと裁判員報道で懇談

午後から新聞協会の人権・個人情報問題検討会と日弁連との懇談会があり、私の副会長としての最後の仕事のつもりで参加した。新聞協会側は20人ほど、日弁連は10人の参加。

裁判員制度について、日弁連は正式なものではないが、裁判員にマスコミが接触すべきでないという考え方を内部で検討中のものとして公表している。これについてマスコミ側は猛反撥している。

情報から隔離することによって裁判員が予断と偏見をもたないようにするという考え方を法務省は示している。有罪か無罪かを感じさせるような報道はいけないとまで言った。しかし、今は多様な情報をできるだけ提供すること、そのなかで情報コントロールをしない方向にある。日弁連は、この点についてどう考えるのか、という鋭い問題提起がなされた。また、誰が裁判員になるのか分からない、というより裁判員になるのは国民のなかのごく一部でしかない。それなのに報道を抑えるというのはいかがなものか。誰かが予断をもつだろうから記事に書いてはいけないということになると、必要な情報が国民に届かなくなる。もともと予断とか偏見というのは抽象的な概念にすぎない。こんな指摘もあった。これに対して、日弁連側から、刑事裁判は起訴状一本主義という建て前があり、無罪の推定ということがある。また、マスコミが裁判員制度自体について、メディア規制を伴うものだから反対するということにはならないようにしてほしい。マスコミが自主規制で対応するというのなら、早目にそれを示さないと欧米型の規制は必至なのではないか、などの意見が相次いだ。

新聞協会としても早急に検討すること、日弁連もマスコミの意見も参考にしてメディア規制をどうするか再検討することになった。本当に難しい悩ましい問題だ。

団結の質　　3月28日（金）

13人の副会長は大変仲が良かった。それは第1に、みんなが持ち場を責任をもってやり切っているという信頼感があったことによる。本当にみんなよくやっていた。誰ひとりとして怠けたり、ズル休みして言い訳することはなかった。

第2に、その人の持ち場だから他の人は口をはさまないということなく、みんなで相互に意見を言いあった。聖域という意識はなかった。この点で多少ギクシャクしたのは法科大学院問題。かなり専門的議論も多く、東京二弁が先行しているという面もあったが、それでもかなり改善された。

第3に、おかしいと思ったら遠慮なく批判するし、それをうけいれるということ。この点は、ムーミンパパの戦闘性に私は大いに学ばされた。お互い、まあまあで済ますことなく、慣れあいを排するということ。副会長同士であいまいにしていると、日弁連理事会で必ず問題にされてしまう。その点、今期の理事はよく資料も読んでいたし、鋭い嗅覚も身についていて、すごかった。

そんな厳しさをもちながらも1年間、楽しくやれた。副会長室では笑い声が絶えることがなく、私もよく笑った。

3月29日（土）

東京拘置所の改築

東京・小菅の東京拘置所には、私が神奈川県川崎市で弁護士をしていたころ、何回か面会に行ったことがある。田中角栄元首相が逮捕されるころのこと。この東京拘置所は2220人もの収容者となったため、定数3000人とすべく改築が始まった。2006年度までに完成する。12階建てのビルで、冷暖房完備。

マネーロンダリングで香港の弁護士2人が逮捕

香港の弁護士2人がマネーロンダリング規制に反したとして逮捕された。刑事事件を受任した弁護士（ソリシターとバリシターの各1人）が、保釈金を用意するため依頼者のお金を引き出して充てたところ、お金の出所が怪しいとの理由から逮捕された。幸い、弁護士2人はすぐに釈放され、2人とも法的責任はないという判決が下りた。香港では大問題になったという。

フィリピンの弁護士会と反テロリズム法

フィリピンの弁護士会（IBP）には、4万7000人の弁護士が加入している。フィリピンでは反テロリズム法が問題となっている。テロリストと疑われただけで書類を見られたり、電話が盗聴されたりするというもの。テロリストの定義があいまいで、いつ法案として出てくるか心配されている。なお、フィリピン人6人に1人は海外へ出稼ぎに行っている。アメリカのイラク攻撃が始まると、中東に行っているフィリピン人の多くが戻ってくることになる。その受け入れが大問題となっている。

3月30日（日）

飲み騒いだ90年代と腐ったリンゴ

『米国成長神話の崩壊』（日経新聞社）を読むと、アメリカ経済を弱くしたのは、貪欲で腐敗した経営陣だと実感する。アメリカの企業経営者の報酬ランキング上位10人の平均受けとり額は1988年に1927万ドルだったのが2000年には1億5400万ドルと8倍になった。社長のもらう報酬と工場労働者の平均賃金の格差は1988年に93倍だったのが、1999年には419倍に広がった。消費者物価指数が1990年から2001年へ36％上昇し、企業利益も88％伸びたが、社長の報酬は実に463％、つまり5倍以上に増えた。

アメリカの401Kは平均して資産の32％を自社株が占めている。そのためエンロン破綻により、多くの従業員が泣くことになった。アメリカの企業統合が必ずしも優れたシステムでないことが明らかになった。というのも、社外取締役の報酬がたとえばエンロンでは年5万ドルだったのに対して、ケネズ・レイ会長は800万ドルだった。これでは、社外取締役が本当に機能するか疑問。アメリカの企業や経営者が自信にみち、輝いて見えたのは幻だったのではないか。単に飲んで浮かれ騒いだだけではなかったのか。ブッシュ大統領はいくつかの腐ったリンゴを取り除けばいいと話したが、それだけですむとは思えない根の深さ。

『日本再生の現場を行く』

いつもの洋風居酒屋に入る。今夜も、店内はサラリーマンで満席に近い。幸い、窓側の席が空いている。女性の店員が注文を取りに来る。ワインの赤を頼むと、いつものですねと声が返ってくる。すっかりおなじみなった。さっそく本（新潮社）を開く。なになに、「日経会社情報」にのっている会社は10年前に2500社だったのが、いまは3700社。そんなに増えているのか・・・。新興企業の多い店頭市場に登録されている企業は、10年前が280社で、いまは930社。3倍以上も増えている。しかも、本社が東京でない企業が増えているという。う一ん、そうなのか。大根のおでんがまず到着。厚切りの大根だ。ハシで半分に割ってカラシをつけていただく。ゆで卵もよく味がしみている。しばし、食べる方に集中する。アサリとモヤシいためは温かい料理かと思ったら、出てきたのは冷やしたものだった。まあ、いいか。次は温かいもつ鍋だから・・・。東京・大田区の金型製造の中小企業は知恵と工夫で生きのびている。新潟・燕市もチタンとかマグネシウム合金で再生している。日本も、まだまだ捨てたもんじゃない。もつ鍋が到着。1人前としては小さい鍋とは言えない鍋に煮えたぎっている。絹トーフを先につまんでみる。柔らかく、舌の上でとろける。モツを口のなかに放りこむ。よくかむほどに味が舌にからまる。うーん、なかなかいける。キャベツもタレがしみこんで、ほどよい加減だ。おっと、ニラがある。モツ鍋には、やっぱりニラが欠かせない。ちょっと一休み。へー、関西の東大阪市にも中小企業が多いのか。こんな中小企業が日本再生を担っているんだな。ちょっとうれしくなって、再度モツ鍋に挑戦。もぐもぐさせて、少しスープも飲んでみる。ゴマも入って、赤いトウガラシ味もピリリときいている。身体中が温まってきた。ワインの方もチビリチビリと傾ける。じっくり本を読みながら、もつを食べながらワインをのみすすんでいく。至福のとき・・・。わー、もうお腹一杯だ。これくらいにしておこう。今夜も、デキャンタのワインは少し残した。どうしていつも少し残すんですか、とレジで代金を支払うとき訊かれた。私の適量より少しだけ多いみたい・・・、と答えた。彼女は、すぐに納得してくれた。今夜の勘定はこれで3150円。安い。

ゴールデンベビー賞

アメリカ型消費社会を模範としてきた日本は、廃棄物問題について、「赤ちゃんのように幼稚な日本」ということで、国際NGOフォーラムからゴールデンベビー賞を贈られた。

『廃棄物コネクション』（WAVE出版）を読むと、不法投棄がいかに巨大なマーケットである（年間1兆円のブラックマーケット）か、毎日1万台ものダンプが廃棄物を不法投棄現場に運んでいる日本の現状を、その仕組み（カラクリ）とともに明らかにしてくれる。背筋がゾクゾクしてしまう。

『素足の1500マイル』

1931年のオーストラリアで、居留地に強制収容された14歳、10歳、8歳という3人のアボリジニの女の子が脱走して、2400キロを90日間かけて歩いて帰った実話を映画化したもの。

先日、アボリジニの本を読んだので、銀座の映画館でみた。すごい生存能力に感嘆する。母と会いたい一心で幼い姉妹たちが歩き続ける。「無知で哀れな原始人たち」を白人が文明化しようとするわけだが、それは、やはり人道に反するものということが、なるほどと実感できた。

3月31日（月）

『羅城門』

江戸情緒を描かせたら天下一品の澤田ふじ子の本（徳間文庫）。彼女は私より2つ年上だが、今から25年も前の32歳のときに、これだけの本を描けというのにも感動した。ときは平安遷都ころ。和気清麻呂も登場する。羅城門をつくるために飛騨の匠がつれてこられる。匠の娘が連れ去られ犯される。娘は発狂してしまうが、妊娠していることも判明。そのリベンジとして羅城門が強風で倒れる仕掛けが工夫される。羅城門が倒れていく情景描写は見事なもの。まさに目の前でスペクタクルシーンを見ている気持ちにさせられる。

210冊と757冊

私が昨年読んだ単行本は757冊。ここ数年は年間700冊台を維持している。私はもっぱら車中読書。つまり、電車や飛行機で移動するときに本を読む。車中睡眠という人が多いと思うが、私は布団のなかでしっかり眠り（7時間睡眠を確保している）、車中は居眠りしなくてもすむようにしている。もちろん、ときどきは読書疲れから居眠りもするが・・・。東京往復で6冊は読む。この『Eたより』で紹介した本は、200号までで210冊。速読でも、この程度の紹介はできるということ。

本は読めば読むほど、たくさんの発見があり、どんどん眼前の世界が広がってくる気がする。それにつれて、読むスピードも自然に速くなる。問題関心のある部分は、活字の方から眼に飛びこんでくる。

ながいあいだのご愛読に心から感謝

皇居のお濠端のソメイヨシノが花を咲かせはじめた。しだれ柳もみずみずしい若芽を伸ばしている。いよいよ明日は4月1日。私の日弁連副会長の任期も今日で終わり。残念ながら、この『Eたより』も明日からは届けられない。ながいあいだの、ご愛読に心より感謝する。

この1年間、本当にあわただしく時間が過ぎていった。『Eたより』の原稿を書き、あとで読み返すことによって、ああ、こういうことがあったんだ、これはこういう意味だったのかと、自分でも立ちどまって考えることができた。明日からは福岡（大牟田）の一弁護士に戻る。

あとがき

２００2年4月に九州ブロック選出の日弁連副会長になってから、任期終りの２００3年3月31日まで、Ｅメールによる『Ｅたより』を九弁連の会員に向けて毎日のように配信していた。最終号は２34号だった。ここに紹介したのは、そのうち議事録部分を全部カットし、重複した部分も削って編集したもの。『Ｅたより』では、自民党の司法制度調査会の傍聴メモなど、なかなか資料的価値の大きいものも紹介していたが、活字にしていいものかどうかのためらいもあって本書では割愛した。

日弁連執行部がどのような活動をしているのか、一般会員にはあまり知られていないと思うし、日弁連の実体を広く知ってもらうことには意味があると考えて本にまとめてみた。

日弁連理事会の討議の模様については、7年前に『がんばれ弁護士会』（花伝社）を発刊して紹介しているので、今日は、その続編としてお読みいただけたら幸いだ。もちろん、司法制度改革をめぐる状況は、この7年間に大きく変わっている。その変わりようも、前著を読んでいただくと、さらに理解してもらえると思う。司法改革の議論はまだまだ進行中だ。いったい弁護士会の内部では、どんなことを議論しているのか、少しは分かってもらえるかと期待している。

13人の前副会長の団結は今も続いている。本林会長と13人の現副会長、そして大川事務総長のもとの次長以下職員の皆さんのご活躍に対して心より敬意を表したい。

２００3年7月17日

梅雨がなかなか明けず、セミの鳴き声にも勢いがない日に…。

永　尾　廣　久

永尾廣久（ながお・ひろひさ）
1948 年　福岡県大牟田市に生まれる
1972 年　東京大学法学部卒業
1974 年　弁護士登録
2001 年　福岡県弁護士会会長
2002 年　日本弁護士連合会副会長
現　在　不知火合同法律事務所（大牟田市）

著　書　『税務署なんか怖くないＰＡＲＴ Ｉ』（花伝社）
『税務署なんか怖くないＰＡＲＴ Ⅱ』（花伝社）
『カード破産から立ち直る法』（花伝社）
『がんばれ弁護士会』（花伝社）
『星よ、おまえは知っているね』（花伝社）
『２度も破産をしないために』『法律事務所を10倍活性化する法』『福岡県弁護士会長からのホットなＥニュース』（以上，しらぬひの会出版部）など多数。

不知火合同法律事務所
〒836 - 0843　福岡県大牟田市不知火町２丁目１の８　宮地ビル２Ｆ
電話：0944 - 57 - 6311　　FAX：0944 - 52 - 6144
E-mail：shiralo@jeans.ocn.ne.jp

モノカキ日弁連副会長の日刊メルマガ——激動する司法のなかで——

2003 年 9 月 1 日　　初版第 1 刷発行

著者 —— 永尾廣久
発行者 — 平田　勝
発行 —— 花伝社
発売 —— 共栄書房
〒101-0065　東京都千代田区西神田 2-7-6 川合ビル
電話　03-3263-3813
FAX　03-3239-8272
E-mail　kadensha@muf.biglobe.ne.jp
http://www1.biz.biglobe.ne.jp/ ~kadensha
振替 —— 00140-6-59661
装幀 —— 神田程史
印刷・製本 — モリモト印刷株式会社

ISBN4-7634-0408-3　C0032

花伝社の本

税務署なんか怖くない PART①
—不当な税務調査撃退法—

永尾廣久

定価（本体 1553 円＋税）

●痛快小説！　問答無用の税務調査と闘う永登弁護士。権力をカサにきた横柄な牙国税調査官。自らの弁護士としての体験をもとに、大企業や政治家に甘く、零細企業や庶民泣かせの税務行政の実態を暴いた痛快小説。楽しみながら学べる納税者の権利と税金の知識と対策。

税務署なんか怖くない PART②
不当課税に異議あり！不服申立のすすめ方

永尾廣久

定価（本体 1456 円＋税）

●納税者の権利とはなにか
納税者無視の理不尽な税務行政の実態を暴いた、読んで元気のでる痛快小説。永登弁護士シリーズ第２弾。カナダやアメリカなどの先進国の実情を紹介しながら、日本での税務調査における適正手続法の一刻も早い制定を説く。

カード破産から立ち直る法
—永尾方式のすすめ—

永尾廣久

定価（本体 1165 円＋税）

●カード時代への新しい提言
安易な自己破産で問題は解決するか？　いっこうに減らないカード・サラ金破産。膨大な数の破産予備軍、２度目の自己破産の増加……。ここから立ち直るにはどうしたらよいか？　司法の対応はこれでよいのか？

がんばれ弁護士会
—アヤシ君の弁護士会フントー日誌—

永尾廣久

定価（本体 1942 円＋税）

●弁護士会は晴れときどき嵐！
司法試験改革に揺れる弁護士会……。弁護士会は、いまどうなっている？　ある弁護士会副会長の奮闘記。知られざる弁護士会の活動の実態を描く。

星よ、おまえは知っているね
—セツルメント青春群像—

永尾廣久

定価（本体 1800 円＋税）

●セツルメントを知っていますか？
川崎セツルメント、そして東大闘争……。日本が熱く燃えた時代を体当たりで過ごした日々。今、ちょっぴりほろ苦い思いでその原点に立ち戻る。1960 年代の青春群像。

親子で学ぶ人権スクール
－人権ってなんだろう－

九州弁護士会連合会
福岡県弁護士会

定価（本体 1500 円＋税）

●人権の世紀に親子で楽しく学ぶ
自分がされたくないことは、ひとにもしない。自分がしてもらいたいことはひとにもしてあげる——。おもしろ学校、人権クイズ、夫婦別姓で中学生が白熱のディベート、小田実氏・講演…日本は「非常識」ヨーロッパ人権の旅……。